직장에서의 괴롭힘
: 법적 쟁점과 과제

이 준 희

신 조 사

Workplace Harassment
: the issues of law

BY

Jun Heui Lee

SINJOSA

Seoul, Korea

2018

머 리 말

개인의 삶에서 발생하는 여러 가지 사건들 가운데 법률이 개입해야 하는 영역과 개입하지 말아야 하는 영역을 획정하는 것은 무척 어려운 일입니다. 직장에서 당하는 괴롭힘으로 인해 힘들어 하는 사람은 예전부터 있었을 것입니다. 굳이 유럽에서 산업혁명으로 막 공장노동이 시작되던 시기까지 거슬러 올라가지 않아도, 일제 강점기에 식민지인으로서 일본인이 운영하는 사업체에서 일해야만 했던 이들의 삶을 떠올려 보는 것으로 충분할 것입니다.

오랜 기간 직장에서의 괴롭힘, 그 중에서도 형법 구성요건 해당성 여부가 애매한 행위들은 그저 참고 넘겨야 하는 일로 여겨져 왔습니다. 법률이 개입해야 하는 영역이 아니라고 보았습니다. 하지만 많은 사람이 문제를 제기하고 이 문제에 관해 연구하기 시작하면서, 직장에서의 괴롭힘 문제를 바라보는 우리 사회의 시각도 많이 달라졌습니다.

직장에서의 괴롭힘 문제는 괴롭힘을 직접 당한 당사자뿐만 아니라 그 직장을 운영하는 사업주에게도 매우 심각한 문제입니다. 오랜 기간 힘들게 쌓아온, 힘을 합해 열심히 일하는 분위기가 일순간에 무너질 수 있기 때문입니다. 한 번 무너진 구성원들 사이의 신뢰와 조직문화를 이전처럼 재건하는 것은 거의 불가능하다고 할 만큼 어려운 일입니다. 피해자들도 자신들의 피해를 구제받고 안전을 보장받을 수 있는 법률적 수단을 알지 못한 채 힘든 시간을 보내는 경우가 많습니다. 서둘러 직장에서의 괴롭힘과 관련된 법률적 쟁점들을 정리하여 책으로 내야겠다고 결심한 이유가 여기에 있습니다.

하지만, 이 책을 거의 탈고하여 3번째 교정을 마칠 무렵 직장에서의 괴롭힘에 관해 규정하는 내용을 담은 근로기준법 개정안과 산업재해보상보험법 개정안, 산업안전보건법 개정안 등이 국회 법제사법위원회 제2 소위를 통과했고, 곧이어 12월 27일에 국회 본회의를 통과했다는 소식을 접했습니다. 개정안임을 전제로 서술했던 내용을 모두 바꿔서 현행법에 대한 해설로 다시 써야만 하는 상황에 맞닥뜨리게 된 것입니다. 다행히 3, 4일 정도의 시간이 주어져서 급하게나마 관련 내용을 다시 수정하여 정리할 수 있었습니다. 연말의 소중한 휴일에 원고 수정작업에만 매달려 있었던 저를 용납하고 이해해 준 가족들에게 특별히 고맙고 미안한 마음입니다.

비록 서둘러 작업을 마칠 수밖에 없었지만 새롭게 시행되는 직장에서의 괴롭힘과 관련된 법률의 내용과 체계를 때를 놓치지 않고 정리하여 소개할 수 있게 된 것은 다행이라고 하지 않을 수 없습니다. 모쪼록 이 책이 직장에서의 괴롭힘 문제로 인해 어려움을 겪는 근로자와 이 문제에 대한 체계적 대응을 고민하는 경영자, 실무가들에게 문제해결의 실마리를 드릴 수 있는 자료가 될 수 있기를 바랍니다. 더불어, 연구자들과 정책 입안자들에게도 충실한 기초자료가 될 수 있기를 기대합니다. 원고를 탈고하면서 일찍부터 직장에서의 괴롭힘에 관한 노동법적 접근에 대해 깊은 관심을 가지시고 지도해주신 모교 하경효 교수님의 학은을 떠올리지 않을 수 없습니다. 모자란 제자로서 늘 송구하고 감사한 마음을 표현할 길이 없습니다. 더불어 발간을 허락해 주신 한국경영자총협회와 여러 차례의 급한 수정 과정에서도 변함없이 정성스럽게 책을 만들어주신 신조사에 깊은 감사의 마음을 전합니다.

2019년 1월 2일

이 준 희 드림

읽으시는 분들께

* 이 책은 직장에서의 괴롭힘 문제에 관하여 제기될 수 있는 법률적 쟁점을 일목요연하게 정리하고, 현행 법체계 아래에서 도출될 수 있는 결론을 학문적 일관성을 유지하면서 제시하고자 씌었습니다.

* 성적 괴롭힘(성희롱), 스토킹(Stalking) 등의 쟁점은 이미 충분히 논의되고 있으며, 힘이나 숫자의 우위를 배경으로 지속적으로 가해지는 특성을 가진 직장에서의 괴롭힘과 구별되는 개념이라는 판단에 따라 이 책의 논의 대상에서 제외했습니다.

* 이 책은 '직장 내 괴롭힘 문제와 조직관리'[노동법률, 2018. 5월호], '직장 내 집단 괴롭힘에 대한 사용자의 책임'[계약과 책임(하경효 교수님 정년 기념 논문집), 2017], '직장내 집단 괴롭힘 문제와 법률적 취급'[임금연구, 2012. 봄호], '직장 내 집단 괴롭힘(mobbing)에 대한 연구'[석사학위 논문, 2009] 등 제가 썼던 글들을 다시 정리하고 보완하여 작성되었습니다.

* 2018년 12월 27일 국회 본회의에서 통과된 근로기준법 개정안과 산업재해보상보험법 개정안, 산업안전보건법 개정안 등의 주요 내용을 본문의 해당 부분에서 자세히 분석했습니다.

* 이 책의 내용은 저의 개인적인 견해와 체계에 따라 작성되었으므로 제가 소속된 한국경영자총협회의 공식적인 의견이 아님을 밝힙니다.

차 례

제3장 직장에서의 괴롭힘 금지 의무부과의 근거

제4장 직장에서의 괴롭힘에 대한 법적 책임

제5장 직장에서의 괴롭힘을 규율하기 위한 입법

참고문헌

1. 국내 문헌

[단행본]

김유성, 「노동법 I」, 2005
김형배, 「노동법」, 2018
박홍규, 「노동단체법, 2002
임종률, 「노동법」, 2018
전형배, 「영국노동법」, 2017
하경효, 「노동법사례연습」, 2006
하경효, 「노동법사례연습」, 2017

김유성, 「한국사회보장법론」, 2002

곽윤직, 「채권총론」, 1999
곽윤직, 「채권각론」, 2000
김형배, 「민법학연구」, 1989
김형배, 「민법학강의」, 2006
김형배, 「채권총론」, 1998
김형배, 「채권각론」, 1997
양창수·권영준, 「권리의 변동과 구제」, 2015
양창수·김재형, 「계약법」, 2015
이은영, 「채권총론」, 2006
이은영, 「채권각론」, 2000

성낙인, 「헌법학」, 2004
홍성방, 「헌법학」, 1999

김일수·서보학, 「새로 쓴 형법총론」, 2005
김일수·서보학, 「새로 쓴 형법각론」, 2005
배종대, 「형법총론」, 2006

배종대, 「형법각론」, 2006
신동운, 「형법각론」, 2018
이재상·장영민·강동범, 「형법총론」, 2015
이재상·장영민·강동범, 「형법각론」, 2016
임 웅, 「형법총론」, 2018
임 웅, 「형법각론」, 2018

김근주·이경희, 「직장 내 괴롭힘 실태와 제도적 규율 방안」, 한국노동연구원, 2017
박종희 외2인, 「산재보상의 민사배상책임 개선방안」(한국경영자총협회 기업안전보건위원회), 2005. 5
하경효, 「계약과 책임(하경효 교수 정년 기념 논문집)」, 2017
최인섭 외4인, 「한국인의 갈등해소방식 : 폭력을 중심으로」, 한국형사정책연구원, 2005

[논문]

강동욱, '직장 내 성희롱의 의의와 그 유형에 관한 고찰', 「한양법학(통권 24집)」, 2008. 10
강성태, '내부고발자에 대한 '직장 내 괴롭힘'과 손해배상책임', 「노동법학(제35호)」, 2010
김상중, '간접피해자의 보호', 「민사법학(제36호)」, 2017
김상중, '불법행위에 대한 금지청구권 규정의 신설 제안', 「민사법학(제55호)」, 2011
김영문, '산업재해보상보험법상의 구상권', 「노동법학(제10호)」, 2000
김영문, '직장 내에서의 음해행위(mobbing)에 대한 법적 구제수단', 「법조(통권 498호)」, 1998. 3
김유성, '사용자의 안전배려의무(하), 「사법행정(제378호)」, 1992
김희성, '독일법상 "직장 내 괴롭힘(MOBBING : 적대행위(BULLYING)"에 관한 연구', 「경영법률(22권 2호)」', 2012
나이토 시노, '일본의 직장내 괴롭힘', 「국제노동브리프(Vol.12 No.9)」, 2014. 9
노상헌, '일본의 직장 내 괴롭힘에 대한 법적 쟁점', 「노동법논총(제26집)」, 2012
문준혁, '직장 내 괴롭힘에 대한 손해배상책임', 「노동법학(제62호)」, 2017
박경규, '조직 내 집단 따돌림과 조직행동', 「서강경영논총(제16-2집)」, 2005

박수경, '일본에서의 직장 내 괴롭힘으로 인한 정신건강대책에 대한 연구', 「사회법연구(제34호)」, 2018

박수경, '직장 내 괴롭힘의 쟁점과 과제-일본의 경험', 「직장내 괴롭힘의 쟁점과 과제 세미나 자료집」, 2018

박종희, '저성과자에 대한 합리적인 인사관리방안과 관련한 법률상 쟁점 검토', 「고려법학(제75호)」, 2014

박지순, '4차 산업혁명과 노동법의 과제', 「강원법학(제54권)」, 2018

박지순, '동료근로자의 가해행위로 인한 업무상 재해와 산업재해보상보험법상의 구상권', 「노동법학」(제22호), 2006

방준식, '과로자살에 관한 법이론적 검토 –대법원 판례를 중심으로', 「노동법논총(제29집)」, 2013

서광민, '제3자에 의한 채권침해', 「월간고시(10월호)」, 1992. 10

서유정·박윤희, '국내외 직장 괴롭힘 관련 법령 및 정책 분석', 「비서학 논총(제26권 제1호)」, 2017

송오식, '사용자의 안전배려의무', 「전남대 법률행정논총(제23집 제1호)」, 2003

심재진, '영국에서의 직장내 괴롭힘 규제', 「노동법논총(제25집)」, 2012

양승엽, '업무상 재해로서 자살의 인정요건과 유형별 고찰', 「노동법연구(제42호)」, 2017

오상호, '노동법에 있어서 독일의 모빙', 「법학논고(제37집)」, 2011

원종옥, '보호의무에 관한 소고', 「법학논총」, 2016

이달휴, '제3자의 성희롱과 책임', 「노동법학(제16호)」, 2003. 6

이상윤, '집단따돌림현상의 헌법적 개념정의와 입법론적 과제', 「공법학연구(제9권 제2호)」, 2008

이용식, '상관의 위법한 명령에 따른 행위', 「형사판례연구(제4호)」, 1997

이은영, '산업재해와 안전의무', 「인권과 정의(제181호)」, 1991. 9

이종복, '위험작업에 종사하는 근로자의 책임제한', 「사법관계와 자율」, 1993

이준희, '직장 내 집단 괴롭힘에 대한 사용자의 책임', 「하경효 교수 정년기념논문집」, 2017

이준희, '직장 내 괴롭힘 문제와 조직관리', 「노동법률」, 2018. 5

임석원, '법익의 보호범위의 확대와 해석의 한계', 「법학연구(제41집)」, 2011

전형배, '안전배려의무의 내용과 과제', 「노동법학(제55호)」, 2015

조상욱·송연창, '직장 내 괴롭힘에 관한 주요 실무문제에 대한 소고', 「법학평론(제7권)」, 2017

조임영, '직장내 괴롭힘과 프랑스 노동법', 「노동법논총(제25호)」, 2012
조임영, '프랑스 노동법상 '정신적 괴롭힘'의 금지', 서울대 노동법연구회, 2008년 상반기 발표자료, 2008
하경효, '노동법의 기능과 법체계적 귀속', 「사회변동과 사법질서」(김형배 교수 정년기념 논문집), 2000
하경효, '노사관계환경의 변화와 노사자율질서의 발전방향', 「노동의 미래와 신질서」, 2003
하경효, '서독의 경영조직법의 역사와 내용' 「노동문제논집(제7권)」, 1982
하태훈, '상관의 명령에 복종한 행위', 「형사판례연구(제9호)」, 2000
Maarit Vartia, 'EU의 직장내 괴롭힘', 「국제노동브리프(Vol.12. No.9)」, 2014. 9

[학위 논문]

고세일, 「정신적 손해에 대한 배상청구권의 법적 기초와 인정영역」(고려대학교 법학석사학위 논문), 1995
방준식, 「사용자의 지시권에 관한 연구」(고려대학교 법학박사학위 논문), 2006
서명희, 「영국의 의제해고제도에 관한 연구」(고려대학교 법학석사학위 논문), 2007
이준희, 「직장 내 집단 괴롭힘(mobbing)에 대한 연구」(고려대학교 법학석사학위 논문), 2009
이형진, 「직장 내 괴롭힘에 관한 연구」(고려대학교 경영학석사학위 논문), 2005
전윤구, 「근로관계에서의 균등대우원칙에 관한 연구」(고려대학교 법학박사학위 논문), 2004
황지연, 「직장 내 집단따돌림이 구성원의 태도에 미치는 영향에 관한 연구」(서강대학교 경영학석사학위 논문), 2004

2. 해외 문헌

[단행본]

菅野和夫, 「労働法」, 2008
水谷英夫, 「職場のいじめ：「パワハラ」と法」, 2006
涌井美和子, 「職場のいじめとパワハラ防止のヒント」, 2007
Brox·Rüthers·Henssler, 「Arbeitsrecht」, 2004

Christiane Mühe, 「Mobbing am Arbeitsplatz」, 2006
Heinz Leymann, 「Psychoterror am Arbeitsplatz und wie man sich dagegen wehren kann」, 1993
Heinz Leymann, 「Mobbing」, 2006
Kollmer, 「Mobbing im Arbeitsverhältnis」, 2007
Martin Wolmerath, 「Mobbing im Betrieb」, 2000
Martina Benecke, 「Mobbing(Arbeits- und Haftungsrecht)」, 2005
Shih-Hao Liu, 「Arbeitsrechtliche Discriminierung durch Arbeitnehmer」, 2001
Duncan Chappell·Vittorio Di Martino, 「Violence at Work」, 2006
Elizabeth Gillow·Martin Hopkins·Audrey Williams, 「Harassment at Work」, 2003
Kimberly Ann Roger·Duncan Chappell, 「Preventing and responding to violence at work」, 2003
Sven Max Litzcke·Horst Schuh, 「Stress, Mobbing und Burn-out am Arbeits -platz」, 2005
Vittorio Di Martino·Helge Hoel·Carly L. Cooper, 「Preventing violence and harassment in the workplace」, EU, 2003
Dominique Schnapper, 「Contra la fin du travail」, 1997(김교신 역, 「노동의 종말에 반하여」, 2001)

[논문]

大内伸哉, '職場内でのいじめ(mobbing)の告發行爲を理由とする解雇', 「勞動判例」, 2001, No.805
大和田敢太, 'ベルギーにおける勞動でのいじめ·ハラスメント禁止法(2007年1月10日法)', 「勞動法律旬報」 No. 1695, 海外勞動事情83ベルギ, 2009. 5
金子雅臣, 'パワ-ハラスメントが問いかける職場の課題', 「勞動法律旬報(No.1791)」, 2013. 5
根本 到, '職場のパワーハラスメントと人格權', 「人格·平等·家族責任」, 2017
Rayner·Hoel, 'A summary review of literature relating to workplace bullying', 「Journal of Community & Applied Social Psychology」, 7(3), 1997

[기업 발간 자료]

豊田通商株式會社, 「不祥事撲滅!」, 2008

3. 단체협약 및 취업규칙

광주상무병원, 「취업규칙」, 2005
대우조선노동조합, 「단체협약」, 2018
민주노총, 「2016년 민주노총 요구와 과제」, 2016
전국금융산업노동조합, 「단체협약」, 2008
전국보건산업노동조합 아주대의료원지부, 「단체협약」, 2016
전국보건의료산업노동조합, 「단체협약」, 2008
전국보건의료산업노동조합, 「보건의료산업산별중앙교섭 잠정합의서」, 2018
철도시설공단, 「인사규정」, 2006

4. 기타 자료

관계부처 합동, 「직장 등에서의 괴롭힘 근절 대책」, 2018. 7
노동부, 1999. 5. 10. 보도자료(노사협의과 500-5559)
법제사법위원회, 제364회국회(정기회) 법제사법위원회 회의록 제3호, 2018, 9

5. 인터넷 사이트

[대법원]

판례정보 서비스 : glaw.scourt.go.kr/wsjo/intesrch/sjo022.do
www.scourt.go.kr/portal/information/events/search/search.jsp

[해외 법령자료]

독 일 : www.bge.de/asp/dms.asp?url=/gv/arbschg
www.gesetze-im-internet.de
스웨덴 : www.av.sc/inenglish/lawandjustice/provisions
www.av.se/globalassets/filer/publikationer/foreskrifter/engelska

영 국 : www.bullyoffline.org/action
www.direct.gov.uk/en/Employment/Employees
www.hse.gov.uk/legislation/hswa.htm
www.legislation.gov.uk/ukpga
www.opsi.gov.uk/acts
www.parliament.the-stationery-office.co.uk/pa
www.pfc.org.uk/node/297
www.publications.parliament.uk/pa
www.womenandequalityunit.gov.uk/legislation/프랑스 :
프랑스 : www.lexinter.net
www.legifrance.gouv.fr
핀란드 : www.finlex.fi/fi/laki/kaannokset

[기타]

Bully Police USA : www.bullypolice.org/The PerfectLaw2006.pdf
사 전 : dict.naver.com
ko.dict.naver.com
endic.naver.com
en.wikipedia.org/wiki/Main_Page

포 털 : www.saramin.co.kr
www.opensalary.com
리서치 : www.embrain.com
신 문 : www.heraldbiz.com

제1장
직장에서의 괴롭힘에 관한 법의 개입

제 1 장

직장에서의 괴롭힘에 관한 법의 개입

제1절 노동법의 보호필요성 관점의 확대

사람이 살아가면서 겪는 수많은 아픔 중에 법률이 보호해야 하는 아픔은 어디까지인가? 비록 법률에 규정되어 있지 않다고 해도 법원이 판결을 통해 보호하거나 회복시켜주어야 하는 개인의 아픔은 어디까지인가? 이를 둘러싼 논의가 보호법익에 관한 논의이다. 보호법익이란 법질서가 보호해야 할 가치가 있는 이익을 뜻한다. 그 가치가 침해되었을 때 비로소 법률이 개입하여 손해 발생의 저지와 회복을 도모하게 되는 것이다.

과거 시민법 시대 이후로도 법률이 개입하여 구제할 필요가 있는 '개인의 아픔'의 범위는 매우 제한적이었고 매우 예외적이었다. 보호법익 문제는 형사법 분야에서는 비범죄화를 위한 책임원칙의 한계 개념으로서, 민사법 분야에서는 손해배상청구권을 인정할 수 있는 한계 개념으로서 기능을 담당해왔기 때문에 엄격한 해석이 불가피하다는 것이 전통적 견해였다. 그러나 시간이 지날수록 국가법질서가 개입하여 도움을 주어야만 하는 '개인의 아픔'의 범위는 점차 확대되어 가고 있다. 보호되는 법익의 범위가 점차 확대되는 경향은 형사법 분야와 민사법 분야 모두에 공통된 현상인 것으로 보인다.[1] 특히 민법 제750조의 조문 구조상 개방성은 민사법 분야에서의 보호법익 개념이 확대될 수 있는 중요한 근거가 되고 있다.[2] 하지만 보호법익 개념이 무한정 확대되어서는 안 된다. 보호법익

1) 임석원, '법익의 보호범위의 확대와 해석의 한계', 「법학연구(제41집)」, 2011, 294쪽 이하, 303쪽 이하 참조.

2) 불법행위책임에서의 보호법익 개념의 개방성과 관련된 설명은 김상중, '간접피해

주체의 상대방이 부담하게 되는 책임이 무한정 확대되는 결과를 가져오기 때문이다. 직장에서의 괴롭힘 문제도 괴롭힘으로 인해 피해자에게 어떤 손해가 발생하는지, 피해자와 괴롭힘 가해자 사이의 이해관계를 어떻게 조정하고 각 당사자에게 어떠한 권리와 의무를 인정할 수 있는지, 어떠한 책임을 물을 수 있는지, 이에 관한 법률의 개입이 타당한지 등에 대한 논의가 필요하다. 2018년 12월 근로기준법과 산업재해보상보험법 등이 개정되면서 직장에서의 괴롭힘에 관한 일부 사항이 법률에 규정되었지만, 개정법이 포괄하는 영역이 제한적이고, 개정법의 타당성과 개정법을 보완하기 위한 입법론 전개를 위한 기초가 필요하다는 점에서 직장에서의 괴롭힘 문제에 대하여 법률을 통해 규정하는 것이 타당한지, 법률이 개입할 수 있는 범위는 어디까지인지에 대해 규명하는 작업은 여전히 유용하다.

사회 구조가 고도화되고 치밀해질수록, 한 사람의 삶을 규제하는 제도와 관행이 국가 차원뿐만 아니라 지역, 학교, 직장 차원에서도 더욱 치밀하고 공고해지는 경향이 있다. 사람들은 태어난 이후 일정한 연령에 도달하게 되면 어린이집 또는 유치원에서부터 각급 학교, 직장 등에 이르기까지 끊임없이 소속을 바꿔가면서 새로운 사회집단에 소속되어 삶을 영위하게 된다. 그리고 삶의 특정 시기에 소속되어야 하는 사회집단의 종류는 점차 정형화되고 예외가 드물어져 가고 있다. 정형화되고 예외가 드물어지고 있다는 의미는 개인이 스스로의 자유로운 선택에 따라 그 집단을 벗어나서 독자적인 삶을 영위할 가능성이나 선택권이 점차 축소되고 있다는 의미이다. 대다수 사람들은 교육을 받는 기간 이후에는 삶의 대부분 시간을 생계를 위해 직장에 소속되어 보내게 된다. 최근에는 세계적인 근로시간 단축 흐름 속에 일과 가정생활의 양립을 위한 법제도개선이 잇따

자의 보호', 「민사법학(제36호)」, 2017, 464쪽 이하 참조.

라 이루어지면서 사람들이 직장에서 보내는 시간이 점차 짧아지고 있다. 그러한 법제도개선은 정보통신기술을 포함한 과학기술의 고도화와 그에 따른 업무처리 방법 및 생산 기술의 비약적 발전에 힘입은 것이다. 하지만 직장생활이 사람의 삶에서 차지하는 비중은 물리적인 시간의 길이로 계측되는 비율보다 훨씬 크다. 재화와 서비스의 생산을 담당하는 동시에 이를 소비하는 지위를 가진 현대인들은 삶의 대부분을 직업활동에 할애하지 않을 수 없고, 직장생활을 하는 사람들의 인간관계의 대부분은 자신이 근로를 제공하는, 즉 일하는 시간과 장소를 중심으로 맺어지기 때문이다. 근로자가 직장에서 근로를 제공하는 행위는 근로자 자신의 존엄성을 보존하는 행위인 동시에 그 근로자의 사회적 지위를 표현하고 사회 또는 타인과의 지속적인 교류를 보장하는 수단[3]이 된다. 이 책을 읽고 있는 분도 잠깐만 자신의 삶을 되돌아보자. 크게 다르지 않을 것이라고 짐작된다. 직장을 잃어서 실업상태가 된 근로자는 생산 주체의 지위와 소비 주체의 지위를 동시에 상실하게 되는 것뿐만 아니라 그가 소속되어 있던 주된 인간관계에서도 탈락하게 된다. 이는 특정 관계에서의 단절만을 의미하는 것이 아니라 당사자에게는 완전한 사회적 고립으로 다가올 수 있다. 그래서 사람들은 '근로자의 지위'를 잃지 않기 위해 최선을 다한다. 그 결과 직장에서 부당한 대우를 받거나 동료 근로자들과 갈등이 발생하여 어려움을 겪게 되더라도 그 어려움을 회피하기 위해 직장을 그만두는 선택을 하기는 쉽지 않다. 노동의 공급이 수요를 초과하는 저성장 사회에서 이러한 현상은 더욱 증폭된다. 근로계약관계의 목적을 달성할 수 없을 때 또는 근로계약관계의 상대방 당사자로부터 부당한 처우를 당했을 때 근로계약관계를 해지하고 손해배상을 청구하면 된다는 전통적 설명이 이제는 적용될 수 없게 된 이유이다. 그러한 관점에서 근로자가 소속된 직

3) Dominique Schnapper, 「Contra la fin du travail」, 1997(김교신 역, 「노동의 종말에 반하여」, 2001), 18쪽 이하.

장에서의 근로계약상의 지위를 근로기준법 제6조의 "사회적 신분"에 해당하는 것으로 본 최근 판결이 있다는 것은 상당히 중요한 의미가 있다.[4)]

직장을 벗어날 수 없는 상황에서 직면하게 되는 직장에서 발생하는 어려움은 해결할 수도 없고 회피할 수도 없는 어려움이 된다. 그 어려움 중에 비교적 빈번하게 발생하면서도 국가법질서가 개입할 영역은 아니라는 고정관념에 따라 순전히 개인적인 영역으로 남아 있던 것이 직장에서의 괴롭힘 문제이다. 직장에서 괴롭힘 피해를 당하고 있는 근로자들은 자신들의 삶의 중요한 부분을 이루는 영역에서 심각한 소외와 좌절을 경험하게 되고 그것이 육체적·정신적 질병, 나아가 사망에 이르는 원인으로까지 이어지고 있지만, 아직은 그에 대한 국가법질서에 의한 효과적인 구제를 기대하기 어렵다. 기존의 일반 법률들이 요구하는 요건에 따라 가해 행위자를 특정하고 가해행위의 내용과 인과관계를 명확하게 기술하는 것이 어려운 경우가 많다. 2018년 12월 27일 국회 본회의를 통과한 근로기준법(이하 '개정 근로기준법')[5)] 등의 내용이 직장에서의 괴롭힘에 해당하

4) 서울남부지판 2016. 6. 10, 2014가합3505 등.

5) 의안번호 17767호. 개정 근로기준법은 2016년 6월 17일 이인영 의원이 대표발의 한「근로기준법 일부개정법률안」, 2016년 7월 20일 이용득 의원이 대표발의 한「근로기준법 일부개정법률안」, 2016년 10월 18일 한정애 의원이 대표발의 한「근로기준법 일부개정법률안」, 2018년 2월 27일 김관영 의원이 대표발의 한「근로기준법 일부개정법률안」, 2018년 4월 27일 강병원 의원이 대표발의 한「근로기준법 일부개정법률안」, 2018년 5월 17일 이찬열 의원이 대표발의 한「근로기준법 일부개정법률안」, 2018년 8월 28일 임이자 의원이 대표발의 한「근로기준법 일부개정법률안」등 직장에서의 괴롭힘이나 폭언 등의 행위를 금지하는 것을 내용으로 하는 근로기준법 개정안들과 2018년 3월 2일 이정미 의원이 대표발의 한「직장 내 괴롭힘 예방 및 피해근로자 보호에 관한 법률안」, 2018년 4월 27일 강병원 의원이 대표발의 한「직장 내 괴롭힘 방지 및 피해근로자 보호 등에 관한 법률안」들이 환경노동위원회 고용노동소위원회에 회부되어 각 법률안의 내용이 2018년 9월 11일과 12일 양일 동안 논의된 끝에 통합·조정되어 대안으로 제안하기로 의결되고 환경노동위원회 전체회의에서 2018년 9월 12일 대안으로 채택되었다. 그 후 정의규정의 모호성을 이유로 국회 법제사법위원회에 계류되어 있다가 정의규정 중에서 "신체적·정신적·정서적 고통" 중에

는 모든 유형의 상황들을 규율하고 해결할 수 없기 때문이다. 게다가 직장에서의 괴롭힘을 바라보는 사회의 인식도 지금까지는 이 문제를 법률 문제라기보다는 법률이 개입할 영역이 아닌 사적인 인간관계의 문제로 치부해왔었다. 어느 집단 내에서 특정인을 대상으로 집중적인 학대나 따돌림이 발생하는 현상은 종래 흔히 일본적인 사회현상으로 이해되었으며, 유소년기 어린 학생들 사이에서나 일어나는 일 정도로 인식되었다. 직장에서의 괴롭힘 문제를 바라보는 관점도 최근까지는 그 연장선상에 머물러 있었다.

그러나 현대사회에서 조직 또는 집단 내에서 불특정 다수인 또는 개인이 특정인을 집중적으로 괴롭히는 현상은 더는 일본만의 문제도 아니고,[6] 어린 청소년들의 학교생활에 국한된 문제도 아닌 전 지구적인 현상이며 사회 전체의 문제로 인식이 전환되고 있다.[7]

갈수록 직장에서 다른 동료 근로자들로부터 따돌림을 당하거나 차별을 당하는 사례가 늘고 있다. 2008년 초에 공개된 설문조사 결과를 보면, 근로자들 중 30.7%가 직장에서 따돌림을 당한 경험이 있고,[8] 35.3%의 근로자가 현재 다니는 직장에 따돌림을 당하는 직원이 있다고 응답했다고 한다.[9] 그런데 2017년 한국노동연구원에서 조사한 결과를

서 "정서적"을 삭제하고 "업무환경"을 "근무환경"으로 수정하는 것으로 합의하여 법제사법위원회 제2 소위를 통과해 2018년 12월 27일 국회 본회의에서 의결되었다. 이 이외에 직장에서의 괴롭힘으로 인한 질병을 업무상 재해로 인정하는 것을 내용으로 하는 산업재해보상보험법 개정안(의안번호 17768호. 이하 '개정 산업재해보상보험법'), 직장 내 괴롭힘에 대한 정부의 책무를 규정한 산업안전보건법 전부개정법률안(의안번호 17834호. 이하 '개정 산업안전보건법') 등이 같은 날 국회 본회의에서 의결되었다.

6) 水谷英夫,「職場のいじめ：「パワハラ」と法」, 2006, 67쪽.

7) 이준희,「직장 내 집단 괴롭힘(mobbing)에 대한 연구」(고려대학교 석사학위 논문), 2009, 2쪽.

8) 취업포털 사람인 2008. 3. 7. 보도자료(www.saramin.co.kr).

9) 오픈셀러리 2008. 3. 7. 보도자료(www.embrain.com).

보면 과거 5년간 직장에서 괴롭힘 피해를 직접 당한 근로자가 66.3%에 이르고 피해경험 및 상담경험이 33.3%에 이른다고 조사됐다고 한다.[10] 조사 기관과 대상이 전혀 다른 양 조사결과를 수평적으로 비교하는 것은 정확한 분석방법이라고 할 수 없지만 적어도 직장에서의 괴롭힘이 시간이 지날수록 더욱 많은 사람의 문제로 확대되고 있다는 것을 확인할 수는 있다고 생각한다. 양 조사결과의 비교는 직장에서의 괴롭힘에 대한 사회의 감수성이 예민해지고 있고, 그로 인해 피해를 인지하는 빈도도 높아지고 있다는 것을 보여주는 것일 수도 있다.

직장에서의 개인의 타인에 대한 괴롭힘은 단순한 악의 또는 비호감을 일회적으로 표출하는 경우일 수도 있지만, 다분히 의도적이고 집요하게 상대방을 괴롭히는 양상으로 나타나기도 한다. 그러한 직장에서의 괴롭힘의 대상이 된 근로자는 스스로의 능력과 의지로 괴롭힘에서 벗어날 수 없는 경우가 많다. 그 괴롭힘의 결과는 근로자 개인의 삶을 파괴할 뿐만 아니라 직장에서의 괴롭힘이 발생한 사업장 차원에서는 조직문화 붕괴와 생산성 저하를 초래하게 된다. 피해 근로자의 업무 몰입도가 현저히 떨어지고 생산성이 낮아지는 동시에 동료 근로자들과의 불화로 인해 조직 전체의 단결성과 복무질서가 해이해질 가능성이 크기 때문이다. 사용자로서도 직장에서 발생하는 각종 괴롭힘 행위를 개인적인 문제로 치부하여 방치하기는 어렵다. 과거에는 당사자 '개인의 아픔'으로 치부됐지만, 그 아픔을 개인적으로 해결할 것을 기대하기 어려운 상황에서 그로 인한 피해가 사회 전반에 영향을 미칠 만큼 빈번하게 발생하고 있다면, 그리고 개인적으로 문제를 해결하기 위해 자력구제에 나서는 상황이 오히려 문제를 더 악화시키거나 또 다른 법익침해의 문제를 초래할 수 있다면 그 문제는 국가법질서가 관심을 가지고 개입해서 해결해야 하는 문제리고

---

10) 김근주·이경희, 「직장 내 괴롭힘 실태와 제도적 규율 방안」, 2017, 64쪽 이하.

보아야 한다. 물론 직장에서의 괴롭힘에 해당한다고 주장되는 다양한 행위들에 대하여 그 각각의 행위에 법률의 개입이 필요한 것인지를 판단하기 위해서는 각 행위들로 인해 침해되는 법익과 그 법익침해를 구제하기 위해 적용 또는 유추적용될 수 있는 기존의 법률 규정들, 적용 가능한 법 규정이 존재하지 않을 경우 판단 기초가 될 수 있는 다양한 법리적 근거들에 대한 검토가 이루어져야 한다. 직장에서의 괴롭힘 행위로 침해될 수 있는 법익이 매우 다양하기 때문이다. 직장에서 괴롭힘을 당한다고 했을 때 침해되는 법익은 생명과 신체의 자유 또는 안전일 수도 있고, 인격권일 수도 있으며, 때로는 소유권일 수도 있다. 개정 근로기준법 제76조의 2는 괴롭힘 피해 근로자의 신체적·정신적 완전성과 안전한 근무환경 확보를 직장에서의 괴롭힘을 금지해야 하는 이유로 밝히고 있다.

그동안의 집단적인 괴롭힘에 관한 연구는 주로 학생들을 대상으로 한 심리학적, 교육학적, 정신병리학적 측면에서의 연구에 치중되어 있었으며, 직장에 소속되어 있는 성인들 사이에서 발생하는 문제를 어떻게 해결할 것인지에 대한 법학 분야에서의 연구는 아직 충분하다고 볼 수 없다. 사전적인 법이론적 연구가 충실히 뒷받침되지 못한 채 서둘러 근로기준법이 개정된 것은 아쉽지만, 직장에서의 괴롭힘 문제 해결이 시급하다는 우리 사회 구성원들의 공감대가 충분히 조성되어 있었는데 학계의 인식이 그에 따르지 못했기 때문일 수 있다는 점에서 학계의 진지한 반성과 성찰이 필요하다고 생각된다. 이제부터라도 직장에서의 괴롭힘으로부터 피해 근로자를 보호하고 효과적으로 구제하기 위한 노동법학에서의 연구가 더욱 활발해지기를 기대한다. 또한, 직장에서의 괴롭힘에 관련된 당사자들이 직업 현장으로 원활하게 복귀할 수 있도록 지원하며, 직장에서 괴롭힘이 발생하는 것을 사전에 방지하거나 재발하지 않도록 하기 위한 여러 가지 법학적, 인사관리학적 측면에서의 수단들과 그 수단들을 뒷받침할 수 있는 근거들이 진지하게 논의되어야 한다. 그와 같은 사고의 결과가 누적되어 개정 근로기준법과 산업재해보상보험법상의 직장에서의 괴롭힘에 관한 규정들이 가지고 있는 부족한 점들에 대한 보완이 가능할 것이다.

제2절 이 책의 서술 범위와 순서

이 책은 직장에서 발생하는 괴롭힘 문제를 현행법의 테두리 내에서 해결할 수 있는 방법이 있는지, 만약 현행법의 적용을 통해 해결하는 것이 가능하다면 어떠한 법률의 규정들이 적용될 수 있는지를 검토하고 해결방법을 제안하기 위해 쓰였다. 직장에서의 괴롭힘 문제는 종래에는 법률이 개입할 수 없는 부분이라고 여겨져 왔던 지극히 사적인 영역, 즉 개인 사이의 친소관계에서 발단하는 경우가 많기 때문에 가해 근로자와 피해 근로자를 포함하여 괴롭힘이 발생한 사업장의 노동관계 당사자들의 자발적인 해결 노력이 강조될 수밖에 없었다. 따라서 사용자, 근로자, 노동조합 등 노동관계 당사자들의 자발적인 괴롭힘 발생 방지 노력을 촉진하고 나아가 그러한 노력을 하도록 의무를 부과할 수 있는 방법이 무엇이 있으며, 의무를 부과한다면 그 근거가 무엇인지 먼저 검토하려고 한다. 노동관계 당사자들의 직장에서의 괴롭힘 방지와 해결 노력 의무 부과의 근거를 발견하는 것은 개정 근로기준법 제76조의2 이하의 규정들의 입법적 타당성과 보완 여지를 파악하는 기초가 될 수 있다. 또한, 개정 근로기준법과 개정 산업재해보상보험법 이외에 직장에서의 괴롭힘에 직접 적용될 수 있는 법률이 없는 상황에서 현행 법체계 내의 각종 법률들 중 직장에서의 괴롭힘을 규율하기 위해 적용할 수 있는 규정과 원칙을 발견하고 이를 적용하는 과정에서 제기될 수 있는 쟁점들에 대해 검토하였다.

이 책에서 검토 대상으로 삼은 직장에서의 괴롭힘 문제는 원칙적으로는 "집단적인 괴롭힘"이다. 여기에서의 "집단성"은 학교, 직장과 같이 여러 사람이 모여서 조직을 이루고 관계를 맺게 되는 특별한 환경에서 드러나기 쉬운 현상인 동시에, 다수가 특정인에게 괴롭힘을 가하는 관계에서 가해 행위자들이 피해 근로자에 대하여 심리적·실질적 우위성을 확보하게 되는 배경이 되기도 한다. 집단의 우위를 등에 업고 폭력 등을 통해 갈등 해소를 시도하는 모습도 단순한 이웃 관계, 친구 관계 등에서보다 직장 관계에서 더욱 높은 빈도로 나타난다.[11] 정서적인 유대감이 배제된 채 힘의 우열관계가 선명하게 두드러질 수 있기 때문이다. 괴롭힘의 집단성은 괴롭힘 가해 행위자가 보유한 신체적 힘이나 권한의 상대적 우위에 의해서도 대체될 수 있다. 괴롭힘에 있어서 집단성의 본질은 항거하기 어려운 힘의 비대칭성을 초래하는 데에 있기 때문이다. 직장 내 상급자에 의한 하급자에 대한 괴롭힘, 동료 직원 사이의 갈등이 1대 1의 관계라 할지라도 사실상의 힘의 우열관계가 있는 경우의 괴롭힘이라면 집단성에 기댄 괴롭힘 행위와 동등하게 취급되어야 한다. 힘의 우위에 기초한 괴롭힘이라면 집단성에 기대지 않은 괴롭힘 행위라 하더라도 이 책에서 검토하고자 하는 행위 유형에 포함된다. 부연하자면 "집단성"이 존재하는 것이 일반적이지만 검토 대상이 되는 직장에서의 괴롭힘 행위에 언제나 필수적으로 "집단성"이 존재하여야 하는 것은 아니다.

현행법의 테두리 내에서 근로기준법, 민법, 형법, 산업재해보상보험법, 남녀고용평등과 일·가정 양립 지원에 관한 법률, 국가인권위원회법 등 이미 존재하는 법률 내의 규정들에 대한 해석을 통해 새롭게 등장하는 사회적 현상에 모두 대응하는 것은 일정한 한계를 가진다. 특정한 괴롭힘 행위가 특정 법률의 적용 가능한 행위의 범주에 포섭될 수 있는 경우에는 해결방법이 될 수 있지만, 직장에서의 괴롭힘 일반에 대해 적용할 수 있도록 법률을 제정하거나 관련 법률에 조문을 만들어 넣는 것보다 더 분명

11) 최인섭 외 4인, 「한국인의 갈등해소방식 : 폭력을 중심으로」, 한국형사정책연구원, 2005, 289쪽.

한 대책이 될 수는 없다. 기존 법률의 개정이나 새로운 법률의 제정을 통해 직장에서의 괴롭힘 문제에 적극적으로 대응할 필요가 있다. 개정 근로기준법과 산업재해보상보험법상의 신설 규정들은 직장에서의 괴롭힘을 법적 수단을 통해 체계적으로 규율하기 위한 첫걸음과 같은 의미를 지닌다고 보아야 할 것이다.

입법적 대응방안을 검토함에 있어서는 유럽 각 나라들의 입법 내용과 정책적 대응 모습이 중요한 참고가 될 수 있다. 서구에서는 직장에서의 괴롭힘 문제가 이미 중요한 사회문제로서 충분히 부각되어 있고 이의 해결을 위한 개별 국가 및 EU 차원에서의 대처방법이 학계와 실무계에서 오랜 기간 논의되어왔다. 직장에서의 괴롭힘 현상에 대한 해외 각 나라들의 입법적·사법적·정책적 대응의 경험으로부터 도출된 시사점을 바탕으로, 우리나라에서 직장에서의 괴롭힘을 규율하기 위해 마련된 법률 조문들의 내용을 검토하고 바람직한 보완 입법의 방향을 제시해 보고자 한다.

이상의 모든 쟁점을 검토할 때 괴롭힘을 당한 피해 근로자의 손해와 충격을 최소화하면서 가능한 한 신속하게 본래 업무에 복귀할 수 있도록 지원할 수 있어야 하고, 괴롭힘 사건이 발생한 사업 또는 사업장이 입게 되는 유·무형의 손실들이 신속히 회복되어야 한다는 원상회복의 관점을 우선하였다.

제2장
직장에서의 괴롭힘의 개념

제 2 장

직장에서의 괴롭힘의 개념

제1절 직장에서의 괴롭힘의 의의

Ⅰ. 직장에서의 괴롭힘을 표현하는 용어

우리나라 법학 분야, 특히 노동법학 분야에서 직장에서의 괴롭힘 행위에 대하여 "직장 내 집단 괴롭힘" 또는 "직장 내 괴롭힘"이라는 용어가 사용된 것은 그리 오래되지 않았다. 특정 집단이나 조직 내에서 여러 사람이 특정인을 괴롭히는 현상을 나타내는 용어로써 일반적으로 널리 사용되었던 일상적인 말에는 "왕따"와 "따돌림"이 있다. 법학계에서는 조직 내의 집단적인 괴롭힘 현상을 표현하기 위해 "음해행위"[1]와 "정신적 괴롭힘"[2] 등이 사용되기도 했다. 경영학 분야에서는 "따돌림",[3] "괴롭힘"[4] 등의 용어가 사용되어 왔다. 최근에는 직장에서 동료들 사이에서 발생하는 특정인에 대한 집단적인 괴롭힘 현상을 표현하는 용어로 "직장 내 괴롭힘"이라는 용어가 자주 사용되고 있다.[5] 이 용어는 2016년 이인

---

1) 김영문, '직장 내에서의 음해행위(mobbing)에 대한 법적 구제수단', 「법조(통권 498호)」, 1998, 128쪽.

2) 조임영, '프랑스 노동법상 '정신적 괴롭힘'의 금지', 서울대 노동법연구회, 2008년 상반기 발표자료, 2008, 1쪽.

3) 황지연, 「직장 내 집단따돌림이 구성원의 태도에 미치는 영향에 관한 연구」(서강대 석사학위 논문), 2004.

4) 박경규, '조직 내 집단 따돌림과 조직행동', 「서강경영논총(제16-2집)」, 2005; 이형진, 「직장 내 집단 괴롭힘에 관한 연구」(고려대 석사학위 논문), 2005.

5) 강성태, '내부고발자에 대한 '직장 내 괴롭힘'과 손해배상책임', 「노동법학(제35호)」, 2010, 378쪽 이하; 노상헌, '일본의 직장 내 괴롭힘에 대한 법적 쟁점', 「노동법논총(제26집)」, 2012, 127쪽 이하; 나이토 시노, '일본의 직장내 괴롭힘', 「국제노동브

영 의원이 대표발의 한 '근로기준법 개정안',[6] 2018년 이정미 의원이 대표발의 한 '직장 내 괴롭힘 예방 및 피해 근로자 보호에 관한 법률안'[7], 2018년 정부가 발표한 '직장 등에서의 괴롭힘 근절대책'[8] 등에서도 사용되었다. 개정 근로기준법도 "직장 내 괴롭힘"이라는 표현을 사용한다.

직장에서의 괴롭힘에 대한 법률적 검토가 처음 등장하던 1990년대 후반과 2000년대에 harassment, bullying, mobbing 등과 같이 유사한 뜻을 갖는 외국의 용어가 그대로 사용되거나 いじめ(이지매)와 パワハラ(파와하라) 등의 일본 용어가 그대로 사용되던 단계를 지나 "괴롭힘"이 학술적인 용어로서 자리를 잡아가고 있는 단계인 것으로 보인다. 이는 저자가 2009년 "직장내 집단 괴롭힘"이라는 용어를 논문에서 처음 사용하던 때에는[9] 그 사례를 발견하기 어려웠던 것으로서 매우 고무적인 현상이라고 생각된다.

직장에서의 괴롭힘이 상급자 1인에 의해서 행해지거나, 1대 1의 동료 사이에서 발생할 수도 있다는 점에서 "집단" 개념을 배제하는 견해들도 합리성이 있다. 하지만 조직 내에서의 특정인에 대한 괴롭힘의 대부분은 "집단 괴롭힘"인 경우가 많고, 1대 1의 관계에서 발생하는 괴롭힘도 집단의 힘의 우위에 비견할 수 있는 지위의 상하관계나 실질적인 힘의 우위에 기초하는 경우가 많으므로 "집단"이라는 표현을 반드시 배제해야만 하는 것도 아니다. 유·무형의 힘의 우위에 기초하는 괴롭힘의 속성을 고려할 때 "집단 괴롭힘"이라고 표현하는 것이 우리가 표현하고자 하는 대상 행

리프(Vol.12 No.9)」, 2014. 9, 39쪽 이하

6) 의안번호 2000318(2016. 6. 17), 「근로기준법 일부개정법률안」 참조.

7) 의안번호 2012272(2018. 3. 2). 「직장 내 괴롭힘 예방 및 피해 근로자 보호에 관한 법률안」 참조.

8) 관계부처 합동, 「직장 등에서의 괴롭힘 근절대책」, 2018. 7, 2쪽.

9) 이준희, 「직장 내 집단 괴롭힘(mobbing)에 대한 연구」(고려대학교 석사학위 논문), 2009, 10쪽 이하.

위의 특징을 표현하는 데에 유용하다고 할 수 있기 때문이다.[10] 자세한 것은 뒤에 설명하기로 한다.

아래에서는 현재 사용되고 있는 용어들을 하나씩 살펴보면서 각각 용어의 의미와 법률용어로서의 타당성을 검토해 본다.

1. 기존에 사용되던 용어

(1) harassment, bullying, mobbing

'harassment'는 'bullying', 'mobbing'과 같은 뜻을 갖는 단어라기보다는 이들 두 단어를 포괄하는 상위의 개념으로 사용되는 용어이다. 여러 가지 괴롭힘의 유형을 포괄하는 상위 개념으로 harassment를 상정하고 하위 개념으로 'sexual harassment'와 'racial harassment', 'age discrimination', 'bullying' 등을 각각 배치하여 설명하는 식이다.[11] 우리나라에서 'sexual harassment'가 보통 '성희롱'이라고 번역되고 있으므로 harassment를 '희롱'이라고 할 수도 있겠지만, 본래의 뜻을 보면 '희롱'이라고 번역하는 것은 적당하지 않다. 희롱은 악의 없이 놀리거나 서로 즐기는 것을 뜻하기 때문이다.[12] 괴롭힘이나 가혹행위, 애먹게 하는 행위 정도로 번역하는 것이 harassment의 본뜻에 가까운 적당한 번역이라고 할 수 있다.[13]

---

10) 이준희, 「직장 내 집단 괴롭힘에 대한 사용자의 책임」(하경효 교수 정년기념논문집), 548쪽.

11) Elizabeth Gillow·Martin Hopkins·Audrey Williams, 「Harassment at Work」, 2003.

12) https://dict.naver.com에 따르면 희롱을 1. 말이나 행동으로 실없이 놀림. 2. 손아귀에 넣고 제멋대로 가지고 놂. 3. 서로 즐기며 놀리거나 놂 등으로 풀이하고 있다.

13) "sexual harassment"가 성희롱이라고 번역되어 여러 법령에서 이 용어를 그대로 사용하고 있는 것은 "희롱"의 사전적 의미를 고려하면 타당하다고 볼 수 없다. "성희롱"이라는 용어가 사용되는 것의 문제점에 대해서는 강동욱, '직장 내 성희롱의 의의와 그 유형에 관한 고찰', 「한양법학(통권 24집)」, 2008. 10, 228쪽 이하 참조.

일찍이 이 분야에 관한 연구가 매우 활발하게 전개되어 이미 상당한 성과가 축적된 서구에서는 직장에서의 괴롭힘을 나타내는 용어가 mobbing과 bullying으로 정리되어 가고 있는 것으로 보인다. 주로 유럽 대륙 쪽에서 사용되고 있는 mobbing은 라틴어의 'mobile vulgus'[14]를 어원으로 하고 영어의 mob[15]을 원형으로 한다. mobbing이라는 용어가 누구에 의해 최초로 사용되었는가에 대해서도 몇 가지 견해가 있다. 스웨덴 임상의 출신의 Heinz Leymann의 논문과 저서들에 등장하여 1980년대 이후 널리 사용되게 되었다고 보는 견해도 있고,[16] 학생들 사이에서 발생하는 집단 괴롭힘에 관해 연구한 Olweus가 집단 괴롭힘을 지칭하는 용어로 mobbing을 처음 사용했다고 보는 견해도 있다.[17] Olweus의 연구가 학생들 사이에서의 집단 괴롭힘에 대한 것이라는 점을 고려하면, 직장에서 발생하는 집단적인 괴롭힘을 지칭하는 용어로 mobbing이 보편적으로 사용된 계기는 Heinz Leymann의 연구 때문이라고 보는 것이 무리는 없을 것으로 생각된다. bullying은 주로 영·미권에서 사용되는데, 영국의 언론인인 A. Adams가 그의 다큐멘터리 프로그램과 저서에서 처음 사용하였다고 한다.[18] bullying도 직장에서의 집단 괴롭힘을 의미하는 것으로 mobbing과 거의 같은 뜻으로 사용되고 있다. 이들 두 단어의 의미와 용법을 섬세하게 구분해내는 것은 매우 어렵다.

bullying과 mobbing을 세심하게 구별하는 견해가 있다.[19] 이 견해에

14) en.wikipedia.org/wiki/Ochlocracy에 따르면 "mobile vulgus"는 the easily move-able crowd, 즉 쉽게 동요하는 군중을 뜻한다고 한다.

15) endic.naver.com/endic.nhn?docid=732620&rd=s에 따르면 "mob"은 명사로서 폭도, (폭도화 할 것 같은) 군중, 집단 등을 의미한다.

16) 水谷英夫, 「職場のいじめ：「パワハラ」と法」, 2006, 77쪽.

17) 박경규, '조직 내 집단 따돌림과 조직행동', 「서강경영논총(제16-2집)」, 2005, 117쪽.

18) 水谷英夫, 「職場のいじめ：「パワハラ」と法」, 2006, 79쪽.

19) Duncan Chappell·Vittorio Di Martino, 「Violence at Work」, 2006, 20쪽 이하.

따르면, bullying은 복수심에 가득 차거나 가혹하고 악의적인 또는 치욕적인 도발로서 근로자 개인 또는 특정 집단에 대하여 반복적이고 은밀하게 행해져 대상자를 서서히 해치는 적대행위를 말한다고 한다. bullying은 시간이 지남에 따라 더 심해지는 경향이 있다고 한다. 반면 mobbing은 전형적으로 특정 대상자에 대하여 집단적으로 가해지는 행위를 말하는 것으로서 정신적 괴롭힘을 지칭하는 경우가 많은데, 특히 특정인에게 반복적으로 부정적인 표현을 하거나 따돌리거나 헛소문을 퍼뜨리거나 조롱하는 등의 행동을 포함한다고 한다. 이처럼 bullying과 mobbing을 구별한다고 하더라도 괴롭히는 행위 양태만 가지고 이러 이러한 행위는 bullying이 아니라 mobbing이라거나 또는 mobbing이 아니라 bullying에 해당한다는 식으로 구별해 내기는 어려워 보인다. 다만 bullying은 mobbing과 달리 괴롭히는 행위를 하는 주체가 반드시 다수이거나 군중일 것을 요구하지는 않는 것으로 보인다. 그런 의미에서 bullying은 개인적 괴롭힘, mobbing은 집단적 괴롭힘으로 구분되어 사용된다고 보는 견해도 있다.[20] 실제 사용에 있어 이 두 가지 서로 용어는 혼용해도 무방하다. 최근 들어서는 mobbing이 bullying보다 점점 더 널리 사용되고 있다고 한다.[21] 독일 등 북유럽을 포함해 유럽 각국의 학계에서 더 자주 사용되는 용어도 mobbing인 것으로 보인다.[22] 그러나 유럽산업안전보건청(EU-OSHA)이 "workplace harassment"를 사용하는 것을 근거로 유럽에서는 'workplace bullying' 대신에 'workplace harassment'가 점차 널리

20) Maarit Vartia, 'EU의 직장내 괴롭힘', 「국제노동브리프(Vol.12. No.9)」, 2014. 9, 6쪽.

21) Duncan Chappell·Vittorio Di Martino, 「Violence at Work」, 2006, 21쪽.

22) Christiane Mühe, 「Mobbing am Arbeitsplatz」, 2006, Heinz Leymann, 「Mobbing」, 2006, Kollmer, 「Mobbing im Arbeitsverhältnis」, 2007, Martin Wolmerath, 「Mobbing im Betrieb」, 2000, Martina Benecke, 「Mobbing(Arbeits-und Haftungsrecht)」, 2005, Sven Max Litzcke·Horst Schuh, 「Stress, Mobbing und Burn-out am Arbeits -platz」, 2005 등.

사용되고 있다고 보는 견해도 있다.[23]

⑵ いじめ와 パワハラ

집단적인 따돌림과 괴롭힘 행위가 학생들을 중심으로 매우 급격히 확산되어 심각한 사회현상으로 대두되었던 일본에서는 'いじめ'와 'パワハラ'라는 용어가 사용되고 있다. いじめ는 우리가 흔히 알고 있는 '이지매'를 말한다. 학생 또는 직장인을 막론하고 여러 명이 한 명을 집단적으로 따돌리는 행위와 괴롭히는 행위를 통칭한다.[24] 가장 널리 사용되는 용어이다. パワハラ는 일본식 영어 표현인 'power harassment'를 일본식으로 줄여서 발음하여 적은 용어로서 상급자에 의한 괴롭힘을 말한다. 파와하라라고 발음한다. パワハラ나 'power harassment(パワーハラスメント)'는 일본의 학계뿐만 아니라 법원에서도 직장에서의 괴롭힘을 표현하기 위해 주로 사용하는 용어이다.[25] パワハラ는 주로 상급자가 자신의 지위와 권한을 이용하여 하급자를 직접 직무와 관련하여 괴롭히거나, 다른 부하직원들에게 지시하여 대상자를 괴롭히도록 하는 행위, 승진이나 고용유지의 조건으로 부당한 행위를 강요하거나 상급자의 과오에 대해 대신 책임지도록 하는 행위 등을 말한다.[26] 최근에는 일본 체육계에서 감독이나 코치, 동료 선수가 다른 동료 선수를 가혹하게 대하는 행위를 지칭하는 데에도 사용되고 있다.[27] 그러나 일본 문헌에서 パワハラ가 반드시 상급자에 의한 괴롭힘만을 나타내는 용어로만 사용되는 것은 아니고, 직

---

23) Maarit Vartia, 'EU의 직장내 괴롭힘', 「국제노동브리프(Vol.12. No.9)」, 2014. 9, 6쪽.

24) 水谷英夫,「職場のいじめ:「パワハラ」と法」, 2006, 67쪽.

25) 金子雅臣, 'パワーハラスメントが問いかける職場の課題', 「労働法律旬報(No.1791)」, 2013. 5, 6쪽; 根本 到, '職場のパワーハラスメントと人格權', 「人格·平等·家族責任」, 2017, 57쪽 등.

26) 豊田通商株式會社,「不祥事撲滅!」, 2008, 11쪽 이하.

27) 金子雅臣, 'パワーハラスメントが問いかける職場の課題', 「労働法律旬報(No.1791)」, 2013. 5, 6쪽.

장에서 발생하는 いじめ, 즉 직장에서의 괴롭힘 일반을 뜻하는 용어로 사용되기도 한다.[28]

(3) 왕따, 따돌림, 떨구기, 태움

어떤 집단 내에서 특정인을 괴롭히는 현상을 나타내는 용어로써 우리 사회에서 널리 사용되는 말로는 '왕따', '따돌림'이라는 말이 있다. 왕따는 여러 사람이 한 사람을 따돌리고 소외시키는 행위를 지칭하기도 하고 때로는 집중적으로 따돌림을 당하는 사람을 뜻하기도 한다. 본래 10대 어린 학생들 사이에서 널리 사용되던 은어이다. 왕따를 줄여서 '따'라고 말하기도 한다. 노골적으로 드러내지 않고 은근히 따돌리는 행위를 나타내는 '은따'라는 표현은 왕따에서 파생된 것이다. 왕따 이전에는 이를 표현하는 용어로서 이지매(いじめ)라는 일본어가 그대로 사용되는 경우가 많았다. '이지매' 역시 일본의 10대 학생들 사이에 만연하던 따돌림과 괴롭힘 현상을 일컫는 것으로서 점차 사용 빈도가 늘어난 용어이다. 이 일본식의 용어가 여러 매체를 통해 알려지게 되면서 따돌림이 매우 일본적인 현상이라는 인식[29]을 심어주는 계기가 되기도 하였다. 최근 우리나라 중고등학생 또래 청소년들 사이에서는 친하게 어울려 다니는 무리에서 따돌려서 떨어져 나가도록 하는 행위에 대해 '떨군다'라는 표현이 널리 사용되고 있다. 따돌림을 당해 무리에서 배제되는 것을 '떨궈진다'라고 표현한다. 이때 무리에서 배제된다는 것은 현실에서 같이 다니는 무리에서 배제되는 것 외에 인터넷 기반의 단체 대화방에서 쫓겨나거나 견디지 못하고 자발적으로 나가는 것까지도 포함한다. 떨구는 행위는 직장인들 사이에서도 빈번하게 일어난다. 또 일부 병원에서는 상급자가 하급자에게 감당하기 어려운 일을 하도록 강요하거나 사소한 실수나 잘못까지 잡아

---

28) 水谷英夫, 「職場のいじめ：「パワハラ」と法」, 2006; 涌井美和子, 「職場のいじめとパワハラ防止のヒント」, 2007.

29) 水谷英夫, 「職場のいじめ：「パワハラ」と法」, 2006, 67쪽.

내 참기 어려울 만큼 혼내는 것을 반복하는 '태움'이라는 행위가 행해지고 있다는 것이 언론을 통해 보도되기도 했다. 괴롭힘 행위의 특정 유형을 지칭하는 순우리말 표현들이 등장하고 있는 것이다. 집단적인 따돌림 행위가 우리 사회에서 연령대를 막론하고 얼마나 만연되어 있는지 확인할 수 있는 현상이다.

'왕따', '이지매', '따돌림', '떨구기', '태움' 등의 용어는 특별히 뜻을 부연하여 설명하지 않아도 우리나라 말을 사용하는 말공동체 구성원들이 그 의미를 충분히 이해할 수 있을 만큼 집단적인 괴롭힘 현상을 표현하는 용어로서는 매우 일반화되어 있다. 언론에서 자주 사용되고 있고, 실제 발생하고 있는 현상을 표현하는 데에도 탁월한 면이 있는 것은 사실이다. 일부 계층에서 회자되던 은어나 비속어가 일반인들에게 폭넓게 받아들여지고 나아가 신문, 방송 등 언론에서까지 사용하게 되고 이어서 학술 문헌에서 사용되는 현상이 점차 빈번해지고 있는 듯하다. 그러나 비속어인 은어가 비록 대중화되어 있다 하더라도 그 용어가 그대로 학술용어로 사용되기에 언제나 적합한 것은 아니다. '왕따', '이지매', '떨구기', '태움' 등의 용어는 용어가 풍기는 분위기가 선정적이고, 개념이 품고 있는 내용을 분명하게 밝히거나 그 개념이 미치는 영역을 확정하기 어려워서 학술용어가 갖추어야 할 가장 중요한 요소인 '명확성'과 '객관성'을 갖추고 있다고 보기 어렵다. 또한, 10대를 전후한 청소년들 사이에서 발생하는 '왕따' 또는 '떨구기' 행위는 직접 신체에 대해 가해지는 폭행이나 상해가 수반되는 경우도 많고 겉으로 드러나게 행해지는 경우가 대부분이라는 점에서 직장에서의 괴롭힘 행위와는 개념이 포괄하는 범위에 있어서 다소 차이가 있다. 물론 직장에서의 괴롭힘 행위의 개념에서 직접 물리적으로 타인의 신체에 폭행을 가하거나 상해를 입히는 행위가 배제되는 것은 아니지만, 직장에서의 괴롭힘 행위의 주된 모습은 비신체적이고 정신적인 영역에서의 괴롭힘이라고 할 수 있기 때문이다. 그리고 '따돌림'은 본래

"함께 어울려주지 않고 혼자 두는 것"이라는 한정된 뜻을 갖고 있어 직장에서 발생하는 괴롭힘의 다양한 행위 양태를 표현하는 용어로서는 적합하지 않다. '떨구기'도 다수가 어울리는 무리에서 특정 한 명을 배제시키는 소극적인 행위를 뜻할 뿐 추가로 가해행위를 하는 적극적 행태를 지칭하지는 않는다는 점에서 매우 제한적 의미를 가진 용어이다. 따라서 '왕따'나 '따돌림', '이지매', '떨구기' 등을 직장에서의 괴롭힘 행위를 표현하는 학술용어로 받아들이는 것은 타당하지 못하다.

⑷ 음해행위와 정신적 괴롭힘, 직장내 괴롭힘, 직장내 집단 괴롭힘

학술 문헌, 특히 법학 분야에서 집단적인 괴롭힘 현상을 표현하기 위해 사용된 용어로는 "음해행위"[30]와 "정신적 괴롭힘",[31] "직장내 괴롭힘",[32] "직장내 집단 괴롭힘"[33] 등이 있다. 경영학 분야에서는 "따돌림",[34] "괴롭힘"[35] 등의 용어가 사용되기도 한다. 직장에서 동료들 사이에서 발생하는 특정인에 대한 집단적인 괴롭힘을 표현하는 뜻으로 학술적 용어로는 우리나라에서는 "직장 내 괴롭힘"이라는 용어가 거의 자리를 잡아가

30) 김영문, '직장 내에서의 음해행위(mobbing)에 대한 법적 구제수단', 「법조(통권 498호)」, 1998, 128쪽.

31) 조임영, '프랑스 노동법상 '정신적 괴롭힘'의 금지', 서울대 노동법연구회, 2008년 상반기 발표자료, 2008, 1쪽. 조임영 교수는 후에 "정신적 괴롭힘"이라는 용어를 "직장내 괴롭힘"으로 변경하여 사용하고 있다(조임영, '직장내 괴롭힘과 프랑스 노동법', 「노동법논총(제25호)」, 2012.

32) 김희성, '독일법상 "직장 내 괴롭힘(MOBBING: 적대행위(BULLYING)"에 관한 연구', 「경영법률(22권 2호)」, 2012; 문준혁, '직장 내 괴롭힘에 대한 손해배상책임', 「노동법학(제62호)」, 2017; 심재진, '영국에서의 직장내 괴롭힘 규제', 「노동법논총(제25호)」, 2012; 조상욱·송연창, '직장 내 괴롭힘에 관한 주요 실무문제에 대한 소고', 「법학평론(제7권)」, 2017 등.

33) 이준희, 「직장 내 집단 괴롭힘(mobbing)에 대한 연구」(고려대학교 석사학위 논문), 2009, 15쪽.

34) 황지연, 「직장 내 집단따돌림이 구성원의 태도에 미치는 영향에 관한 연구」(서강대학교 석사학위 논문), 2004.

35) 박경규, '조직 내 집단 따돌림과 조직행동', 「서강경영논총(제16-2집)」, 2005; 이형진, 「직장 내 괴롭힘에 관한 연구」(고려대학교 석사학위 논문), 2005.

고 있는 것으로 보인다.[36] 개정 근로기준법 제76조의2도 “직장 내 괴롭힘”이라는 표현을 사용하고 있으므로 이제 우리나라에서는 이 용어가 가장 널리 사용되는 표현이 될 것이라고 예상된다.

‘음해’는 “몸을 드러내지 아니한 채 음흉한 방법으로 남에게 해를 가한다.”라는 뜻을 가지고 있다.[37] 그러므로 ‘음해행위’라는 용어는 직장에서 발생하는 괴롭힘을 뜻하는 의미의 적합성과 명확성 면에서 일부 타당성이 있다. 그러나 직장에서의 괴롭힘 행위가 반드시 은밀하게 행해지는 것은 아니다. 그리고 음해행위라는 용어는 직접 신체에 대하여 가해지는 유형력의 행사를 포함할 수 없다는 한계가 있다. 그 용어가 품을 수 있는 뜻의 넓이에 다소 문제가 있다. 직장에서 발생하는 괴롭힘 현상을 온전히 나타내는 용어로서는 적합하다고 하기 어렵다. ‘정신적 괴롭힘’이라는 용어도 신체에 직접 가해지는 가해행위가 배제되어 버린다는 문제가 있다. 예를 들어 피해 근로자에게 구내식당에서 밥을 먹지 못하도록 협박하여 피해자가 굶거나 멀리 떨어진 식당에 나가서 점심을 먹게 되는 경우, 동료 근로자들과 함께 특정 근로자를 괴롭히는 상급자가 피해 근로자에게 벽을 보고 장시간 서 있게 하는 행위[38] 등은 정신적 괴롭힘뿐만 아니라 특정한 강요된 행위 또는 신체적인 고통도 함께 수반하고 있다. 또한, 사무실에서 모두가 보는 앞에서 멱살을 잡고 흔들거나, 뺨을 때리는 행위 등 직접 신체에 가해지는 행위를, ‘정신적 괴롭힘’이라는 용어를 사용하여 직장에서 발생하는 집단 괴롭힘 행위에서 배제해야 할 특별한 이유는 없다. ‘정신적 괴롭힘’이라는 용어를 사용한 것은 프랑스에서 널리 사용되고 노동법전에 도입된 용어인 ‘harcèlement moral’을 직역했기 때문인 것으

36) 우리말 맞춤법상 “직장내”보다는 “직장 내”가 옳다. 붙여 쓰는 것과 띄어 쓰는 것이 특별한 의미 차이가 없다면 될 수 있으면 맞춤법에 따라 표기하는 것이 옳다고 생각된다.

37) https://ko.dict.naver.com/#/main

38) 서울행판 2002. 8. 14, 2000구34224.

로 보인다.[39] '직장 내 집단 따돌림'이라는 용어도 완전히 적합하다고 하기 어렵다. 앞에서 설명한 대로 직장에서 발생하는 집단적인 괴롭힘 현상을 표현하기에는 '따돌림'이라는 낱말이 갖는 뜻이 지나치게 좁기 때문이다. 따돌림이 물론 직장에서의 괴롭힘의 중요한 모습 중 하나임은 부인할 수 없으나, 따돌리는 행위라는 설명만으로 직장에서의 괴롭힘의 다양한 행위 양태들을 포괄할 수는 없다.

일반적으로 사용되고 있는 용어인 '직장내 괴롭힘' 또는 '직장 내 괴롭힘'이라는 표현도 비록 현재 널리 사용되고 있기는 하지만 만족스러운 표현은 아니다. 직장 내(內)라는 장소적 한정성이 직장에서 발생하는 다양한 괴롭힘의 모습을 포괄하기에는 모자란 부분이 있기 때문이다. 직장에서 발생하는 괴롭힘 중에 절대 빼놓아서는 안 되는 중요한 모습이 거래처 직원 또는 고객에 의한 괴롭힘이다. 그러나 용어가 직장 '내'라고 국한되면 직장 밖의 인물이 직업적 관계에 기초해서 가하는 괴롭힘 행위를 포섭할 수 없게 된다. 그러한 관점에서 개정 근로기준법 제76조의2가 "직장 내 괴롭힘"이라고 하여 사업 또는 사업장 내에서 발생하는 괴롭힘만을 규율 대상으로 삼은 것은 분명 아쉬운 부분이다. 근로기준법에 규정되는 사항이라는 점을 고려하면 "직장 내"로 괴롭힘이 발생하는 장소를 제한하는 것도 전혀 수긍할 수 없는 것은 아니다. 하지만 업무상 재해가 반드시 사업장 내에서 발생하는 재해만을 규율하는 것이 아닌 것과 마찬가지로 직장에서의 괴롭힘도 반드시 직장 내에서 발생하는 것은 아니다. 아마도 개정 근로기준법에 대한 해석을 통해 극복될 수 있으리라 생각된다.

---

39) 조임영, '프랑스 노동법상 '정신적 괴롭힘'의 금지', 서울대 노동법연구회, 2008년 상반기 발표자료, 2008, 1쪽.

2. 제안 : 직장에서의 괴롭힘

이 책에서는 '직장에서의 괴롭힘'이라는 어구를 사용할 것을 제안하고자 한다. 지칭하고자 하는 행위나 현상을 무리 없이 설명할 수만 있다면, 굳이 하나의 낱말로 무리하게 용어를 만들어서 대상 행위를 일컬어야 할 이유는 없다. '직장에서의 괴롭힘'이라고 표현하면, 장소와 수단을 막론하고 직장과 관련하여 특정 개인에게 정신적·유형적 괴롭힘을 가하는 일체의 행위를 포괄할 수 있다고 생각한다.

따돌림 등을 통한 고립 또는 소극적 방치에서부터 적극적으로 공격을 가하는 행위, 직장 내부자는 물론 직장과 관련된 제3자의 가해행위까지 모두 위의 표현 안에 포섭할 수 있는 장점이 있다. '집단'이라는 표현을 추가하지 않은 것은 괴롭힘은 집단성을 배경으로 한 힘의 우열관계를 기초로 가해질 수도 있지만, 물리적인 집단적 힘의 우위가 아닌 계급이나 지지하는 동료의 숫자 등 겉으로 드러나지 않은 힘의 우위에 기초해서 가해지는 괴롭힘 행위까지 포섭하기 위해서이다.[40] 직장에서의 괴롭힘이라는 표현 중 '괴롭힘'은 적극적인 공격행위가 부각되는 것으로서 다수의 무시와 같은 심리적 따돌림을 포섭할 수 없다고 지적하면서 '집단 따돌림'이라는 용어가 적절하다고 주장하는 견해가 있으나[41] 수긍하기는 어렵다. '집단 따돌림'이라는 용어는 오히려 적극적 공격행위를 포섭하기 어려운 문제가 있으며, 어의 상 괴롭힘이라는 표현이 반드시 적극적으로 공격을 가하는 행위만을 뜻한다고 볼 수 없기 때문이다.

---

40) 이준희, 「직장 내 집단 괴롭힘(mobbing)에 대한 연구」(고려대학교 석사학위 논문), 2009, 15쪽에서 "집단"이 명시되어야 한다고 보았던 견해는 철회한다.

41) 이상윤, '집단따돌림현상의 헌법적 개념정의와 입법론적 과제', 「공법학연구(제9권 제2호)」, 2008, 3쪽.

Ⅱ. 직장에서의 괴롭힘 행위 개념의 확정

1. 개념 확정의 필요성

직장에서의 괴롭힘에 해당한다고 하기 위해서는 어떠한 요건을 갖추어야 하는지에 대한 규명이 필요하다. 직장에서의 괴롭힘에 해당하는지 여부를 판단할 수 있는 요건을 확정해야 하는 이유는 법률적 판단이 가해질 가치가 없는, 법률상 무의미한 행위들을 직장에서의 괴롭힘 개념으로부터 배제하기 위해서이다. 우연한 실수로 회사의 공지사항을 전달해주지 못한 경우, 개인적인 이유로 특정 근로자에 대해 한두 차례 험담했지만 험담을 들은 동료 근로자들의 별다른 호응을 얻지 못하고 그만두었을 경우 등 규범적으로 무의미한 행위들은 규범적 판단의 대상에서 제외되어야 한다. 어떤 근로자가 객관적 근거 없이 막연히 자신이 따돌림 등 괴롭힘을 당하고 있다고 주장하면서 근로자들 사이의 일상적인 친소관계를 과장하여 법률적 분쟁으로 사건화할 수도 있다. 이때 직장에서의 괴롭힘을 구성하는 요건들이 명확하게 제시되어 있다면 문제가 된 행위가 직장에서의 괴롭힘에 해당하는지 여부를 합리적으로 규명할 수 있게 된다. 반대로 어떤 근로자가 객관적으로 직장에서 괴롭힘 피해를 당하고 있는 것으로 볼 수 있는 외형이 있음에도 불구하고 가해 근로자들은 자신들의 행위가 객관적으로 괴롭힘에 해당하지 않는다고 주장할 수도 있다. 이때 직장에서의 괴롭힘이 되기 위한 구성요건이 미리 확정적으로 제시되어 있다면 이를 근거로 위 행위가 직장에서의 괴롭힘에 해당하는지 여부를 검토할 수 있다. 적극적으로 직장에서의 괴롭힘의 개념을 정의하기에 앞서 직장에서의 괴롭힘이라고 판단되는 행위는 어떠한 요건들을 갖추어야 하는지를 먼저 정리해보기로 한다.

2. 직장에서의 괴롭힘 행위의 객관적 요건

(1) 직장 관련성

직장에서의 괴롭힘이라고 하기 위해서는 그러한 괴롭힘 행위가 직장에서 발생하여야 한다. 개정 근로기준법 제76조의2는 "직장에서의 지위 또는 관계의 우위를 이용하여", "업무상 적정범위를 넘어" 등의 문언을 통해 괴롭힘의 직장 관련성을 명시하고 있다. 직장에서 근로자로서 부여된 업무를 수행하는 과정에서 발생했다면 그 장소가 반드시 직장의 건물이나 부지 내일 필요는 없다. 여기에서의 직장은 장소적 개념이 아니다. 괴롭힘 행위가 반드시 업무와 관련하여 이루어져야 하는 것도 아니다. 비록 개정 근로기준법 제76조의2가 "직장 내"라고 규정하고 있지만 이 내용이 장소적 제한으로 해석되어서는 안 된다. 예를 들어 업무연관성이 전혀 없는 타 부서 근로자들로부터 괴롭힘을 당하는 경우도 직장에서의 괴롭힘의 범주에 포함될 수 있다. 또 소속된 직장이 거래하는 다른 기업 소속 직원이 거래관계에서의 우위성을 배경으로 괴롭힘 가해행위를 하거나 소속된 직장과 거래하는 고객이 고객의 지위를 이용하여 가해행위를 하는 경우도 직장에서의 괴롭힘에 포함될 수 있다.[42]

[관련판례]

고객의 괴롭힘으로 인한 스트레스로 자살한 경우에 대해 고객과 사용자의 손해배상책임을 인정한 사례
-서울중앙지판 2017. 1. 13, 2016가합538467-

[판결의 주요 내용] 사용자는 근로계약에 수반되는 신의칙상의 부수적 의무로서 피용자가 노무를 제공하는 과정에서 생명, 신체, 건강을 해치는 일이 없도록 물적 환경을 정비하는 등 필요한 조치를 강구하여야 할 보호의무를 부담하고, 이러한 보호의무를 위반함으로써 피용자가 손해를 입은

42) 서울중앙지판 2017. 1. 13, 2016가합538467.

경우 이를 배상할 책임이 있다(대판 1999. 2. 23, 97다12082 등 참조). 이 사건으로 돌아와 보건대, 앞서 든 각 증거에 변론 전체의 취지를 더하여 인정되는 다음과 같은 사정, 즉, ① 망인은 1△△동에서 근무하는 동안 F로부터 심한 정신적 스트레스를 받았고, 위 스트레스가 원인이 되어 망인의 우울증이 더욱 악화된 것으로 보이는 점, ② 1△△동은 F의 경비원들에 대한 과도한 괴롭힘으로 인해 경비원들 사이에 근무기피지로 널리 알려진 곳이었고 피고 회사 역시 이러한 사정을 인지하였던 것으로 보이는바, 피고 회사는 근무기피지에 근무하는 망인의 애로사항 등에 대해 좀 더 세심하게 신경 써야 할 필요성이 있었던 점, ③ 망인은 망인의 상사인 G에게도 F로 인해 과도한 스트레스를 받고 있으니 근무지를 옮겨 달라고 요청하기도 하였으나, G는 적극적인 보호조치를 취하기보다는 망인의 사직을 권유한 점, ④ 망인에 대한 안전배려의무를 부담하고 있는 피고 회사는 망인의 상황이 악화되지 않도록 근무부서를 변경하는 등의 적절한 조치를 취하여야 할 주의의무가 있다 할 것인데도 별다른 조치를 취하지 않은 점, ⑤ 근로복지공단은 망인이 입주민과의 심한 갈등으로 인한 업무상 스트레스로 자살에 이르게 되었다는 점을 근거로 업무상 재해에 해당한다고 인정한 점 등을 종합하면, 피고 회사는 피용자인 망인에 대한 보호의무를 위반한 과실이 있고, 이로 인해 이 사건 사고가 발생하였다고 봄이 상당하므로, 망인 및 원고들에게 이 사건 사고로 인한 손해를 배상할 책임이 있다(한편, 위 인정사실에 의하면, 이 사건 사고는 F의 위법한 가해행위와 피고 회사의 보호의무 위반으로 인한 과실이 경합하여 발생한 것이므로, F 및 피고 회사가 부담하는 공동불법행위로 인한 손해배상책임은 부진정연대채무의 관계에 있다).

[사실관계] 근로자 E는 2013. 9. 23. 아파트에 경비원으로 입사하여 외곽초소에서 근무하다가 2014. 1. 1. 상반기 정기 인사에 따라 이 사건 아파트의 □□동에 배치되었고, 2014. 7. 1. 자로 △△동으로 전보조치되었다. △△동은 ◇◇◇호에 사는 입주민 F1)의 경비원들에 대한 괴롭힘으로 인해 경비원들 사이에 근무기피지로 알려진 곳이었는데, 망인 역시 1△△동으로 배치된 이래 아파트 직원인 F로부터 업무미진 등을 핑계로 공개된 장소에

> 서 과도한 질책과 욕설을 들었고, 유효기간이 지난 음식물을 먹으라고 건네받기도 하는 등 인격적 모멸감과 스트레스를 느끼는 일이 여러 차례 있었다.
>
> 근로자 E는 2014. 8. 18. 스트레스로 신경정신과에 내원하여 '중증도 우울삽화' 진단을 받아 약물치료를 시작하였고, 2014. 9. 13. 경비팀장인 G에게 'F의 심한 잔소리로 엄청난 스트레스를 받고 팔이 아파 일을 하기가 힘드니, 외곽초소로 근무지를 옮겨 달라'고 하면서 병가를 허가해 달라고 요청하였다. G는 '병가는 무급이고 힘들면 권고사직을 한 후 연말에 자리가 생기면 받아주겠다.'라고 하면서 근로자 E의 요청을 받아들이지 않았다. 근로자 E는 사고 당일인 2014. 10. 7. 아침에도 F로부터 30분 가까이 심한 꾸중과 욕설을 들었고, 이에 유서를 작성한 후 같은 날 09:20경 102동 입주민의 차량 안에서 시너를 몸에 뿌리고 분신자살을 기도하였으며, 병원에 후송되어 치료를 받다가 2014. 11. 7.경 중증화상 후유증으로 결국 사망하였다.

⑵ 집단성 : 다수인에 의한 괴롭힘

① 집단성이 요구되는 이유

괴롭힘 행위가 힘의 우열관계가 없는 수평적인 어느 한 근로자와 다른 한 근로자 사이에서 주고받는 방식으로 행해진 경우 그것은 두 사람의 다툼에 불과할 뿐 이 책이 논의하려는 대상이 되는 직장에서의 괴롭힘에 해당한다고 할 수 없다. 적어도 직장에서의 괴롭힘이라고 하기 위해서는 괴롭힘 가해자가 괴롭힘을 당하는 피해 근로자보다 사실상의 힘의 우위를 확보하고 있어야 한다. 그 힘의 우위가 피해 근로자의 저항을 불가능하게 하거나 현저히 약화시킬 수 있는 배경이 되기 때문이다. 일대일의 지극히 개인적인 적대행위를 통해서도 어느 일방이 심각한 심리적·정신적 또는 신체적 피해를 당하는 경우가 발생할 수 있다. 그러나 그러한 경우까지 직장에서의 괴롭힘에 해당한다고 보면 이 세상에 존재하는 모든 적대행위 또는 반감의 표출을 직장에서의 괴롭힘에 해당한다고 보게 되어 판단기준으로서는 무의미해진다. 프랑스가 2002년 노동법전(Code du travail)에 '정신적 괴롭힘'을 금지하는 규정들을 도입할 때에도 입법자들은 규범의 규율 대상이 되는 '정신적 괴롭힘'이 "모든 괴롭힘"으로 되어버릴 위험성을 경계했다고 한다.[43)]

힘의 우위는 다수의 근로자가 집단적으로 한 명 또는 상대적으로 소수인 근로자들을 괴롭힐 때 더욱 쉽게 관찰될 수 있다. 특히 괴롭힘 가해 근로자들의 집단성은 직책이나 직위의 상하 관계가 없는 수평적인 동료 근로자들 사이에서 힘의 불균형 상황을 만들어낼 수 있는 가장 확실한 수단이 될 수 있다. 다수가 특정인에게 괴롭힘을 가하는 관계에서 괴롭힘 가해 행위자들이 확보한 집단성은 가해 행위자들이 피해 근로자에 대하여 심리적·실질적 우위성을 확보하는 조건이 되기도 한다. 즉 함께 괴롭힘 가해행위를 하는 집단에 속해 있다는 사실이 가해 행위자에게 심리적 안정감과 우월성을 가지도록 하는 요인이 되며, 피해를 보는 상대적으로 소수이거나 1인인 근로자로서는 저항하거나 반격을 가하기 어려운 일방적인 힘의 우열관계가 형성된다. 괴롭힘 가해 행위자 측의 집단성은 직장에서의 괴롭힘 행위에 해당하는지를 판단할 수 있는 매우 중요한 판단 요건이 될 수 있다.

다수에 의한 괴롭힘을 의미하는 "집단성"은 소위 "편 만들기"의 한 형태라고 볼 수 있다. 여러 사람이 모여서 조직을 이루고 관계를 맺고 하루 중 대부분 시간을 함께 보내게 되는 학교나 직장과 같은 특별한 환경에서는 성격이나 습관, 취향 등 다양한 이유로 편 만들기가 나타나기 쉽다. 괴롭힘 가해 행위자가 집단을 구성하게 되는 시기는 반드시 괴롭힘 가해 행위가 있기 전이어야 할 필요는 없다. 괴롭힘이 시작된 이후에 집단이

---

43) 조임영, '프랑스 노동법상 '정신적 괴롭힘'의 금지', 서울대 노동법연구회, 2008년 상반기 발표자료, 2008, 3쪽.

구성되거나 반복되는 가해행위의 중간에 집단이 이루어진 경우에도 괴롭힘 가해행위가 집단성 요건을 갖춘 것으로 보아야 한다.

② 한 사람에 의한 괴롭힘의 문제

직장에서의 괴롭힘 가해행위로 인정되기 위해서는 집단성이 있어야 한다는 요건에는 예외가 허용되어야 한다. 집단성 이외에도 직위나 직책의 우위, 직무수행 능력이나 실적, 근속기간 등 가해 행위자 측이 피해 근로자에 대하여 힘의 우위성을 확보할 수 있는 수단이 얼마든지 있기 때문이다. 따라서 직장에서의 괴롭힘이라고 하기 위해서는 특정 개인 1인을 넘어서는 근로자의 '집단'이 괴롭힘 행위를 하는 경우이어야 한다고 보는 견해는[44] 언제나 타당하다고 하기는 어렵다.

단적으로 직장 내 상급자에 의한 하급자에 대한 괴롭힘도 "집단성"의 발현과 다름없다. 상급자에게 괴롭힘을 당하는 피해 근로자는 그 상급자에 대하여 마치 다수의 동료 근로자가 가해자가 되는 경우와 마찬가지의 심리적인 위축과 저항 가능성의 상실을 경험할 수밖에 없다. 상급자에 의한 일방적 괴롭힘은 동료 근로자들의 괴롭힘을 촉발할 수 있는 계기가 되기도 한다. 비록 한 명의 근로자가 가해자가 되는 경우에도 그 가해 근로자가 형식적 또는 실질적 상급자라면 이 책에서 검토하고자 하는 직장에서의 괴롭힘에 포함되는 것으로 보아야 한다. 평소 동료들 사이에서 인기가 많은 동일 직급의 근로자가 친한 사람이 거의 없는 다른 동료 근로자를 괴롭히는 경우, 항상 높은 성과를 기록하여 능력을 인정받은 동일한 직급의 근로자가 다른 동일 직급에 속한 근로자를 괴롭히는 경우도 상급자에 의한 괴롭힘과 달리 볼 것은 아니다. 힘의 우열관계가 발생하고 피해 근로자가 심리적으로 위축되어 저항을 포기하도록 만들 수 있다는 점에서 차이가 없기 때문이다.

---

44) Martina Benecke, 「Mobbing(Arbeits- und Haftungsrecht)」, 2005, 11쪽.

위와 같은 관점에서 개정 근로기준법 제76조의2가 "직장 내 괴롭힘" 행위를 정의하면서 사용자 또는 근로자가 "직장에서의 지위 또는 관계 등의 우위를 이용하여 업무상 적정 범위를 넘어 다른 근로자에게 신체적·정신적 고통을 주거나 근무환경을 악화시키는 행위"라고 하여 집단성을 언급하지 않고 "지위 또는 관계 등의 우위"를 명시한 것은 그 취지를 수긍할 수 있다.

⑶ 일방성 : 일방적인 괴롭힘

직장에서의 괴롭힘에 해당하기 위해서는 그 괴롭힘 행위가 특정인 또는 특정 집단으로부터 다른 특정인에 대하여 일방적으로, 한 방향으로 가해져야 한다.[45] 개정 근로기준법 제76조의2의 "다른 근로자에게"라는 표현은 이와 같은 괴롭힘 행위의 일방성을 명시한 것이다. 가해행위를 서로 대등하게 주고받는 쌍방향의 가해행위라면 이 책의 검토 대상이 되는 직장에서의 괴롭힘의 범주에 포함되지 않는다. 그와 같은 행위는 상호간의 적대행위 또는 상호 괴롭힘, 싸움 정도로 표현될 수 있을 것이다. 괴롭힘 가해행위의 일방성은 가해 행위자와 피해자가 뚜렷하게 구별될 수 있을 만큼 심리적 또는 물리적으로 우위에 있는 가해 행위자의 괴롭힘 가해행위가 피해자를 향하여 한 방향으로 가해져야 한다는 것이다. 가해행위의 일방성이 인정되기 위해서 괴롭힘 피해 근로자가 전혀 저항이나 반격을 해서는 안 된다는 뜻은 아니다. 피해 근로자의 저항이나 반격이 있었다 하더라도 그것이 힘의 우위성에 기초한 괴롭힘 가해 행위자의 가해행위를 저지하거나 무력화시킬 정도에 이르지 못하는 경우라면 괴롭힘 행위의 일방성을 긍정할 수 있다.

---

45) Martina Benecke, 「Mobbing(Arbeits- und Haftungsrecht)」, 2005, 23쪽.

⑷ 반복성 : 반복적인 괴롭힘 행위

① 우발적·일회적 행위의 제거

직장에서의 괴롭힘 행위로 인정되기 위해서는 가해행위가 반복적으로 이루어져야 한다. 가해행위의 반복성을 요구한다는 점에서 직장에서의 괴롭힘은 성희롱 즉 성적 괴롭힘과 구별될 수 있다.[46] 직장에서의 괴롭힘이란 그 괴롭힘 행위가 집단성 또는 힘의 우위성에 기초하여 집요하게 반복적으로 행해져 피해자에게 스스로 회복할 수 없는 피해를 주게 되는 경우를 말하기 때문에, 괴롭힘 행위가 우발적이거나 일회적이라면 그 행위는 직장에서의 괴롭힘 행위에 포함시킬 수 없다.[47] 일회로 끝나는 행위는 그것이 비록 다수인이나 상급자에 의해 저질러졌다 하더라도 직장에서의 괴롭힘에 해당하는 행위로 판단되어서는 안 된다.[48] 형법에 규정된 구성요건에 해당하는 행위라면 해당 규정에 따라 처벌 가능성이 검토될 수는 있을 것이다. 반복적이라고 할 때 반복되는 행위가 매번 동일한 유형의 행위일 필요는 없다.[49] 가해행위가 주기적으로 이루어지고 있다면 매번 가해지는 가해행위의 유형이 다른 경우에도 괴롭힘 행위의 반복성을 인정하여야 한다.

괴롭힘 행위는 우발적인 것이 아니라 의도적이고 조직적인 행위이어야 한다. 조직적인 행위란 주기적으로 반복되는 것을 뜻한다. 이 요건에 대해 "다수의 근로자에 의한 상당히 의도적이고 조직적인 행위"[50]라고

---

46) 조임영, '직장내 괴롭힘과 프랑스 노동법', 「노동법논총(제25호)」, 2012, 12쪽 이하.

47) 대판 2007. 11. 15, 2005다16034은 학교에서 발생하는 집단 괴롭힘에 대해서 "집단따돌림이란 학교 또는 학급 등 집단에서 복수의 학생들이 한 명 또는 소수의 학생들을 대상으로 의도와 적극성을 가지고, 지속적이면서도 반복적으로 관계에서 소외시키거나 괴롭히는 현상을 의미한다."고 정의하여, 지속성과 반복성을 집단적인 괴롭힘의 개념적 징표로 보고 있다.

48) Martina Benecke, 「Mobbing(Arbeits und Haftungsrecht)」, 2005, 13쪽.

49) 조임영, '직장내 괴롭힘과 프랑스 노동법', 「노동법논총(제25호)」, 2012, 12쪽 이하.

50) Martina Benecke, 「Mobbing(Arbeits- und Haftungsrecht)」, 2005, 25쪽.

설명하기도 하지만, 앞에서 설명한 바와 같이 반드시 “다수”일 필요는 없으며 힘의 우위성에 기초한 것이면 충분하다. 우발적 행위란 행위자의 애초 의도와는 상관없이 진행된 행위로 반복 가능성이 없는 행위이다. 우발적으로 발생한 갈등이나 적대행위가 장기적이고 지속적인 적대행위로 이어질 가능성도 배제할 수는 없다. 그러나 우발적인 행위 그 자체만으로는 직장에서의 괴롭힘 행위가 성립된다고 보아서는 안 된다. Leymann 교수가 직장에서의 괴롭힘을 “특정 근로자를 체계적으로, 종종 또는 장기간에 걸쳐 근로관계로부터 배척할 것을 목표로 하여 직·간접적으로 공격하는 행위”라고 정의하여 “장기간에 걸친 체계적” 공격행위를 괴롭힘이라고 보고 있는 것에서 알 수 있는 바와 같이 반복성은 직장에서의 괴롭힘이 성립할 수 있는 필수적 요소라고 볼 수 있기 때문이다.[51] Leymann 교수가 언급한 장기간에 걸친 체계적 공격이란 우발적이지 않은 반복적·주기적 공격을 의미한다. 직장에서의 괴롭힘이라고 평가할 수 있기 위해서는 가해행위가 “반복적이고 주기적으로 일정 기간에 걸쳐” 발생하여야 한다고 보는 것이 유럽에서 일반적으로 사용되는 정의라고 한다.[52] 그러나 형식적인 반복성이 언제나 반드시 필요하다고 볼 것은 아니다. 단 1회의 괴롭힘 행위라 하더라도 이후에 반복될 가능성이 현저하거나 반복될 것이 분명히 예상되는 경우라면 직장에서의 괴롭힘으로 검토 대상에 포함시키는 것이 타당하기 때문이다.

② 형법상 상습 개념과의 구별

여기에서 말하고자 하는 “반복성”은 형법상 “상습”과는 구별하여야 한다. 범죄에 있어서의 상습이란 범죄자가 가지고 있는 버릇, 범죄의 경향을 의미하는 것으로서 행위의 본질을 이루는 성질이 아니고, 행위자의

51) Heinz Leymann, 「Mobbing」, 2006, 21쪽.
52) Maarit Vartia, ‘EU의 직장내 괴롭힘’, 「국제노동브리프(Vol.12. No.9)」, 2014. 9, 5쪽.

특성을 이루는 성질을 의미하는 것이다.[53] 그러나 직장에서의 괴롭힘으로 인정되기 위해서 요구되는 반복성은 가해행위의 특성을 나타내는 것일 뿐 가해 행위자의 개인적 성향이나 특성을 나타내는 것이 아니다. 직장에서의 괴롭힘의 가해 행위자는 타인을 괴롭히거나 가해행위를 하는 성향을 지닌 사람일 수도 있으나, 그러한 성향이 전혀 없음에도 불구하고 특정 근로자만을 혐오하여 그러한 행동을 하는 사람일 수도 있다. 직장에서의 괴롭힘 행위로 인정하기 위해 요구되는 반복성 요건은 행위자의 특성이 아니라 행위의 특성에 주목한 것이다.

(5) 지속성 : 상당한 기간 동안의 행위

직장에서의 괴롭힘이라고 하기 위해서는 그 괴롭힘 행위가 상당한 기간 반복적으로 가해지는 지속적인 행위이어야 한다. 반복적이 되기 위해서는 최소한 그 행위가 반복되는 데에 필요한 만큼 지속되어야 하겠지만, 그 반복성이 비교적 짧은 기간에 여러 번 반복하는 행위일 수도 있으므로 "반복적"이라는 특성과 상당한 기간 계속되는 행위이어야 한다는 행위의 "지속성"이 반드시 서로 중복되는 요건이라고 볼 것은 아니다. 일시적으로 여러 차례 발생했으나 지속되지 않고 종료되어 더 이상 발생하지 않은 괴롭힘 행위는 우발적 행위로 볼 수 있을 것이다. 상당한 기간이 어느 정도의 기간을 뜻하는가에 대해서는 단정적으로 말하기 어렵다. 피해 근로자의 육체적·심리적 상태, 성격 등에 따라 하루 동안 계속된 괴롭힘에도 치명적인 피해를 입을 수도 있고, 그보다 오랜 기간 동안 직장에서의 괴롭힘에 노출되어 있었음에도 불구하고 그러한 상황을 피해자가 인지하지 못했을 가능성 또한, 있기 때문이다. 지속성 요건은 괴롭힘 행위의 양태와 정도에 따라 탄력적으로 판단되어야 한다. 그러한 관점에서 개정 근로기준법 제76조의2가 가해행위의 "지속성"을 "직장 내 괴롭힘" 행위의 정

---

53) 대판 2006. 5. 11, 2004도6176.

의에 포함시키지 않고 있는 것은 한편으로는 합리적인 태도라고 이해할 수 있는 여지도 있다. 하지만, 또 한편으로는 괴롭힘 행위의 범위를 지나치게 넓힐 가능성도 있다는 점을 지적하지 않을 수 없다. "지속성"을 명시하되 경우에 따라서는 지속성이 요구되지 않을 때에도 직장에서의 괴롭힘을 인정할 수 있도록 개방적인 규정을 마련하는 것이 타당했으리라 생각한다.

⑹ 직접성의 문제 : 신체에 대한 직접적 가해행위의 포함 여부

직장에서의 괴롭힘 행위에 직접 신체에 대하여 가해지는 행위를 포함시킬 수 있는가 하는 문제가 제기될 수 있다. 여러 명의 근로자가 특정 근로자에게 폭행을 가하거나 상해를 입히는 등 직접 신체에 대하여 가해 행위를 한 경우 이러한 종류의 행위에 대해서는 특별히 직장에서의 괴롭힘 행위로 검토하지 않더라도 형사법적 관점에서 형법 또는 특별형법상의 폭행죄, 특수폭행죄, 상해죄, 폭행치사상죄 등 관련 구성요건의 적용을 통한 규율이 가능하기 때문이다. 그러나 가해 행위자를 형법 위반을 이유로 처벌한다고 하더라도 괴롭힘 피해 근로자를 구제하고 피해를 원상회복하기 위해 가해 행위자에게 부담시켜야 하는 책임은 여전히 남을 수 있으므로 위의 가해행위가 직장에서의 괴롭힘에 포함될 수 있는지를 검토하는 것은 유의미하다. 형법과 노동법은 지향하는 바가 다르므로 형법을 통한 보호가 가능하다고 해서 노동법을 통해 보호할 필요가 없다고 할 수는 없다. 근로기준법 제7조와 제8조가 형법을 통해 충분히 규율이 가능한 "폭행, 협박, 감금 등의 수단으로 강제로 근로를 강요"하는 행위를 별도로 규정하거나 "사용자는 근로자에게 폭행을 하지 못한다."라고 규정하고 있는 것도 같은 이유이다. 1999년 노동부가 발표한 '직장 내 집단따돌림 방지대책'[54]은 직장에서의 괴롭힘에 "정신적·육체적 가해행

54) 노동부 1999. 5. 10. 보도자료(노사협의과 500-5559).

위"가 모두 포함된다고 보았으며, 참여정부 시기 정부가 입법예고 했던 차별금지법(안)[55] 제2조 제8호도 집단 괴롭힘을 "개인이나 집단에 대하여 신체적 고통을 가하거나 수치심, 모욕감, 두려움 등 정신적 고통을 주는 일체의 행위"라고 정의하여 직접 신체적 고통을 가하는 행위를 집단 괴롭힘에 포함시키고 있었다. 2018년 정부가 발표한 「직장 등에서의 괴롭힘 근절대책」[56]도 직장 괴롭힘을 "직장에서 노동자의 신체적·정신적 건강을 침해하여 인간으로서의 존엄성을 훼손하는 행위"라고 정의하여 신체적 침해를 괴롭힘 행위에 포함되는 것으로 보고 있다. 개정 근로기준법 제76조의2도 "신체적 고통"을 주는 행위를 "직장 내 괴롭힘"에 포함시키고 있다.

3. 직장에서의 괴롭힘 행위의 주관적 요건

(1) 괴롭힘에 대한 인식 또는 인식 가능성

직장에서의 괴롭힘 행위가 성립하기 위해서는 위와 같은 객관적 요건들 이외에 주관적 요건도 충족하여야 한다. 괴롭힘 가해 행위자가 자신 또는 자신들이 특정 근로자를 괴롭히고 있다는 것에 대해 인식했거나 인식할 수 있었어야 한다. 인식 가능성의 문제이다. 민법 제750조 이하에 규정된 불법행위에 있어서 요구되는 고의 또는 과실을 인정할 수 있다면 족할 것이다. 이때의 고의는 '미필적 고의'로 충분하다. 과실로 자신이 괴롭힘 행위를 하고 있다는 것을 인식하지 못한 경우에도 행위자는 책임을 부담한다. 괴롭힘 가해 행위자에게 위법성의 인식까지 있어야 하는 것은 아니다.[57]

55) 법무부 공고 제2007-106호.
56) 관계부처 합동, 「직장 등에서의 괴롭힘 근절대책」, 2018. 7, 2쪽.
57) 대판 2002. 7. 12, 2001다46400.

(2) 다수가 함께 괴롭히고 있다는 인식의 필요성 인정 여부

직장에서의 괴롭힘은 다수의 근로자가 특정 근로자 한 명 또는 소수의 근로자를 괴롭히는 경우가 일반적이다. 집단성이 힘의 우위성을 확인할 수 있는 수단이 되는 사례의 경우이다. 이때 다수의 근로자가 동료 근로자에게 가해행위를 가한 경우에 괴롭힘에 가담한 근로자들이 모두 피해 근로자를 괴롭히고 있다는 상황에 대하여 인식하고 있어야 하는지가 문제가 될 수 있다. 공동으로 행위를 한다는 사실을 인식하지 않으면 행위의 공동성을 인정할 수 없다는 태도를 취한다면 괴롭힘 가해 근로자들이 힘의 우위성을 확보하는 기초로 삼은 집단성이 상실될 수 있다.

직장에서의 괴롭힘에 해당하는지 아닌지 여부는 그러한 괴롭힘을 당하는 피해 근로자의 관점에서 판단하여야 한다. 순전히 개인적으로 괴롭힌다고 인식하고 행하는 각각의 근로자들의 개별적인 괴롭힘 행위가 특정 근로자에게 집중될 경우 괴롭힘을 당하는 근로자로서는 그것을 집단적인 괴롭힘이라고 인식할 수밖에 없다. 그러므로 직장에서의 괴롭힘이 성립하기 위해서 여럿이 공동으로 함께 괴롭히고 있다는 인식까지는 필요 없고, 여러 사람의 괴롭힘 행위가 객관적으로 공동하여 피해 근로자에게 가해진 사실만 인정되면 충분하다고 보아야 한다. 이렇게 본다면 민법 제760조의 공동불법행위와 관련하여 판례가 취하고 있는 객관적 공동설을 적용하여 판단해도 무리가 없을 것으로 보인다.[58)]

직장에서의 괴롭힘의 성립요건으로서 "다수가 함께 괴롭히고 있다는 인식"까지는 필요하지 않고, 객관적으로 보아 다수의 괴롭힘 행위가 가해진 사실만 인정되면 족하다고 본다면, 직장에서의 괴롭힘에서의 "다수"

---

58) 이준희, 「직장 내 집단 괴롭힘(mobbing)에 대한 연구」(고려대학교 석사학위 논문), 2009, 21쪽; 서울중앙지판 2017. 1. 13, 2016가합538467. 이 판결에 대한 평석은 문준혁, '직장 내 괴롭힘에 대한 손해배상책임', 「노동법학(제62호)」, 2017, 196쪽 이하 참조.

의 괴롭힘이라는 집단성은 형법 제30조에 규정된 공동정범에서의 "공동"과는 완전히 다른 개념이 된다. 직장에서의 괴롭힘 행위가 형법상 범죄구성요건에 해당하는 행위로 가해지고 각 가해자에게 "공동가공의 의사"[59]가 인정된다면 그 범죄의 공동정범이 될 수도 있겠지만, 형법상 공동정범이 성립하기 위한 공동가공의 의사가 없다고 해서 직장에서의 괴롭힘으로 인정되기 위한 집단성이 부정되는 것은 아니다.

가해행위의 인식 또는 인식 가능성과 가해 행위자가 집단을 구성하거나 힘의 우위성을 확보하는 과정에 대한 인식 또는 인식 가능성은 구별하여야 한다. 직장에서의 괴롭힘 행위가 다수인에 의해 가해지는 경우 괴롭힘에 해당하는 가해행위가 의도적이라면 집단을 이루어 다수가 모이는 것이 사전에 계획된 것이 아니라 우발적이었다 하더라도 다수에 의한 괴롭힘 행위가 될 수 있다고 보아야 하는 경우도 있기 때문이다.

[관련판례]

다수인에 의한 괴롭힘에서 다수인 간의 공동의 인식이 필요한 것은 아니라고 본 사례
-서울중앙지판 2017. 1. 13, 2016가합538467-

[판결의 주요 내용] 사용자와 노동조합 사이에 갈등이 있고 그 사업장의 구성원들 사이에 위와 같은 갈등의 원인과 해결책에 관한 의견이 달라 반목하게 된 경우라도, 상대방을 설득하는 행위, 자신의 입장에 동조하는 사람들을 규합하여 자기 견해의 정당성을 취득하려는 행위, 나아가 갈등의 과정에서 위법하거나 부당한 행위를 한 사람에 대한 제재조치는 관련 법령이 정한 절차와 방식에 따라 진행되어야 하고, 설령 법령이 정한 절차와 방식을 따를 요건이 갖추어지지 않았거나 부득이하게 비공식적인 대화 내지 설득작업이 필요한 경우라도 그와 같은 일은 사회적 상당성을 인정받는

59) 대판 2004. 6. 24, 2002도995; 대판 2003. 3. 28, 2002도7477; 대판 2000. 4. 7, 2000도576.

방식으로 진행되어야 한다. 그리고 직장 내에서 근로관계에 관하여 다른 견해를 가진 동료를 만나 자기의 견해를 받아들일 것을 설득하거나 상대방의 견해가 옳지 않다고 비판하는 대화를 원하는 사람이 있는 경우라도 상대방이 그러한 비공식적 대화 또는 사적인 대화를 원하지 않고 사용자와 노동조합 사이의 공식적인 절차나 방식에 따라 대화가 이루어질 것을 원한다면 그러한 대화를 강요하여서는 아니 된다. 더구나 그러한 대화 시도가 상대방의 근무시간 중에 예고 없는 집단방문에 의해 반복적으로 이루어지고, 상대방이 그러한 대화를 거부하였음에도 계속하여 대화하기를 강요하는 방식이라면 그러한 대화 내지 설득작업에 사회적 상당성이 있다고 인정하기 어렵다. 그러한 집단 방문에 의한 대화 강요가 사회적 상당성에 반하고 상대방의 수인한도를 초과하는 경우에는 불법행위를 구성한다고 할 것이고, 사용자는 민법 제756조가 정한 바에 따라 직접 집단방문에 의한 대화 강요를 실행한 자 또는 그러한 불법행위를 사전에 조직하거나 알면서도 방치한 자의 사용자로서 책임을 진다. (중략) 설령 원고에 대하여 이루어진 위의 행위가 사전에 계획된 것이 아니라 하더라도 민법상 공동불법행위는 객관적으로 관련공동성이 있는 수인의 행위로 타인에게 손해를 가하면 성립하고, 행위자 상호 간에 공모는 물론 의사의 공통이나 공동의 인식을 필요로 하는 것이 아니므로(대법원 2016.4.12. 선고 2013다31137 판결 등 참조) 이와 같은 집단방문이 원고에게 정신적 손해를 가하는 공동불법행위가 됨은 변함이 없다.

[사실관계] 근로자 H는 1986년 ○○성모병원에 간호사로 입사하였고, 2011. 6. 1.부터 2016. 1. 7. 해임될 때까지 민주노총 산하 전국보건의료산업노동조합 ○○성모병원 지부의 지부장으로 활동했으며, 2013. 7.부터는 이 병원의 검사통합예약실에서 근무하였다. 근로자 H는 2012. 4. 11. 병원이 국회의원 선거일에 진료 공백 최소화를 명목으로 평소와 같이 오전·오후 진료를 모두 하기로 결정하자 사내 전산망을 이용하여 직원들에게 이에 항의하도록 촉구하는 글을 게시하고 메일을 발송했다. 후에 그 사실이 언론에 보도되자 병원에 대한 명예훼손 등을 이유로 2012. 4. 23. 견책(시말서 제출)의 징계처분을 받았다. 이후 2013. 11. 1. 병원과 지부 사이의 단체

교섭이 결렬되자 지부는 병원 내 노동조합 게시판에 교섭 결렬과 파업 돌입에 대한 사항을 게시하고 유인물을 배포했다. 이에 병원에서는 근로자 H가 병원의 명예를 훼손하고 질서를 문란케 했다는 등의 이유로 감봉 2개월의 징계처분을 내렸다.

근로자 H는 검사통합예약실에서 통상 08:00 또는 09:00부터 17:00까지 근무했는데 위와 같은 일이 있은 직후 병원의 직원들 중 수인이 근로자 H의 근무 개시 무렵 또는 점심시간 무렵, 퇴근 시간 무렵 검사통합예약실에 여러 차례 찾아와 근로자 H에게 대화를 요구하였다. 이에 대하여 근로자 H는 노동조합과 관련된 일은 개인적인 자리에서 말하지 않겠다는 취지로 말하며 대화를 거부하였다. 이후 언론에 병원의 문제를 지적한 기사가 다시 게재되자 기사 게재 이후인 2015. 4.경 병원의 직원들 중 수인이 근로자 H의 근무 개시 무렵 또는 점심시간 무렵, 퇴근 시간 무렵 여러 차례 검사통합예약실에 찾아와 근로자 H에게 대화를 요구하였다. 이에 대해서도 근로자 H는 노동조합과 관련된 일은 개인적인 자리에서 말하지 않겠다는 취지로 말하며 대화를 거부하였다. 근로자 H는 위와 같은 일을 겪은 후 정신과 진료를 받거나 호흡곤란으로 실신하여 응급의료센터에서 치료를 받는 등 어려움을 겪었다.

(3) 괴롭힘을 통해 직장으로부터 배제하려는 의도

특정 근로자를 '직장으로부터 배제하려는 의도'라는 가중된 주관적 구성요건을 요구하는 견해가 있다. 즉 직장에서의 괴롭힘을 "일반적으로 직장동료, 상사, 부하직원 사이의 직장에서의 충돌을 초래하는 의사소통으로서, 특정 근로자를 체계적으로, 종종 또는 장기간에 걸쳐 근로관계로부터 배척할 것을 목표로 하여 직·간접적으로 공격하는 행위"라고 정의하면서 '직장으로부터 배제하려는 의도'를 직장에서의 괴롭힘 행위가 성립하기 위한 주관적 요건으로 포함해 설명하는 견해이다.[60] 이에 따르면 '직

60) 김영문, '직장 내에서의 음해행위(mobbing)에 대한 법적 구제수단', 「법조(통권 498호)」, 1998, 130쪽; Heinz Leymann, 「Mobbing」, 2006, 21쪽.

장으로부터 배제하려는 의도'가 없는 괴롭힘 행위는 규율이 필요한 직장에서의 괴롭힘 행위의 범주에서 제외되는 것으로 본다. 외국의 입법례 중 1993년 발효된 스웨덴의 직장에서의 괴롭힘에 대한 조치에 관한 조례[61]도 유사한 태도를 가지고 있다. 이 조례 제1조는 직장에서의 괴롭힘을 "근로자 개인을 표적으로 하여 공격적 수단에 의해 집중하여 행해지는 비난 또는 명백하게 부정적인 행동으로서 대상 근로자를 직장 공동체에서 배제하는 결과를 가져오는 행위"라고 정의하고 있다.[62] 이와 같은 위 조례의 정의는 '직장으로부터 배제하려는 의도'라는 가해자의 추가적인 의도가 필요하다고 직접 규정하지는 않지만, 근로자를 직장에서 '배제하는 결과'를 가져오는, 즉 그러한 결과에 지향된 행위가 직장에서의 괴롭힘 행위에 해당한다고 보는 것이므로 가중된 주관적 요건을 요구하는 것과 다르지 않다.

직장에서의 괴롭힘 행위에 '직장으로부터 배제하려는 의도'라는 가중된 주관적 요건이 반드시 필요하다고 하면, 직장으로부터의 배제를 의도하지 않는 괴롭힘 행위는 직장에서의 괴롭힘 개념에서 제외되는 문제가 발생한다. 피해 근로자가 직장을 그만두도록 하거나 소속 부서에서 쫓아내려는 의도 없이 단순히 어떤 근로자의 행동이나 성격, 외모 등이 마음에 들지 않는다는 이유로 동료 근로자를 지속적으로 괴롭히는 경우도 얼마든지 있을 수 있다. 괴롭힘을 당하는 근로자가 입는 피해는 가해자들이 그러한 의도가 있는가 아닌가 하는 것에 따라 달라지지 않는다. 피해 근로자들을 '직장에서 배제'하려는 주관적 의도는 직장에서의 괴롭힘에 해당하는 여러 유형의 행위 중 일부가 갖는 속성이나 동기라고 볼 수는 있다. 그러나 '직장으로부터 배제하려는 의도'라는 가중된 주관적 의도를

61) www.av.se/inenglish/lawandjustice/provisions/

62) Vittorio Di Martino·Helge Hoel·Carly L. Cooper, 「Preventing violence and harassment in the workplace」, EU, 2003, 50쪽.

직장에서의 괴롭힘의 일반적 성립요건으로 보는 것은 타당한 결론이라고 하기 어렵다. 직장으로부터의 배제라는 주관적 의도가 없는 경우 검토 대상인 직장에서의 괴롭힘 행위 개념에서 제외한다면 해당 개념이 포섭할 수 있는 범위가 지나치게 좁아지기 때문이다.

4. 괴롭힘으로 인한 손해 발생

직장에서의 괴롭힘으로 인해 괴롭힘을 당한 피해 근로자에게 손해가 발생해야 한다. 이때의 손해는 전통적 의미에서의 재산상 손해에 국한되지는 않는다. 직장에서의 괴롭힘으로 인해 발생하는 손해는 개략적으로 말하면 집단 괴롭힘을 당한 근로자의 인격권이 침해되거나, 근로제공 환경과 근로자의 심리상태에 영향을 주어 피해 근로자의 신체적·심리적 안전과 건강에 이상 초래되거나, 정상적인 근로제공이 어렵게 되는 결과[63]를 가져오는 것이라고 설명할 수 있을 것이다. 전통적인 의미에 따른 손해의 관점에서 보면 직장에서의 괴롭힘으로 인한 손해로는 정신적 손해만 발생한 때도 있을 수 있고, 정신적 손해와 재산상 손해가 모두 발생한 때도 있을 수 있을 것이다.

손해가 발생한다는 의미는 괴롭힘 행위의 결과가 발생해야 한다는 의미는 아니다. 개정 근로기준법 괴롭힘 행위를 제76조의2는 "신체적·정신적 고통을 주거나 근무환경을 악화시키는 행위"라고 규정하고 있지만 실제로 피해 근로자가 고통을 느끼거나 근무환경이 악화되어야 하는 것은 아니다. 그러한 결과를 발생시키기 위해 행해지는 가해 행위자의 괴롭힘 가해행위가 있다면 괴롭힘은 성립한다. 만약 고통이나 근무환경 악화의 결과 발생을 요구한다면, 괴롭힘 피해 근로자의 인내력이나 역량에 따라

63) 조임영 교수는 이를 "근로조건 악화"라고 표현하나, 통상 "근로조건"이란 근로기준법 제17조에 따라 임금, 소정근로시간, 휴일, 휴가 등을 뜻하는 용이로 쓰이므로 표현의 타당성에 의문이 있다. 조임영, '프랑스 노동법상 '정신적 괴롭힘'의 금지', 서울대 노동법연구회, 2008년 상반기 발표자료, 2008, 4쪽 참조.

괴롭힘 성립 여부가 좌우되는 불합리한 결론에 이르게 된다. 피해 근로자에게 발생하는 손해와 이에 대한 배상의 문제는 뒤에서 자세히 검토하기로 한다.64)

Ⅲ. 결론 : 직장에서의 괴롭힘의 정의

이상의 내용을 정리하면 직장에서의 괴롭힘이라고 하기 위해서는 그 괴롭힘 행위가 직장에서 발생해야 하며, 다수인에 의하여 특정 근로자에게 일방적으로 가해지는 괴롭힘 행위이어야 한다. 그리고 그 괴롭힘 행위는 반복적이어야 하며 우발적·일회적 행위는 여기에서 제외된다. 괴롭힘 행위는 상당기간 지속되어야 하는데 지속되는 기간의 길이는 피해 근로자의 개인적 특성에 따라 상대적일 수밖에 없다. 그리고 직접 신체에 대하여 가해지는 가해행위가 배제되어야 할 이유는 없다. 그 괴롭힘의 결과 피해 근로자에게 손해가 발생하여야 한다. 가해 행위자에게는 특정 근로자를 괴롭히고 있다는 것에 대한 인식 또는 인식 가능성이 필요하다. 하지만 다수인이 공동으로 괴롭힘 행위를 하고 있다는 것에 대한 적극적인 인식까지 요구할 필요는 없다. 그 외에 특정 근로자를 '직장으로부터 배제하려는 의도'라는 가중된 주관적 구성요건이 반드시 요구되지는 않는다.

직장에서의 괴롭힘의 개념을 하나의 문장으로 축약하여 추상적으로 정의하는 것이 반드시 필요한 작업은 아니다. 왜냐하면, 직장에서의 괴롭힘에는 여러 가지 유형이 있고 그 유형에 따라 집단 괴롭힘이 매우 다양한 양상으로 전개되고 있으며, 시대와 정서, 문화의 변화에 따라 정의가 얼마든지 달라질 수 있기 때문이다.65) 그러나 법률적 검토의 대상으로 삼으려고 하는 어떠한 사회현상을 명확한 용어로 정의하는 것은 검토 대상이 되는 행위의 범위를 특정하여 문제해결을 위한 대책을 수립하는 데에 도움

64) 제4장 제2절 참조.

65) Martina Benecke, 「Mobbing(Arbeits- und Haftungsrecht)」, 2005, 7쪽.

이 될 수 있다.[66] 따라서 직장에서의 괴롭힘의 객관적·주관적 성립요건들을 종합하여 간결하게 정리하는 것은 중요한 의미가 있는 작업이다.

앞에서 정리한 요건들을 고려하여 직장에서의 괴롭힘의 정의를 정리해보면, 직장에서의 괴롭힘은 『직장에서 사용자나 근로자들이 자신의 지위나 관계 등의 우월성을 이용하여, 또는 고객이나 거래 관계에 있는 기업에 소속되어 있는 제3자가 거래관계의 특수성이나 관계 등의 우월성을 이용하여 특정 근로자를 향하여 지속적, 반복적 또는 집중적으로 신체적·정신적 공격을 가하는 직·간접적인 일체의 행동 또는 의사표현』이라고 정의할 수 있을 것이다.[67] 이와 같은 정의는 직장에서의 괴롭힘을 근로기준법에 규정하는 것을 전제로 하지 않은 정의이므로 개정 근로기준법 제76조의2에 규정된 정의와는 차이가 있다.

제2절 직장에서의 괴롭힘의 유형

직장에서의 괴롭힘은 다양한 성향을 가진 구성원들에 의해 특정할 수 없는 원인에 따라 인간관계의 모든 방향에서 발생할 수 있다. 따라서 직장에서 특정인을 상대로 발생하는 집단적인 괴롭힘 현상을 유형화하는 것은 간단한 작업이 아니다. 완벽한 유형화는 어쩌면 불가능할 수도 있다. 다양한 발생 형태를 모두 포섭하기 위하여 유형을 지나치게 세분화한

---

66) 이상윤, '집단따돌림현상의 헌법적 개념정의와 입법론적 과제', 「공법학연구(제9권 제2호)」, 2008, 4쪽.

67) 1999년 노동부가 발표한 「직장 내 집단따돌림 방지대책」은 직장에서의 괴롭힘을 "사업주·상급자 또는 근로자들이 집단을 이루어 특정인을 그가 소속한 집단 속에서 소외시켜 구성원으로서의 역할 수행에 제약을 가하거나 인격적으로 무시 혹은 음해하는 정신적·육체적 가해행위"라고 정의하고 있고(노사협의과 500-5559), 정부가 2018년 7월 18일 발표한 「직장 등에서의 괴롭힘 근절대책」 6쪽에서는 "사용자 또는 근로자 등이 업무상의 지위 또는 관계 등을 이용하여 업무의 적정범위를 넘어 다른 근로자 등에게 신체적·정신적·정서적 고통을 주거나 업무환경을 악화시키는 행위"라고 정의를 예시하고 있다.

다면 굳이 발생 유형을 정리하는 것이 무의미해질 수도 있다. 직장에서의 괴롭힘의 유형 분류가 쓸 만한 것이나 아니냐 하는 것을 판가름하는 것은 되도록 모든 발생 형태를 포괄할 수 있으면서도 법률적 검토를 위해 의미 있는 행위 형태를 묶어낼 수 있는 정당한 접점을 찾아내는 데에 유용하게 활용될 수 있는지가 관건이 될 것이다.

직장에서의 괴롭힘의 유형은 피해 근로자의 수에 따른 분류, 괴롭힘의 방법에 따른 분류, 괴롭힘의 원인에 따른 분류, 괴롭힘의 주체 또는 방향에 따른 분류 등 다양한 기준에 따라 분류할 수 있다. 아래에서는 이와 같은 각종 분류방법을 소개하고, 이 책에서 의도하는 법률적인 검토 목적에 가장 부합하는 분류방법을 찾아보려 한다.

Ⅰ. 피해 근로자 또는 가해 행위자의 수에 따른 분류

1. 다수에 의한 괴롭힘

직장에서의 괴롭힘의 전형이라고 할 수 있는 유형이다. 직장에서 다수의 근로자가 특정한 한 명의 근로자 또는 소수의 근로자를 집단적으로 괴롭히는 것을 말한다. 대개 피해 근로자가 한 명인 경우가 보통이겠지만, 피해 근로자는 반드시 한 명일 필요는 없으며, 괴롭히는 근로자들보다 소수인 경우도 가능하다. 집단 괴롭힘의 피해 근로자를 옹호하거나 그 피해 근로자와 친분이 있다는 이유로 관계자가 함께 집단 괴롭힘의 표적이 되는 경우가 피해 근로자의 수가 늘어나는 계기가 될 수 있을 것이다.

2. 한 명에 의한 괴롭힘

한 명의 가해 행위자가 한 명의 근로자 또는 특정된 다수의 근로자를 괴롭히는 현상도 있을 수 있다. 사용자[68]가 특정 부서 근로자들을 차별

68) 이 책에서 "사용자"는 원칙적으로 근로기준법 제2조 제2호의 사용자로, "사업주 또는 사업 경영 담당자, 그 밖에 근로자에 관한 사항에 대하여 사업주를 위하여 행

적으로 처우하는 등 의도적으로 괴롭히는 경우가 발생할 수 있기 때문이다. 일본의 경우 사용자가 특정한 한 명의 근로자 또는 여러 명의 근로자를 차별하고 괴롭히는 행위를 パワハラ 또는 power harassment(パワーハラスメント)라는 별도의 용어를 사용하여 지칭하기도 한다.[69] 이 경우도 일반적인 직장에서의 괴롭힘에 포함시킬 수 있을 것인지 이견이 있을 수 있다. 그러나 상급자가 하급자들 중 일부를 부당하게 차별적으로 괴롭히는 행위를 직장에서의 괴롭힘의 범주에서 제외하여야 할 이유가 있다거나 포함해 논하는 것에 특별한 문제가 있다고는 생각되지 않는다. 한 명에 의한 괴롭힘에서의 가해 행위자가 반드시 괴롭힘을 당하는 근로자보다 상급자일 필요는 없다. 따르는 동료가 많다거나 우수한 실적을 인정받는 유능한 직원인 경우와 같이 실질적인 힘의 우위성을 획득하고 있는 근로자인 경우에는 직책상 상급자가 아니어도 동료 근로자에 대하여 그 힘의 우위성을 바탕으로 저항할 수 없는 괴롭힘 가해행위를 할 수 있는 가능성이 있기 때문이다.

3. 수에 따른 분류에 대한 평가

가해 행위자의 수에 따른 분류는 괴롭힘 문제의 처리에 있어서 공동불법행위가 성립할 경우 가해 행위자 내부의 구상 문제의 처리나 형법상 가중처벌의 여부 등을 결정하는 데에는 일부 반영될 여지는 있으나, 직장에서의 괴롭힘의 법률적 취급을 위한 유형화에는 그다지 도움이 되지 못

위 하는 자"를 말한다. 사업이 법인격을 가지고 있는 경우에는 법인 그 자체가 사용자가 될 수 있고, 그 경우 전문경영인이나 대표이사가 동시에 사업 경영 담당자 등의 지위로 사용자가 될 수 있다. 또한, 소속 근로자들을 지휘하고 감독하며 평가할 권한과 책임이 있는 관리자들 또한, 이 규정에 따라 사용자의 지위를 가지게 될 수 있다. 파견근로자보호 등에 관한 법률에 따른 사용사업주나 도급회사 사용자가 사용자에 해당하는 경우도 있을 수 있다. 특별한 언급이 없이 사용자라고 하면 근로기준법에 정의된 개념의 사용자를 의미하며, 구별할 필요가 있는 경우 사용자, 관리자 등의 용어를 경우에 맞게 사용하기로 한다.

69) 根本 到, '職場のパワーハラスメントと人格權', 「人格·平等·家族責任」, 2017, 57쪽.

한다. 다만 괴롭힘 가해행위가 형법상 구성요건에 해당하는 행위로서 처벌의 대상이 될 경우에 다수에 의한 괴롭힘의 경우는 다수의 위력을 배경으로 하는 행위로서 가중처벌의 이유가 될 수 있다.

Ⅱ. 괴롭힘 방법에 따른 분류

피해 근로자에 대한 공격이 어떠한 영역에 대하여 어떠한 방식으로 가해지는가에 따라 직장에서의 괴롭힘을 유형화하는 것이다. 공격 방법에 따라 직장에서의 괴롭힘을 유형화하는 작업은 Leymann, Rayner와 Hoel 등 많은 학자들에 의해 시도되었다.

1. Leymann의 5가지 범주로의 구분

Leymann은 직장에서의 괴롭힘을 크게 5가지의 범주로 구분하고 이를 다시 45개의 행위 유형으로 세분하고 있다.[70] 괴롭힘의 방법에 따른 분류로는 대표적인 분류방법이라고 할 수 있다. Leymann이 분류한 유형을 자세히 보면, 제1유형으로 근로자가 타인에게 자신을 피력할 가능성을 공격하는 것으로서 의사표시를 할 수 있는 가능성이 직장 상사나 동료에 의해서 제한되는 경우, 큰소리로 욕설이나 협박을 하는 경우, 항상 경멸의 눈빛으로 접촉을 거부하는 경우 등을 들고 있다. 제2유형은 근로자의 대인관계에 대한 공격으로서 특정 근로자와 대화를 하지 않는 경우, 동료 근로자들이 특정 근로자와의 동석을 거부하는 경우, 상사가 부하 근로자에게 특정 근로자와의 대화를 금지시키는 경우이다. 제3유형은 근로자의 사회적 명성에 대한 공격으로서 근로자의 뒤에서 그에 대해 험담을 하는 경우, 소문의 진위와 관계없이 이를 확산하는 경우, 특정 근로자를

70) Leymann, 「Psychoterror am Arbeitsplatz und wie man sich dagegen wehren kann」, 1993, 21쪽(김영문, '직장 내에서의 음해행위(mobbing)에 대한 법적 구제수단', 「법조(통권 498호)」, 1998, 129쪽에서 재인용).

웃음거리로 만들거나 정신병자 취급을 하는 경우, 특정인의 정치적·종교적 신조를 공격하는 경우, 특정인의 사생활, 국적을 조롱하는 경우 등이다. 제4유형은 직업능력이나 생활의 질에 대해 공격하는 경우로서 해당 근로자에게 아무런 직업적 과제도 할당하지 않거나, 직무에 합당하지 않은 허드렛일을 주거나 능력을 과도하게 초과하는 과제를 부여하는 것이고, 제5의 유형으로는 근로자의 건강에 대한 공격으로서 특정 근로자에게만 건강에 해로운 작업을 강요하거나 고위험의 작업을 전담하게 하는 것 등을 예로 들 수 있다.

2. Rayner와 Hoel의 5가지 범주로의 구분

Rayner와 Hoel도 직장에서의 괴롭힘 행위의 유형을 행위 방법을 기준으로 5가지 범주로 나누고 각각에 해당하는 행위를 나열하는 방법으로 분류하고 있다.[71] 제1유형은 직무에 대한 위협으로 의견 무시하기, 대중 앞에서 창피 주기, 실현 불가능한 목표를 제시한 후 노력이 부족하다고 비난하기 등이 있다. 제2유형은 개인의 지위에 대한 위협으로 이름 부르기, 모욕, 협박, 나이에 따라 차별대우하기 등이 있다. 제3유형은 사회적 고립으로 기회를 얻지 못하게 방해하기, 신체적·사회적으로 고립시키기, 정보 차단하기 등이다. 제4유형은 과도한 업무 부여로서 과도한 압력, 불가능한 마감 기한 제시, 불필요한 분열 조장 등이며, 제5유형은 불안 조성(destabilization)으로 불신, 무의미한 과업 지시, 큰 실수를 반복하여 상기시키는 것, 실패를 조장하는 것 등이 이에 속한다.

71) Rayner·Hoel, 'A summary review of literature relating to workplace bullying', 「Journal of Community & Applied Social Psychology」, 7(3), 1997, 183쪽(이형진, 「직장 내 괴롭힘에 관한 연구」(고려대학교 석사학위 논문), 2005, 8쪽에서 재인용.

3. 행위 유형에 따른 분류에 대한 평가

행위 유형에 따른 분류는 직장에서의 괴롭힘에 해당하는 행위 유형을 이해하는 데에 많은 도움을 주며, 가해 행위자의 특정 행위가 피해 근로자에 대한 괴롭힘에 해당하는지 아닌지를 구별할 수 있는 단서를 제공한다는 점에서 매우 유용한 방법이라고 할 수 있다.

그러나 이러한 분류방법은 각각의 범주에 해당하는 세부적 행위 유형이 무한정 증가할 수 있다는 점에서 중요한 문제가 있다. 괴롭힘의 방법은 과학기술의 발전과 사회문화의 변화에 따라 무수히 새로이 생겨날 수 있으므로 Leymann, Rayner와 Hoel 등의 분류가 시대를 초월하여 타당하기를 기대하기는 어렵다. 하지만 현대 시대에 새롭게 등장하는 괴롭힘 행위의 유형 중 많은 것들은 여전히 위의 분류방법에 포섭시킬 수 있다. 가해 행위자들이 피해 근로자의 신체나 재산에 대하여 직접적으로 폭행, 상해, 손괴 등 유형력을 행사하는 경우는[72] Leymann의 구분에 따르면 제1유형, Rayner와 Hoel의 구분에 따를 경우 제1유형 또는 제2유형에 속한다고 볼 수 있다. 인터넷 기반의 단체 대화방에 초대해놓고 없는 사람 취급을 하는 경우는 Leymann의 구분에 따르면 제3유형, Rayner와 Hoel의 구분에 따르면 제3유형으로 분류할 수 있다. 피해 근로자의 SNS 계정에 다수의 근로자가 지속적으로 욕설 댓글을 다는 행위는 Leymann의 구분에 따르면 제3유형, Rayner와 Hoel의 구분에 따르면 제2유형으로 볼 수 있다. 위의 구분 방법 들은 포괄적이고 추상적인 기준에 따라 유형들을 구분하고 있으므로 위 유형들이 정리되던 시점에 발견되지 않았던 새로운 괴롭힘 유형들도 아직까지는 무리 없이 포섭할 수 있는 개방성을 가지고 있다.

---

72) 사무실의 공개된 공간에서 동료 근로자들이 보는 가운데 멱살을 잡아 흔들고 밀어붙이거나, 뺨을 때리는 등의 행위는 집단 괴롭힘의 전형적인 모습의 하나이다.

Ⅲ. 괴롭힘의 원인에 따른 유형 분류

1. 원인에 따른 분류의 내용

집단 괴롭힘을 유발하는 원인에 따른 분류이다. 이를 성격에 따른 분류라고도 할 수 있을 것으로 생각된다. 집단 괴롭힘을 유발하는 원인은 첫째, 괴롭힘 피해 근로자의 타고난 특성을 이유로 하는 괴롭힘, 둘째 피해 근로자의 후천적 특성에 기인하는 괴롭힘, 셋째, 피해 근로자의 특성과 관계없는 괴롭힘 등으로 나눌 수 있다. 첫째, 괴롭힘 피해 근로자의 타고난 특성을 이유로 하는 괴롭힘에는 인종을 이유로 하는 괴롭힘, 성별을 이유로 하는 괴롭힘, 장애나 외모를 이유로 하는 괴롭힘 등이 포함된다. 피해 근로자의 후천적 특성에 기인하는 괴롭힘에는 학력, 연령, 업무수행 능력 등을 원인으로 하는 괴롭힘, 피해 근로자의 성격이나 습관, 취향 등의 특성을 이유로 하는 괴롭힘 등이 포함될 수 있다. 그 외에 행위자의 특성과 무관하게 발생하는 집단 괴롭힘이 세 번째 범주에 포함될 수 있을 것이다.

2. 원인에 따른 분류에 대한 평가

직장에서의 괴롭힘의 발생 원인에 따른 분류는 괴롭힘의 발생 원인을 파악하고 예방 대책을 수립하는 데에는 유용하나, 직장에서의 괴롭힘의 법률적 취급방법에 관한 기초를 제공하는 분류방법으로서는 그 중요성이 떨어진다. 직장에서의 괴롭힘의 법적 취급에 관한 검토에서는 이미 발생한 집단 괴롭힘에 있어서 가해 행위자와 피해 근로자 상호간의 이해관계에 더 많은 관심을 가질 수밖에 없기 때문이다.

Ⅳ. 괴롭힘의 주체 또는 방향에 따른 분류

1. 괴롭힘의 주체 또는 방향에 따른 분류의 내용

직장에서 특정인 또는 특정 그룹을 괴롭히는 주체에 따른 분류이다. 이 분류는 공격의 방향에 따른 분류를 포함한다. 공격 주체에 따라 직장에서의 괴롭힘을 분류해 보면, 우선 직접적인 업무명령 관계에 있는 관리자 또는 그 관리자의 주도에 다른 따르는 근로자 집단에 의해 특정 근로자가 괴롭힘을 당하는 하향적 괴롭힘,[73] 같거나 유사한 직위에 있는 동료 근로자들로부터 특정 근로자 또는 특정 그룹의 근로자들이 괴롭힘을 당하게 되는 수평적 괴롭힘, 특정 부서의 구성원들이 다수의 집단성에 의존하여 업무명령 권한을 가진 상급자인 관리자를 의도적으로 괴롭히는 상향적 괴롭힘[74] 소속된 직장이 거래하는 다른 기업 소속 직원이나 고객이 거래관계에서의 우위성을 배경으로 괴롭힘 가해행위를 하는 밖으로부터의 괴롭힘 등 네 가지로 분류해 볼 수 있다. 상급자인 관리자가 자기의 지위와 권한을 이용하여 특정 하급자를 괴롭히는 것을 일본에서는 특히 'power harassment'라고 부르기도 한다. 수평적 괴롭힘의 전형은 다수의 근로자가 그보다 수가 적은 일부 근로자 또는 특정한 한 명의 근로자를 관계에서 고립시키거나 괴롭히는 모습으로 나타날 수 있다. 고립시키거나 괴롭히는 행위의 유형은 앞서 살펴본 괴롭힘 방법에 따른 분류에 열거된 대부분 방법이 가능할 것이다. 개정 근로기준법 제76조의2는 하향적 괴롭힘과 수평적 괴롭힘을 괴롭힘의 유형으로 규정하고 있지만, 상

73) 서울고판 2003. 10. 24, 2002누13910(대판 2004. 2. 27, 2003두13601 심리불속행기각) 참조. LG전자 사건으로 유명한 사례이다.

74) 헤럴드경제 인터넷판 2009. 5. 20.자 기사를 보면 도쿄지방법원이 2009. 5. 20. 부하직원으로부터 당한 괴롭힘(いじめ)으로 인해 얻은 우울증이 원인이 되어 자살한 사람에 대하여 "중상모략으로 인해 회사로부터 조사를 받고 일자리도 옮겨야 했고, 부하와의 트러블이 강한 심리적 부담을 초래한 것으로 인정되는 만큼, 업무와 우울증으로 인한 자살에 인과관계가 있다."라고 하면서 업무상 재해를 인정했다고 한다 (www. heraldbiz.com/SITE/data/html_dir/ 2009/05/20/200905200671.asp).

향적 괴롭힘의 경우는 상급자가 사용자의 지위를 갖지 않은 경우에만 위 조항의 정의에 포함될 수 있다. 밖으로부터의 괴롭힘은 위 조항의 정의에 포함되지 않는다. 다만 개정 산업재해보상보험법 제37조 제1항 제2호 다목은 “근로기준법 제76조의2에 따른 직장 내 괴롭힘, 고객의 폭언 등 업무상 정신적 스트레스가 원인이 되어 발생한 질병”을 업무상 재해로 인정하도록 규정하고 있다. 이 조항은 고객의 폭언 등 밖으로부터의 괴롭힘을 근로기준법상의 “직장 내 괴롭힘”에 포함되는 것으로 직접 규정하지는 않지만, 근로기준법상 “직장 내 괴롭힘”과 유사한 개념으로 해석될 수 있도록 규정하여 향후 근로기준법상 개념이 아닌 일반적인 직장에서의 괴롭힘을 정의할 때에 그에 포함된다고 볼 수 있는 가능성을 열어두고 있다는 점에서 중요한 의미가 있다.

[관련판례]

관리자의 주도에 따른 근로자 집단에 의해 특정 근로자가 괴롭힘을 당하는 직장에서의 하향적 괴롭힘 사례
-서울고판 2003. 10. 24, 2002누13910-

[판결의 주요 내용] 비록 원고가 1999. 2월경 진급에서 탈락된 이후 원고가 원하지 않는 업무를 맡게 되고 집단 따돌림을 당하는 등 참가인 회사나 직장상사로부터 다소 부당한 처우를 받았다 하더라도, 그 원인에 있어서는, 원고가 자신이 원하지 않는 업무일지라도 이를 성실히 수행하는 한편, 불화가 있는 직장상사나 동료들과의 관계를 개선하는 등 참가인 회사와의 근로관계를 계속 유지하려는 노력을 다하였다기보다는, 진급 탈락과 업무변경에 항의하면서 이를 시정하거나 자신을 방어하기 위하여 과도한 행동을 취하고 또는 그 과정에서 직장상사나 동료들과의 사이에 마찰을 빚는 등 원고 본인의 무리한 대응이 그 원인의 큰 부분을 차지하고 있다고 보여지므로, 결국 참가인 회사의 잘못에 비해 원고 본인의 책임이 크다는 점을 부인할 수는 없다 할 것이다. (중략) 다음으로 집단 따돌림 이후 해고

시까지의 원고의 행위를 보면, 앞서 본 바와 같이 원고는 계속 상사나 동료 직원들의 대화 내용을 녹음하고, 대표이사를 찾아가 자신이 집단 따돌림을 당하고 있고 무능한 관리자의 비리행위에 대한 조사가 필요하다는 취지의 탄원서를 제출하였으며, 새로운 보직에 대한 업무수행을 계속 거부하여 1999. 11. 8. 고객지원실 산하 컴퓨터기술지원팀으로 전보되었을 뿐 아니라 전보된 뒤에도 상사의 직무상 업무명령을 제대로 수행하지 않고 도난신고 후 직속상사를 위협하였는 바, 집단 따돌림을 당한 이후 원고가 보인 위와 같은 행동 역시 집단 따돌림을 당한 것에 대한 항의를 넘어 신뢰관계를 파괴할 정도에 이른다 할 것이다. (중략) 해고 이후에도 원고는 2000. 9월 초순경 참가인 대표이사와 이○○ 등 무려 15명의 상사 및 동료 직원들을 폭행 등의 혐의로 고소하여 신뢰관계를 훼손시켰고(이에 대하여는 모두 혐의 없음 또는 공소권 없음의 처분이 이루어졌다), 2000. 3월경에는 참가인 회사의 정기 주주총회를 방해하기 위해 집회신고를 하였을 뿐만 아니라, 같은 해 7월에 있었던 임시 주주총회에는 집회금지가처분결정을 통지받았음에도 불구하고 주주총회장에 피켓을 들고 나타나 주주총회의 개최를 방해하였으며, 그 과정에서 이를 방해하지 못하도록 저지하는 질서유지인 조○○와 권○○에게 폭행을 가하여 각 전치 2주의 상해를 입히기도 한 사실, 또한, 인터넷 사이트를 개설하여 참가인 회사를 비방하는 내용의 글을 게시하고 있는 사실 등을 종합하여 볼 때, 원고와 참가인 회사 사이에는 더 이상 근로관계를 유지할 수 없을 만한 사정이 발생하였고 그 주된 책임은 원고에게 있다고 할 것이므로, 참가인 회사가 원고의 위와 같은 행위들을 이유로 하여 원고를 해고한 것은 정당한 징계 재량권의 범위 내에서 한 것이라고 봄이 상당하다 할 것이다.

[사실관계] 집단 괴롭힘을 당한 근로자 J는 컴퓨터사업부 고객지원실에서 기업체, 관공서 등의 전산시스템을 유지·보수하는 업무에 종사하던 중 1999. 2월경 과장 진급에서 누락되자 상급자의 비위 사실에 대한 내부고발로 인한 불이익이라고 주장하며 반발하였고, 자신을 진급시켜주지 않으면 소속 부서 상급자들의 비위 사실을 대표이사에게 알리겠다고 협박하는 등 상급자들과 마찰을 빚었다. 그러던 중 1999. 3. 23. 내근직으로 업무가 변

경되고 업무를 수행하는 자리도 바뀌었다. 그러나 근로자 J는 담당업무가 변경된 후에도 원직에 복귀시켜 달라고 요구하면서 상급자의 업무지시를 이행하지 않고, 종전에 근무하던 부서에 사진기를 들고 들어가 비위 사실을 적발이라도 하려는 듯 촬영을 하고, 업무시간에 회사 PC로 고소장·투서 등을 작성하였으며, 상사나 직장동료를 불러내어 자신에게 유리한 대화를 유도하면서 대화 내용을 몰래 녹음하기도 하는 등의 행위를 하였다. 1999. 5. 27. 근로자 J와 같은 부서의 모 직원이 상사의 지시로 근로자 J의 사내 전산망 아이디가 곧 회수될 것이며, 근로자 J가 PC를 사용하지 못하도록 하고, 사내 전자우편의 내용을 J에게 알려주지 말고, 사무실 비품도 빌려주지 말 것을 종용하는 내용의 이메일을 근로자 J를 제외한 부서 직원들에게 보냈다. 근로자 J는 이 전자우편의 내용을 확보하여 전자우편의 작성을 지시한 사람의 이름을 적어 넣은 뒤 이를 다시 직원들에게 발송하였다. 그 후 근로자 J는 1999. 11. 17. 자신의 디스켓이 절취당했다고 허위로 경찰에 도난신고를 하고, 디스켓을 찾겠다면서 상사들의 책상을 뒤지고 서랍을 빼서 상급자들을 향해 던져 부수는 행위를 하였다. 회사는 징계규정에 따라 2000. 1. 21.자로 근로자 J에 대한 징계해고를 의결하였으나, 근로자 J가 2000. 1. 27. 재심을 청구하자 징계위원회의 간사인 회사 차장은 2000. 1. 27. 전자우편을 통해 징계위원회 위원들의 의견을 수렴하여 재심 징계위원회에 대신하였다.

[사건진행 경과] 근로자 J는 중앙노동위원회에서 부당해고구제신청이 기각되자 서울행정법원에 중앙노동위원회 재심판정에 대한 취소소송을 제기하였으나 패소하였다(서울행판 2002. 8. 23, 2001구40141). 이에 근로자 J는 다시 고등법원에 항소하였으나 다시 패소하였고(서울고판 2003. 10. 24, 2002누13910), 대법원에 상고하였으나 심리불속행기각 되어 해고에 대한 구제를 받지 못하였다(대판 2004. 2. 27, 2003두13601).

[법원의 판단에 대한 검토] 법원은 이 사건을 따돌림을 이유로 한 해고의 문제가 아니라 근로자 J의 행태상의 사유를 이유로 한 일반 징계해고 사건에 가깝다고 보고 있는 것으로 이해된다. 직장에서의 집단적인 괴롭힘은 피해 근로자를 고립시키고 장기간 집요하게 계속되는 특성이 있다. 이

러한 괴롭힘 피해 근로자는 괴롭힘이 상당 기간 계속되게 되면 그 '괴롭힘'에 대하여 격하고 과잉된 방어행위를 하게 될 수밖에 없다. 따라서 법원이 피해 근로자의 과잉 반응을 가해 행위자들의 피해 근로자에 대한 '괴롭힘' 행위의 정도와 단순히 비교·형량하고 "집단 따돌림을 당한 이후 원고가 보인 위와 같은 행동 역시 집단 괴롭힘을 당한 것에 대한 항의를 넘어 신뢰관계를 파괴할 정도에 이른다."라고 판단한 것은 직장에서의 괴롭힘으로 인해 발생한 부당해고구제사건의 양정 수단으로는 반드시 타당하다고 할 수는 없다. 부당한 집단 괴롭힘에 대한 "적절한 항의의 정도"를 계량하는 것이 사실상 불가능하고 피해 근로자에게 적절한 대응을 기대할 수도 없기 때문이다. 직장에서 괴롭힘이 발생한 원인에 대해서 법원은 "원고가 회사 내에서 집단 따돌림을 당하고 정당한 처우를 받지 못하게 된 원인과 그 경위에 관하여 살펴보면 (중략) 직장 상사나 동료들과의 마찰 과정에서 발생하였다는 사실을 각 인정할 수 있다."고 판시하고 있다. 해당 사건에서 법원은 괴롭힘 피해 근로자가 집단 따돌림이 발생하도록 원인을 제공했을 경우 그 괴롭힘이 정당화될 수도 있다는 것이 아니라 피해 근로자가 집단 따돌림을 초래한 경우에는 그에 대한 책임도 고려될 수 있다는 정도의 판단인 것으로 보인다. 다만 피해 근로자가 그러한 가해행위를 당할 만한 원인을 제공했다는 가해 행위자 측의 항변은 매우 흔한 합리화 수단이라는 점에서 피해 근로자의 행위가 집단 괴롭힘을 초래했다는 판단을 내리기 위해서는 매우 신중한 검토가 필요했다고 생각한다.

2. 괴롭힘의 주체 또는 방향에 따른 분류에 대한 평가

직장에서의 괴롭힘이 학교 내에서의 집단 괴롭힘 또는 따돌림과 구별되는 중요한 차이점 중의 하나는 가해 행위자와 피해 근로자 사이에 직책 또는 직위에 근거한 힘과 권한의 불균형이 존재한다는 점이다. 학교에서도 학급 회장 등 임원이거나 상급 학년 학생들이 괴롭힘을 주도하는 경우에는 힘과 권한의 불균형이 존재할 수도 있지만, 가장 흔한 소위 일진들이 괴롭힘을 주도하는 경우에는 비공식적인 힘의 불균형이 있을 뿐이다. 직장에서의 괴롭힘은 조직 내에서 공식화된 서열 또는 권한이 상위에 있는 관리자가 주도하여 특정 하급자를 괴롭히는 형태로 발생하는 경우가 빈번하다. 직장에서 동료 근로자들이 특정 동료 근로자를 괴롭히는 경우는 학교에서 학생들 사이에서 발생하는 일반적인 집단 괴롭힘과 다를 바가 없다. 직장에서의 괴롭힘이 갖는 특성을 이해하는 데에는 공격 주체에 따른 분류가 매우 중요하다.

V. 유형 분류의 유용성

위에 설명한 직장에서의 괴롭힘의 유형 분류는 괴롭힘이 발생하는 원인, 괴롭힘 행위의 특성 등을 이해하는 데에 유용하다. 특히 행위 유형에 따른 분류는 사업장 내에서 괴롭힘의 발생을 예방하고 발생한 괴롭힘 문제를 적절히 해결하는 데에 중요한 단서를 제공해 준다. 경영학의 영역에서 자주 활용되고 있다. 또한, 행위 유형에 따른 분류는 가해 행위자의 행위를 형법적 관점에서 판단하고자 할 때에 유용하게 이용될 수 있을 것이다. 괴롭힘의 주체 또는 방향에 따른 분류는 가해 행위자와 피해 근로자, 사용자와 피해 근로자, 사용자와 가해 행위자 등의 상관관계 및 계약법적 관점에서의 책임을 검토하기에 유용한 분류방법이라고 할 수 있다. 당사자 사이의 관계를 도식화하는 데에 유리하기 때문이다.

제3절 법적 규율에 있어서 직장에서의 괴롭힘 행위의 특징

앞에서 살펴본 직장에서의 괴롭힘의 개념과 유형을 보면 직장에서의 괴롭힘이라는 말로 아우를 수 있는 행위 유형의 범위가 매우 넓다는 것을 알 수 있다. 형법상 범죄 구성요건에 해당하고 위법하여 행위자가 형사상 책임을 지게 되는 가장 무거운 행위 유형부터 일상적으로 발생할 수 있는 행위로서 형법상 범죄 구성요건에도 해당하지 않는, 즉 보통 사회적 상당성이 인정된다고 볼 수 있는 행위에 이르기까지 그 폭이 매우 넓다. 민법적 관점에서도 불법행위를 구성하는 행위도 있고 도저히 불법행위에까지 이르렀다고 보기는 어려운 행위까지 모두를 포괄하고 있다. 직장에서의 괴롭힘에 해당하는 행위의 폭이 넓다는 것은 직장에서의 괴롭힘 행위를 일률적으로 규율하는 것이 입법기술적으로 어렵다는 것을 뜻한다. 법률적 통제의 대상으로 검토되는 행위의 유형이 매우 넓어서 합법과 불법의 영역에 모두 걸쳐 있는 경우 이를 어떻게 규율할 수 있는지는 문제가 아닐 수 없다. 직장에서의 괴롭힘 행위에 대한 법적 통제에 있어서의 문제점은 바로 직장에서의 괴롭힘의 법적성격이 매우 복합적이고 다중적이라는 사실에서 기인한다.

Ⅰ. 직장에서의 괴롭힘 행위의 속성에 의한 특징

1. 법률을 통한 금지 또는 의무부과가 어려움

동료 근로자를 괴롭히는 가해 행위자들의 행위에는 불법적인 행위를 통한 가해행위도 있지만, 불법으로 볼 수 없는 행위도 존재한다. 예를 들면, 가해 행위자들이 피해 근로자에게 직접 상해를 입히거나 자살에 이르도록 하는 행위, 피해 근로자의 명예나 신용을 훼손하는 발언을 하는 행위 등은 불법행위로서 민·형사상 책임을 물을 수 있으며, 그러한 행위를 하지 못하도록 금지하는 것도 가능하다. 그러나 가해 근로자들이 피해 근로자와 단순히 함께 어울리지 않거나 대화를 나누지 않는 행위는 이를 법질서에 위반한 행위라고 보기 어렵다. 개인의 단순한 취향과 대인관계에 있어서의 친소 문제는 법률로 강제할 수 있는 영역이 아니기 때문이다. 만약 개인에게 법률로써 특정인과 대화하거나 함께 밥을 먹도록 강제하고 나아가 특정인에게 호감을 표현하도록 강제한다면 그러한 강제가 오히려 개인의 헌법상 기본권을 침해하는 것이 될 가능성이 크다. 헌법상

보장되는 기본권의 주체인 개인이 함께 밥을 먹을 대상을 택하거나 대화 상대를 결정하는 행위는 헌법 제10조에서 보장되는 행복추구권에서 유래하는 일반적 행동자유권[75] 또는 자기결정권[76]의 보장영역에 속한다. 좋아하거나 싫어하는 감정을 형성하고 이를 표현하는 것은 정신적 자유의 보장영역에 해당한다.

이처럼 직장에서의 괴롭힘에 해당하는 행위는 분명히 당사자 사이의 자율적 해결에만 맡겨놓아서는 안 되지만, 그에 해당하는 유형을 포괄적으로, 하지만 명확하게 법률로 규율할 수 있는 방법도 찾기 어렵다는 문제를 가지고 있다. 국회 법제사법위원회에서 개정 근로기준법 제76조의2에 포함된 직장에서의 괴롭힘의 정의에 대해 그 개념이 모호하다는 점이 지적되어 논란이 되었던 것도 입법기술상의 어려움을 보여주는 예이다.[77]

2. 사용자의 지시권 행사의 대상이 되기 어려움

사업장 내에서 근로자들 사이에 괴롭힘 행위가 발생할 경우 이를 발견하고 조정 또는 통제할 수 있는 가장 가까운 거리에 있는 사람이 사용자이다. 많은 경우 사용자가 사업장 질서유지 등을 목적으로 하는 지시권을 행사함으로써 사업장 내에서 발생하는 근로자들 사이의 괴롭힘 행위를 해소하거나 금지할 수 있을 것이다. 그러나 법률적 규율이 곤란한 행위의 영역이 존재하는 것과 마찬가지로 사용자가 근로자들에 대하여 지시권을 행사하기 어려운 영역이 존재한다. 위에서 예로든 점심시간에 특정 근로

---

75) 성낙인, 「헌법학」, 2004, 291쪽.

76) 성낙인, 「헌법학」, 2004, 292쪽.

77) 법제사법위원회, 제364회 국회(정기회) 법제사법위원회 회의록 제3호, 2018. 9, 33쪽 이하. 법제사법위원회에서는 당초 환경노동위원회 대안이 규정했던 "신체적·정신적·정서적 고통을 주거나 업무환경을 악화시키는 행위"라는 표현을 "신체적·정신적 고통을 주거나 근무환경을 악화시키는 행위"라고 수정해서 통과시켰다.

자와 함께 밥을 먹도록 하는 것이 가장 전형적인 예가 될 수 있다. 사용자가 특정 근로자와 함께 점심을 먹도록 다른 근로자들에게 지시하는 것은 사용자가 갖는 지시권의 본래 기능인 노무급부의 구체화 또는 사업장 질서유지 등[78]과 직접 관련이 없다. 게다가 점심시간은 대개 휴게시간에 해당되고 휴게시간은 근로기준법 제54조 제2항에 따라 근로자의 자유로운 사용이 인정되고, 사용자의 지시권이 미치지 않는 시간이다.[79] 사용자가 특정 근로자와 함께 점심을 먹도록 지시하는 것은 사용자의 정당한 지시권의 범위 내에 있는 행위라고 보기 어렵다. 또 다른 괴롭힘 행위가 될 우려도 있다. 결국, 사용자의 지시권 행사도, 직장에서의 괴롭힘 행위가 갖는 복합적·다중적 성격으로 인하여 이에 대한 통제수단으로서는 상당한 한계를 가진다고 하지 않을 수 없다.

Ⅱ. 당사자의 자발적 해결 노력을 기대하기 어려운 상황적 특징

1. 사용자의 자발적인 피해 근로자 보호를 기대하기 어려움

사업장에서 동료 근로자들 사이의 괴롭힘 행위가 발생한 경우 사용자가 자신의 지시권을 행사하거나 적절한 통제권을 발휘하여 괴롭힘 피해 근로자를 보호하도록 조치를 취할 것을 기대하기는 어렵다. 직장에서의 괴롭힘이 발생한 경우 사용자에게 가해 근로자를 징계하거나 기타 불이익을 주고 피해 근로자를 구제하도록 기대하기 위해서는 사용자가 피해 근로자의 근로를 가해 근로자가 제공하는 근로보다 높게 평가하거나 적어도 동등하게 평가하고 있어야 하기 때문이다.[80] 만약 사용자가 피해 근로자가 제공하거나 제공할 수 있는 근로의 효용을 가해 근로자의 그것

---

78) 방준식, 「사용자의 지시권에 관한 연구」(고려대학교 법학박사학위 논문), 2006, 62쪽 이하.

79) 김형배, 「노동법」, 2018, 463쪽; 임종률, 「노동법」, 2018, 453쪽.

80) 김영문, '직장 내에서의 음해행위(mobbing)에 대한 법적 구제수단', 「법조(통권 498호)」, 1998, 155쪽.

보다 낮게 평가하고 있다면 사용자는 가해 근로자와 근로관계를 존속하는 것을 선택하고 피해 근로자에게 사퇴를 종용하거나 해고하게 될 가능성이 크다. 조직 내에서 동료 근로자들과 융화되지 못하고 따돌림을 당하거나 공격의 대상이 되는 소수의 근로자를 보호하기 위해서 사용자가 근로제공 능력에 하자가 없는 다수의 근로자를 징계하거나 해고할 것을 기대하기는 어렵고 대부분은 집단 괴롭힘을 당하는 근로자가 직장 조직에서 배제되는 결과가 되기 쉽다. 또한, 직장에서의 괴롭힘은 종종 사용자가 마음에 들지 않는 근로자를 직장으로부터 배제시키는 수단이 되기도 한다. 향후 구조조정을 계획하고 있는 사용자가 특정 근로자에 대해 좋지 않은 소문을 퍼뜨리거나 직원들 사이의 위화감을 조성시켜 업무처리 능력을 저하시키고 결국 경영상 이유에 의한 해고 대상자 선발 시 해고 대상자에 포함시키는 경우[81]가 이러한 경우의 대표적인 예가 될 수 있다. 이처럼 사용자가 근로자를 사직시키려는 의도로 괴롭힘을 유발하거나 유도하는 경우에도 그 사용자에게 괴롭힘 피해 근로자를 보호하기 위한 적극적인 조치를 자발적으로 시도할 것을 기대하기는 어렵다.

2. 노동조합의 도움을 기대하기 어려움

노동조합이 직장에서의 괴롭힘으로 인해 피해를 입은 조합원인 근로자를 보호하기 위해 적극적으로 행동에 나선다면, 사용자가 이 문제에 개입하는 것에 비하여 더욱 효과적이고 원만하게 해결점을 도출할 수 있을 것이다. 사용자가 개입하는 경우에는 징계와 지시권 행사 등의 강제적인 방법이 동원될 수밖에 없지만, 노동조합을 통할 경우 근로자들 사이의 자발적인 합의와 조정을 통한 해결이 가능하기 때문이다.

그러나 다수의 조합원이 가해 근로자이고 소수나 한 명의 조합원이 피해자인 경우 노동조합이 자발적이고 적극적으로 괴롭힘 문제 해결을 위

81) 박경규, '조직 내 집단 따돌림과 조직행동', 「서강경영논총(제16-2집)」, 2005, 116쪽.

한 활동에 착수할 것을 기대하기 어렵다. 노동조합으로서는 조직적 특성으로 인해 소수의 조합원을 위해 다수의 조합원의 의사에 반하는 행동으로 나아가기가 어렵기 때문이다. 때로는 노동조합이 직장에서의 괴롭힘의 가해 주체가 되기도 한다. 노동조합이 주도하는 쟁의행위에 참여하기를 거부하는 근로자를 다수의 조합원을 동원하여 조직적으로 따돌리거나 폭행을 가하는 등의 방법으로 괴롭히거나, 반대 계파의 조합원들과의 조직 다툼 과정에서 괴롭힘 행위가 발생할 수 있기 때문이다.

Ⅲ. 법률적 규율이 어려운 경우의 대안

직장에서의 괴롭힘 행위는 본질상 법률로써 규율할 수 있는 부분이 많지 않다. 오히려 법률이 규율할 수 있는 범위 밖에 남겨진 부분이 훨씬 크다고 할 수 있다. 집단 괴롭힘 행위를 하지 않도록 사용자가 직접 지시권을 행사하는 것도 쉽지 않다. 게다가 사용자가 오히려 피해 근로자를 희생하여 가해 근로자들을 구제하고자 하는 태도를 보일 가능성이 크고 때로는 사용자가 직접 집단 괴롭힘의 가해자가 되는 경우도 있다. 피해 근로자가 노동조합에 가입한 조합원이라 하더라도 노동조합을 통한 문제 해결도 기대하기 어려운 경우가 많다. 직장에서의 괴롭힘 행위가 갖는 이러한 특징은 민법, 형법, 노동관계법 등을 통해 직접 직장에서의 괴롭힘 행위를 금지하거나 가해 행위자를 규제하는 것을 어렵게 하는 동시에 법률 이외의 수단을 통한 규율의 중요성을 더욱 높게 한다. 법률 이외의 수단이란 사업장 내 사용자와 근로자, 사용자와 노동조합의 자율적인 문제 해결 노력과 상호 의무 부담이 될 것이다. 그리고 법률로 직장에서의 괴롭힘에 대해 규율하려 할 때에도 다소 추상적인 개념을 사용하고 개방적인 내용으로 조문을 구성하는 것이 입법기술상 불가피하다. 조문의 추상성과 개방성은 법률의 규범력을 약화시키는 것이 아니라 오히려 판례와 이론을 통한 구체화를 통해 더 합리적이고 실천적인 규율이 가능하게 하는 수단이 될 수 있다고 생각된다. 개정 근로기준법 제76조의2의 정의규정이 다소 추상적인 것도 그러한 관점에서 잘못된 입법이라고 하기는 어렵다.

제3장

직장에서의 괴롭힘 금지 의무부과의 근거

제3장

직장에서의 괴롭힘 금지 의무부과의 근거

제1절 괴롭힘 금지 의무부과 근거 검토 필요성

직장에서 괴롭힘 문제가 발생한 경우 쉽게 떠올릴 수 있는 해결방법은 가해 행위자를 처벌하고 피해 근로자가 적절한 상담이나 조력을 받도록 법률 규정을 정비하는 방법일 것이다. 새로운 법률을 제정하거나 근로기준법 등 기존 법령을 개정하는 방법이다.

현행 법체계 내에서는 개정 근로기준법 제76조의2가 사용자와 근로자의 "직장 내 괴롭힘"을 금지하는 것 외에는 직장에서 그 구성원들 사이에서 일어나는 괴롭힘 현상을 직접 규율하는 내용을 찾을 수 없다. 일부 법률에서 괴롭힘, 집단 따돌림 등을 규정하고 있기는 하다. 남녀고용평등과 일·가정 양립 지원에 관한 법률, 양성평등기본법, 국가인권위원회법 등에서 성희롱, 차별 등에 대해 정의하고 있는 규정과 장애인차별금지 및 권리구제 등에 관한 법률[1] 제3조 제21호에서 "괴롭힘 등"을 "집단 따돌림, 방치, 유기, 괴롭힘, 희롱, 학대, 금전적 착취, 성적 자기결정권 침해 등의 방법으로 장애인에게 가해지는 신체적·정신적·정서적·언어적 행위"라고 정의하고, 제32조에서 장애인에 대한 "괴롭힘"을 금지하고 있는 것 등이다. 그러나 위 법률들의 해당 규정들은 각각 성을 이유로 한 차별이나 성희롱, 장애인에 대한 괴롭힘 등을 규율하는 것을 목적으로 하는 특별한 규정들이기 때문에 직장에서의 괴롭힘으로부터 국민 또는 근로자 일반을 보호하기 위한 일반 규정으로 보기는 어렵다. 경범죄 처벌법[2]도

1) 법률 제15272호, 2018. 6. 20. 시행.
2) 법률 제14908호, 2017. 10. 24. 시행.

2012년 개정 시에 제3조에 제41호로 "지속적 괴롭힘"을 추가하여 "상대방의 명시적 의사에 반하여 지속적으로 접근을 시도하여 면회 또는 교제를 요구하거나 지켜보기, 따라다니기, 잠복하여 기다리기 등의 행위를 반복하여 하는 사람"이라고 규정하고 있다. 이 법에서 말하는 지속적 괴롭힘은 소위 스토킹(Stalking)이라고 일컫는 행위를 뜻한다. 스토킹은 힘의 우위성 요건을 충족하지 못하는 경우가 일반적이어서 이 책에서 검토하고자 하는 직장에서의 괴롭힘과 일치하는 개념이라고 보기는 어렵다. 다만 스토킹 행위자가 직장에서의 지위 등 힘의 우위성을 배경으로 피해근로자의 저항을 곤란하게 하는 상태에서 괴롭힘 가해행위를 지속하고 있다면 직장에서의 괴롭힘에 포함될 수 있는 경우도 있다.

지금으로서는 성(性)을 이유로 한 차별과 괴롭힘, 장애를 이유로 한 차별과 괴롭힘, 스토킹 등에 대해서는 각 영역을 규율하는 위의 해당 법률들이 적용되고, "직장 내 괴롭힘"에 대해서는 개정 근로기준법 제76조의2에 따라 사용자와 근로자에게 금지의무가 부과되고 같은 법 제76조의3에 따라 사용자에게 조치 의무가 발생한다. 근로기준법이 "직장 내 괴롭힘"에 대해 직접 규율하고 기타의 특별법들이 특별한 영역에서의 차별과 괴롭힘을 금지하고 있는 것은 일본, 독일 등 관련 법제가 없는 나라들과 비교해서는 한층 진보한 것이라고 평가할 수 있다. 하지만 근로기준법 제76조의2는 사업 또는 사업장 내에서 사용자와 근로자에게 근로자에 대한 괴롭힘을 금지하고 있을 뿐이다. 즉 근로기준법상 사용자 또는 근로자가 아닌 자에 의한 괴롭힘 가해행위, 근로기준법상 근로자 아닌 자에 대한 괴롭힘은 규율 대상에서 배제되어 있다. 남녀고용평등과 일·가정 양립 지원에 관한 법률, 국가인권위원회법 등 특별법이 규율하는 영역도 근로기준법에 의해 규율되는 영역 이외의 모든 부분을 포괄한다고 보기는 어렵다. 따라서 우리 법질서 전체의 관점에서 직장에서의 괴롭힘을 금지하는 근거를 규명할 필요가 있다. 이를 규명함으로써 현재 시행되고 있는 법률에 규정된 내용의 타당성을 판단하는 기초로 삼을 수 있고, 현행 법률이 규율하지 못하는 영역에서 발생할 수 있는 직장에서의 괴롭힘에 대한 규범적 판단이 필요할 때 판단의 근거로 삼을 수 있기 때문이다.

본격적인 검토에 앞서 간단히 살펴보면, 근로기준법 제76조의2와 남녀고용평등과 일·가정 양립 지원에 관한 법률, 국가인권위원회법 등 특별법상의 규정들 외에도 현행 법률들 중에서 직장에서의 괴롭힘 당사자나 사용자에게 괴롭힘 행위의 방지 의무, 피해자 보호 의무, 신속한 조치 의무 등을 부과하는 근거를 도출해 낼 수 있는 규정들이 다수 있다. 각 법률들의 제정 당시에는 입법자가 직장에서의 괴롭힘 문제에 그 규정들이 적용되는 상황을 상정하지는 못했을 수도 있지만, 해당 조문들의 입법 취지를 고려할 때 충분히 적용할 수 있다. 직장에서의 괴롭힘 방지와 피해자 보호 등에 관련된 의무의 근거는 상당 부분 근로계약관계에서 도출될 수 있다. 사용자와 근로자 사이의 괴롭힘에 대해서는 사용자와 근로자 사이에 맺어진 기본적인 근로계약관계에 기초하여 세부적인 의무 발생의 근거를 검토하려고 한다. 근로자 상호 간에는 근로계약관계가 없기 때문에 사용자와 근로자 사이의 근로계약관계에서 도출되는 의무에 근거하여 근로자 사이에서 발생하는 괴롭힘 방지와 피해자 보호 등에 관련된 의무를 부과할 수 있는 방안이 있을지 여부를 검토한다. 그리고 근로계약관계에 기초해서 인정되는 의무 외에 더욱 직접적으로 개정 근로기준법 제76조의2에 의해 근로자의 근로자에 대한 괴롭힘은 금지되고 있다. 개정 근로기준법 제93조 제11호에 의해 취업규칙에 “직장 내 괴롭힘의 예방 및 발생 시 조치 등에 관한 사항”이 규정되어 있다면 취업규칙상의 해당 규정이 의무 부과의 근거가 될 수 있다. 근로기준법 이외의 개별 법률이나 단체협약을 통해 사용자 및 근로자, 노동조합 등이 준수하여야 하는 의무를 규정하는 것도 가능하다.

제2절 노동관계 당사자에 대한 의무부과의 근거

직장에서의 괴롭힘 행위가 발생하기 전에 이를 금지하거나 방지하여야 하고, 괴롭힘 행위가 실제로 발생하였을 경우 적절한 조치를 취해야 하는 의무가 직장의 구성원이 노동관계 당사자에게 있다고 하려면 그러한 의무를 어떤 근거에 기초해서 인정할 수 있는지 사용자와 관리자, 동료 근로자의 의무를 각각 나누어 검토한다.

Ⅰ. 사용자의 직장에서의 괴롭힘 금지 및 방지 의무

개정 근로기준법 제76조의2 외에 근로계약관계의 당사자로서 사용자가 직장에서 발생하는 괴롭힘에 대하여 적절한 재발 방지 조치 및 피해근로자 보호·구제조치를 취할 의무를 부담한다고 볼 수 있는 근거로 고려할 수 있는 것은 우선 안전배려의무, 균등대우의무, 고충처리 의무 등이 있으며, 그 외에 단체협약이나 취업규칙 등에 사용자의 직장에서의 괴롭힘 발생 방지 의무나 사후조치 의무가 규정되어 있는 경우이다. 안전배려의무에 대해서는 현행 법률 중에서 직접적인 근거규정이 없기 때문에 안전배려의무를 인정할 수 있는 근거와 내용이 무엇인지에 대하여는 별도의 검토가 필요하다. 사용자의 안전배려의무로부터 시작해서 차례로 검토한다.

1. 사용자의 안전배려의무

(1) 안전배려의무의 의의와 근거

① 안전배려의무의 인정 근거

사용자는 근로계약에 의한 주된 채무로서 보수(임금) 지급 의무를 부담하는 이외에 근로계약관계의 상대방인 근로자의 생명·신체·건강 등을 안전하게 보호하여야 하는 안전배려의무를 부담한다.[3] 사용자의 보호의

---

3) 김형배, 「노동법」, 2018, 344쪽; 임종률, 「노동법」, 2018, 356쪽; 하경효, 「노동법사

무라고도 한다.[4] 안전배려의무가 실정법상 의무가 아니기 때문에 안전배려의무의 인정 근거를 놓고 논쟁이 있다. 사용자가 근로자에 대하여 안전배려의무를 부담한다고 인정할 수 있는 근거로는 고용관계가 근로자의 인적 노무제공에 의하여 실현되며,[5] 근로계약관계가 지속적 채권관계로서 인적·계속적 성격이 강하다는 특성이 있다[6]는 것 등이 제시되고 있다. 대체로 사용자의 안전배려의무는 근로관계에 부수하는 신의칙상 부수적 의무로서 인정되고 있다고 보는 것이 일반적이다.[7] 그러나 다른 법률관계에서와는 달리 근로자에 대한 사용자의 안전배려의무는 근로계약관계의 내재적 성질상 당연히 요청되는 것이라고 보는 견해도 있다.[8]

② 파견근로자에 대한 사용사업주의 안전배려의무 인정 여부

안전배려의무의 근거에 관하여 어떠한 견해를 취하더라도 근로자와 사용자 사이의 근로계약관계가 안전배려의무를 인정하는 기초가 된다는 점에서는 동일하다. 그렇다면 직접 근로계약관계가 없는 파견근로자와 사용사업주 사이에도 안전배려의무를 인정할 수 있을 것인지가 문제가 될 수 있다. 사용사업주가 파견사업주와 맺은 근로자파견계약은 파견사업주와 파견근로자가 체결한 근로계약관계에 기초하여 파견근로자에 대한 지휘·명령권을 사용사업주에게 이전하기로 하는 계약관계이므로 파견사업주가 파견근로자에게 부담하는 안전배려의무도 지휘·명령권과 함

례연습」, 2017, 271쪽; 전형배, '안전배려의무의 내용과 과제', 「노동법학(제55호)」, 2015, 33쪽; 菅野和夫, 「勞働法」, 2008, 73쪽; Brox·Rüthers·Henssler, 「Arbeitsrecht」, 2004, 103쪽; 대판 2002. 11. 26, 2000다7301; 대판 2000. 5. 16, 99다47129; 대판 1999. 2. 23, 97다12082; 대판 1997. 4. 25, 96다53086.

4) 대판 1999. 2. 23, 97다12082.

5) 김형배, 「채권각론」, 1997, 577쪽.

6) 김형배, 「노동법」, 2018, 345쪽; 菅野和夫, 「勞働法」, 2008, 73쪽; 송오식, '사용자의 안전배려 의무', 「전남대 법률행정논총(제23집 제1호)」, 2003, 154쪽.

7) 김형배, 「노동법」, 2018, 345쪽.

8) 전형배, '안전배려의무의 내용과 과제', 「노동법학(제55호)」, 2015, 33쪽 이하.

께 사용사업주에게 병존적으로 이전된다고 보는 것이 타당하다. 파견사업주의 지휘·명령권과 안전배려의무가 사용사업주에게 이전된 이후에도 파견사업주는 그러한 권한과 의무를 그대로 보유한다. 다만 사용사업주의 지휘·명령권과 안전배려의무가 파견사업주의 지휘·명령권과 안전배려의무와 경합하는 경우 근로자파견계약이 유효한 기간 동안에는 전자가 우선한다. 사용사업주가 안전배려의무에 위반하여 파견근로자가 손해를 입은 경우 파견근로자는 사용사업주에게 안전배려의무 위반을 이유로 민법 제391조에 근거하여 손해배상을 청구할 수 있고, 사용사업주의 안전배려의무 위반이 불법행위를 구성하는 경우에는 민법 제750에 따라 불법행위로 인한 손해의 배상을 청구할 수 있다고 보아야 한다. 파견근로자보호 등에 관한 법률 제35조 제1항이 사용사업주를 산업안전보건법상의 사용자로 보는 것도 같은 이유이다. 판례도 파견근로자에 대하여 사용사업주가 안전배려의무를 부담한다는 점을 긍정하고 있다.[9] 따라서 사용사업주가 직접 괴롭힘 가해 행위자가 된 경우, 사용사업주가 근로자들에게 특정 파견근로자에 대한 괴롭힘을 지시하거나 교사한 경우, 파견근로자에 대하여 가해지는 괴롭힘 행위를 묵인하거나 방치한 경우에는 그 괴롭힘 행위가 파견근로자의 근로제공과 관련하여 발생했고 사용사업주에게 인지 가능성이 있다는 것을 전제로 피해 근로자는 안전배려의무 위반을 이유로 한 손해배상을 청구할 수 있다. 위장도급[10] 또는 파견근로자보호 등에 관한 법률[11] 제6조의2 제1항 각 호에 해당하는 불법파견의 경우에

---

9) 대판 2013. 11. 28, 2011다60247. 판례는 근로자파견 관계에서 사용사업주와 파견근로자 사이에는 특별한 사정이 없는 한 파견근로와 관련하여 사용사업주가 파견근로자에 대한 보호의무 또는 안전배려의무를 부담한다는 점에 관한 묵시적인 의사의 합치가 있다고 본다.

10) 대판 2017. 12. 22, 2015다32905; 대판 2017. 1. 25, 2014다211619; 대판 2015. 2. 26, 2012다96922; 대판 2015. 2. 26, 2010다93707; 대판 2015. 2. 26, 2010다106436 등.

11) 법률 제14790호, 2017. 4. 18. 시행.

도 동일한 이유로 도급회사 사용자나 사용사업주가 안전배려의무를 부담한다고 보아야 한다.

③ 안전배려의무 명문화 필요성

안전배려의무에는 유형적인 생명·신체 등의 안전 이외에도 근로제공의 과정에서 근로자의 인격이나 인권이 침해되지 않도록 배려하여야 하는 의무도 포함된다고 보는 것이 일반적이다.[12] 근로자가 안전하게 근로를 제공해야 하고 근로계약상 의무 이행으로 인해 추가적인 피해를 입지 않도록 해야 한다는 점에서 제공되는 근로를 수령하고 그 근로를 기초로 사업을 영위하는 사용자에게 안전배려의무를 부담하도록 하는 것은 당연하다고 생각된다. 안전배려의무의 중요성과 현실적 필요성을 고려할 때 실정법에 근거를 마련할 필요가 있다.[13] 일본이 2007년 근로계약법을 제정하면서 이전부터 최고재판소 판례를 통해 인정되던 안전배려의무를 명문으로 규정한 것은 우리에게 시사하는 바가 크다.[14]

⑵ **사용자의 안전배려의무에 근거한 보호조치 강구 의무**

① 사용자가 부담하는 의무의 내용

사용자가 근로자에 대하여 부담하는 안전배려의무에는 근로자의 생명·건강침해에 대한 보호를 넘어서서 육체적·정신적 안전을 보장할 수 있도록 사업장·작업수단·작업과정을 설정해야 할 의무가 포함된다.[15]

---

12) 김형배, 「노동법」, 2018, 345쪽; 임종률 「노동법」, 2018, 356쪽.

13) 법무부가 「민법개정특별분과위원회」를 통해 마련하여 2004년 국무회의 의결까지 마쳤던 민법(재산편) 개정안을 보면 제655조의2에 “사용자는 노무제공에 관하여 노무자의 안전을 배려하여야 한다.”고 규정하여 사용자의 안전배려의무를 도입하고 있었다.

14) 노상헌, ‘일본의 직장 내 괴롭힘에 대한 법적 쟁점’, 「노동법논총(제26집)」, 2012, 146쪽.

15) 송오식, ‘사용자의 안전배려 의무’, 「전남대 법률행정논총(제23집 제1호)」, 2003, 138쪽.

직장에서 발생하는 동료 근로자에 의한 괴롭힘은 대부분 작업과정 중에 사업장 또는 사업장 인근에서 발생한다. 괴롭힘은 피해 근로자의 정신적·신체적 건강을 심각하게 위협함은 물론 직접적으로 피해 근로자의 인격에 대한 침해가 된다. 따라서 사용자는 안전배려의무의 이행으로서 자신의 사업 또는 사업장에서 괴롭힘 등이 발생하지 않도록 이를 방지하고, 이미 발생한 경우에는 괴롭힘 행위자에 대하여 그러한 행위를 중단하도록 적절한 조치를 취할 의무를 부담한다고 하여야 한다.

개정 근로기준법 제76조의3 제2항에서부터 제5항은 "직장 내 괴롭힘" 신고를 받은 사용자가 그 사실 확인을 위한 조사를 실시하고 피해 근로자와 가해 근로자에 대한 보호 조치와 격리조치를 할 의무를 부과하고 있으나, 이는 "직장 내 괴롭힘" 발생 신고를 받을 것을 전제로 사용자에게 발생하는 사후적 의무를 명시하고 있는 것일 뿐이다. 안전배려의무에서 비롯되는 사용자의 직장에서의 괴롭힘 예방·방지 의무 중 일부를 개정 근로기준법이 명문화한 것이다. 개정 근로기준법 제76조의2에서 사용자에게 직장에서의 괴롭힘 금지의무를 부과하는 내용과 제76조의3 제2항에서부터 제5항의 규정은 사용자 의무를 창설하는 규정이 아니라 확인하고 명시하는 규정이다. 사용자는 위의 같은 조 각 항의 규정들이 없다 하더라도 안전배려의무를 근거로 사전 예방 의무와 사후 조치 의무, 재발방지 조치 의무 등을 부담한다. 사용자가 부담하는 방지 의무 속에는 당연히 사용자 자신이 자신의 사업 또는 사업장에서 근로를 제공하는 근로자를 괴롭혀서는 안 된다는 의무가 포함되어 있다. 사용자는 괴롭힘 피해 근로자에 대하여는 그 피해로부터 신속하게 회복될 수 있도록 필요한 조치를 취해야 한다.

사용자가 안전배려의무의 일환으로 사업 또는 사업장에서 발생하는 괴롭힘과 관련하여 취할 수 있는 조치는 괴롭힘 행위를 사선에 예방하기 위한 조치와 사후 조치로 나눌 수 있다. 사전 예방조치로는 사업 또는 사업장에서 괴롭힘이 발생할 수 있는 가능성과 환경에 대해 조사하고 개선하는 것, 괴롭힘이 발생할 경우 피해 근로자가 구제를 요청할 수 있는 사내 고충처리 절차를 마련하는 것, 근로자들에 대한 복무규정을 비롯한 취업규칙을 정비하여 관련 규정을 설치하는 것 등이 고려되어야 한다. 사후 조치 의무로는 직장에서의 괴롭힘이 발생했을 경우 사용자가 신속하게 사태를 파악하고 피해 근로자의 보호에 착수할 수 있도록 관련 절차를 정비할 의무, 가해 행위자에 대하여 적절한 조치를 취해야 하는 의무 등이 있다. 가해 행위자에 대한 조치로는 행위자에 대한 감봉·견책·정직·해고 등의 징계행위와, 배치전환·전직 등 괴롭힘 가해 근로자를 피해 근로자로부터 격리하기 위한 인사조치가 고려되어야 한다. 이 중 해고는 괴롭힘 가해 근로자에게 행위에 상응하는 책임을 묻는 동시에 피해 근로자로부터 가해 근로자를 격리하는 조치로서의 의미를 가질 수 있다.

개정 근로기준법이 구체화 하고 있는 사용자의 조치 의무로는 사실 확인 및 조사 의무와, 피해 근로자 등에 대한 보호조치 의무, 가해 행위자에 대한 조치 의무가 있다. 우선 개정 근로기준법 제76조의3 제2항은 "직장 내 괴롭힘" 발생 신고를 접수하거나 발생을 인지한 사용자의 사실 확인 및 조사 의무를 규정하고 있다. 피해 근로자 보호를 위한 조치로는 같은 조 제3항에서 피해 근로자와 피해를 입었다고 주장하는 근로자를 보호하기 위한 피해 근로자 등에 대한 근무장소의 변경, 유급휴가 명령 조치 의무를, 제4항에서 피해 사실이 확인된 피해 근로자에 대한 근무장소의 변경, 배치전환, 유급휴가 명령 등의 조치 의무를 각각 사용자에게 부과하고 있다. 가해 행위자에 대해서는 같은 조 제5항에서 징계, 근무장소의 변경 등 필요한 조치를 하도록 규정하고 있다.

② 사용자의 보호조치 의무 인정을 위한 전제

사용자의 안전배려의무에 근거하여 적절한 조치를 취하도록 하기 위해서는 다음과 같은 세 가지 전제가 충족되어야 한다.

첫째, 사용자와 피해 근로자 사이에 정당한 근로계약관계가 인정되어야 한다. 사용자가 적극적인 보호의무를 부담한다고 긍정하기 위한 가장 기본적인 전제이다.

두 번째, 근로자에 대한 괴롭힘이 해당 근로자의 근로제공과 관련이 있는 사람과의 사이에서 발생한 것이어야 한다. 원칙적으로는 괴롭힘이 근로를 제공하는 과정에서 또는 근로제공과 관련하여 발생해야 한다고 볼 수 있다. 그러나 퇴근시간 이후에 사업 또는 사업장이 아닌 모바일 메신저 단체 대화방에서 특정 근로자에 대한 따돌림이나 비방 등 괴롭힘이 발생한 경우에는 이를 근로제공 과정에서 발생했다고 단정하기 어렵다. 따라서 사용자가 보호조치를 취해야 하는 의무를 부담하는 괴롭힘의 범주를 확정할 때 근로제공 과정 관련성이나 근로제공 관련성을 엄격하게 요구하는 것은 타당하지 않다. 괴롭힘 가해행위를 하는 사람이 피해 근로자가 재직하는 사업 또는 사업장과 관련이 있다고 볼 수 있는지 여부로 판단하는 것이 합리적이라고 생각된다. 사업장 관련성이 있는 자로는 해당 사업 또는 사업장에 소속되어 있는 구성원이거나 해당 사업 또는 사업장과 채권·채무관계에 있는 제3의 당사자 등이 있다. 사업장 관련성은 업무수행과 재해 발생 사이의 인과관계를 판단하기 위해 고려되는 '업무수행성'과는 구별되어야 한다. 업무수행성이란 일반적으로 근로자가 사용자의 지배 또는 관리 아래 업무를 수행하는 것을 말하는데[16) 사용자가 통제하여야 하는 직장에서의 괴롭힘은 사용자의 통상적인 지배·관리가 불가능한 영역에서 발생할 수도 있기 때문이다. 사용자의 통상적인 지배·관리가 불가능한 영역에서 발생하는 문제에 대해 사용자의 안전배려의무에서 기인하는 보호조치 의무를 인정해야 하는 근거는 괴롭힘이 피해 근

16) 김형배, 「노동법」, 2018, 529쪽; 임종률, 「노동법」, 2018, 484쪽.

로자와 가해자들이 사용자가 사업을 영위하는 사업 또는 사업장에서 직·간접적인 관계를 맺게 됨으로써 발생하게 되었다는 점과 사용자는 괴롭힘의 가해자와 피해 근로자 쌍방에 대하여 동시에 영향력을 행사할 수 있는 지위에 있다는 점에서 찾을 수 있다.

마지막으로, 사용자가 자신의 사업 또는 사업장에서 괴롭힘이 발생했거나 발생할 것이 예측된다는 사실을 인지했거나 인지할 수 있는 가능성이 있어야 한다.[17] 만약 사용자가 그러한 사실을 알 수 없는 경우라면 적절한 보호조치를 취할 것을 기대할 수 없다. 대법원도 성희롱 사건에서 가해 행위자의 성희롱 행위를 사용자가 알 수 없는 경우라면 사용자가 피해 근로자에 대하여 근로계약상의 보호의무를 다하지 않았다고는 볼 수 없다고 판시하면서 사용자책임을 부정하였다.[18] 직장에서의 괴롭힘도 성희롱과 마찬가지로 은밀하고 드러나지 않게 행해진다는 특성이 있다. 직장에서의 괴롭힘 사건이 법원의 판단을 받게 된다면 사용자가 자신이 경영하는 사업 또는 사업장에서 괴롭힘이 발생하였다는 것을 인지할 수 없었다는 이유로 사용자에게 안전배려의무 위반의 책임 인정할 수 없다는 판단이 내려질 가능성이 크다. 사용자가 자신이 경영하는 사업 또는 사업장에서 발생한 괴롭힘 행위를 알 수 없었는지 여부는 매우 엄격하게 판단되어야 한다. 사용자에게는 직장에서 발생하는 성희롱을 비롯한 괴롭힘 사건이 발생하지 않도록 하여야 할 특별한 주의의무가 있다고 보아야 하기 때문이다. 사용자가 특별한 주의를 기울였으면 충분히 괴롭힘 발생을 인지할 수 있었음에도 불구하고 알지 못한 경우에는 사용자의 안전배려의무 위반 책임을 인정하는 것이 타당할 것이다.

---

17) 일본 판례도 예견 가능성이 없는 경우 사용자의 안전배려의무 위반을 인정하지 않는다고 한다. 노상헌, '일본의 직장 내 괴롭힘에 대한 법적 쟁점', 「노동법논총(제26집)」, 2012, 147쪽.

18) 대판 1998. 2. 10, 95다39533.

이상의 세 가지 전제는 동시에 충족되어야 한다.

(3) 안전배려의무 위반의 효과

사용자가 자기의 귀책사유로 안전배려의무를 위반한 경우에는 민법 제390조의 채무불이행책임을 부담한다.[19] 이에 대해서는 뒤에서 자세히 기술한다.[20]

(4) 안전배려의무 이행 요구의 한계

사용자가 안전배려의무에 위반하였을 경우 근로자는 사용자에게 이행을 청구할 수 있다고 한다.[21] 사용자가 안전배려의무를 위반함으로써 발생한 손해액을 산정하는 것이 가능하다면 손해배상은 문제가 될 것이 없다. 그러나 사용자가 자신의 사업 또는 사업장에서 발생한 괴롭힘 행위에 대해 적절한 보호조치 또는 방지조치를 이행하도록 요구하는 데에는 어려운 점이 있다. 사용자가 근로자들에게 근로계약상 근로제공과 관련된 지시를 할 수 있는 권한은 있지만, 근로자의 전속적 자유에 속하는 영역에 대하여 지시하거나 간섭할 수는 없기 때문이다. 가령 피해 근로자와 대화하도록 지시해야 할 권한이나 의무, 휴게시간인 점심시간이나 근로시간 이후인 저녁 시간에 피해 근로자와 함께 밥을 먹도록 괴롭힘 가해자에게 지시할 의무나 권한 등을 사용자가 가지고 있다고 인정하기는 어렵다.[22]

사용자가 안전배려의무에 위반하였을 경우 근로자가 근로제공을 거부하거나 근로계약을 해지할 수 있다는 설명[23]은 현실적이지 않다. 비록

---

19) 송오식, '사용자의 안전배려 의무', 「전남대 법률행정논총(제23집 제1호)」, 2003, 156쪽.

20) 제4장 제3절. Ⅱ. 참조.

21) 송오식, '사용자의 안전배려 의무', 「전남대 법률행정논총(제23집 제1호)」, 2003, 157쪽.

22) 김영문, '직장 내에서의 음해행위(mobbing)에 대한 법적 구제수단', 「법조(통권498호)」, 1998, 149쪽.

23) 송오식, '사용자의 안전배려 의무', 「전남대 법률행정논총(제23집 제1호)」, 2003, 157쪽; 이은영, '산업재해와 안전의무', 「인권과 정의(제181호)」, 1991. 9, 27쪽.

근로자가 근로제공을 거부하여도 임금청구권을 보유한다고 하기는 하지만, 오늘날과 같이 실업률이 높고 노동시장이 공급과잉인 상황에서 근로자의 근로제공 거부나 근로계약 해지통고가 사용자에 대한 압박 수단이 될 수 있다고 기대하기는 어렵기 때문이다. 사용자가 근로자의 다른 행태상의 사유를 들어 얼마든지 근로제공을 거부한 근로자를 징계하거나 해고할 수 있다. 다만, "직장 내 괴롭힘" 발생이 확인된 경우 개정 근로기준법 제76조의3 제2항에서부터 제5항에 규정된 사항들 또는 그와 유사한 인사조치를 해줄 것을 사용자에게 청구하는 것은 가능하다. 개정 근로기준법에 의해 규율되지 않는 밖으로부터의 괴롭힘의 경우, 근로기준법상 근로자로 포섭될 수 없는 근로자가 피해자가 되는 경우에는 개정 근로기준법에 의한 규율이 불가능하다. 이때 괴롭힘 행위의 정도가 가해자에 대해서 형사상 또는 민사상 책임을 물을 수 있는 요건을 충족하고, 취업규칙 또는 단체협약에 민·형사상 불법행위를 저지른 근로자에 대한 조치에 관한 사항이 규정되어 있다면 이에 근거하여 괴롭힘 피해 근로자가 사용자에게 적당한 처분이나 조치를 요구할 수 있을 것이다.

다음으로 매우 현실적인 문제로서 직장에서 괴롭힘이 발생한 경우에도 사용자가 안전배려의무에 근거하여 괴롭힘 가해행위를 한 근로자에 대하여 자발적으로 적절한 조치를 취할 것을 기대하기 어려운 경우가 있다는 점을 언급하지 않을 수 없다. 만약 사용자가 가해 근로자가 제공하는 근로의 질과 피해 근로자가 제공하는 근로의 질을 비교·형량하여 가해 근로자가 제공하는 근로의 질이 월등히 높다고 판단하는 경우라면 사용자는 가해 근로자에 대한 징계나 근로계약관계 해지 등의 결정적 조치를 취하려 하지 않을 가능성이 크다. 그러나 개정 근로기준법 제76조의3 제5항에 따라 사용자에게는 징계, 근무장소의 변경 등 가해 근로자에 대한 조치의무가 부여되어 있다. 그러한 점에서 개정 근로기준법 제76조의3은 매우 중요한 의미를 갖는다.

2. 사용자의 균등대우의무

(1) 괴롭힘 문제와 사용자의 균등대우의무

직장에서의 괴롭힘에 있어서 사용자가 먼저 가해행위를 주도할 수도 있고, 가해 근로자들의 괴롭힘 가해행위에 사후적으로 가담하여 함께 행동하는 경우도 있을 수 있다. 사용자는 괴롭힘의 수단으로 피해 근로자에게 해결하기 어려운 일을 집중적으로 배정하거나, 상대적으로 낡은 장비를 사용하도록 하거나, 특정한 복장이나 자세를 강요하는 등 지시권 행사를 빙자하여 다양한 이유로 다양한 형태의 가해행위를 할 수 있다. 동일한 평가 대상군보다 동일하거나 더 높은 실적을 올리는 근로자에 대하여 부당하게 낮은 근무평정 점수를 부여하여 승진이나 연봉 결정에 불이익을 주는 경우도 있을 수 있다. 사용자에게 이와 같은 유형의 가해행위를 하지 못하도록 금지의무를 부과할 수 있는 근거가 있는지, 있다면 무엇인지 검토한다.

(2) 균등대우의무의 의의

사용자는 정당한 이유가 없는 한 근로자를 균등하게 대우해야 하는 의무를 부담한다.[24] 사용자가 제공되어야 하는 근로의 내용을 결정하거나 사업장 질서에 대한 지시나 결정을 함에 있어서 그러한 지시나 결정 또는 그 결과가 근로자들 사이에 평등하여야 한다는 원칙이다.[25] 사용자에게 균등대우의무가 인정된다면, 사용자가 정당한 사유 없이 특정 근로자에게 현저히 불공정하고 차별적인 처우를 하는 경우에는 피해 근로자는 사용자에게 균등대우의무를 근거로 차별적인 괴롭힘 행위를 중지할 것을 요구할 수 있을 것이다. 균등대우의무는 개정 근로기준법 제76조의2와 함께 사용자에게 근로자에 대한 괴롭힘 금지의무를 부과하는 근거가 될

---

24) 김형배, 「노동법」, 2018, 348쪽; 임종률, 「노동법」, 2018, 376쪽 이하.
25) 방준식, 「사용자의 지시권에 관한 연구」(고려대학교 박사학위 논문), 2006, 83쪽.

수 있다.

⑶ 균등대우의무의 근거

사용자가 균등대우의무를 부담하는 실정법적 근거는 근로기준법[26] 제6조, 남녀고용평등과 일·가정 양립 지원에 관한 법률[27] 제7조에서 제11조, 근로자퇴직급여 보장법[28] 제4조 등에서 찾을 수 있다. 그러나 이 조항들은 특별한 차별금지 사유에 한정하여 적용될 수 있을 뿐이다. 예를 들어, 근로기준법 제6조는 남녀의 성(性), 국적, 신앙, 사회적 신분 등 특별한 사유로 인한 차별적 처우만을 금지하는 규정이고 남녀고용평등과 일·가정 양립 지원에 관한 법률 제7조는 남녀의 성을 이유로 모집이나 채용 과정에서 차별하는 것을 금지하는 규정이다. 직장에서의 괴롭힘이 피해 근로자의 성(性), 국적, 신앙, 사회적 신분 등을 이유로 사용자 또는 관리자에 의해 행해진 경우에는 근로기준법 제6조에 규정된 균등대우의무 위반이라고 할 수 있다.[29] 동일한 조건 하에서는 사용자가 요구하는 근로제공의 내용이 원칙적으로 동일해야 한다거나 근로조건에서의 부당한 차별이 허용되지 않는다는 의미로 일반적인 사용자의 균등대우의무를 인정하려고 할 경우 위의 개별 조항들이 일반적 균등대우의무의 근거가 될 수는 없다.[30]

우리나라 법률들의 입법 태도를 보면 입법자들이 일반적 균등대우의무를 인정하기는 어렵다는 판단 하에 필요한 사안에 대하여 개별적으로 균등대우의무를 규정하는 방법을 선택했다고 볼 여지도 있다. 근로자의 실적에 대한 평가와 인사고과에 있어서 사용자의 자의를 입증하는 것은

26) 법률 제15513호, 2018. 9. 1. 시행.

27) 법률 제15109호, 2018. 5. 29. 시행.

28) 법률 제15664호, 2018. 7. 1. 시행.

29) 김형배, 「노동법」, 2018, 248쪽.

30) 전윤구, 「근로관계에서의 균등대우원칙에 관한 연구」(고려대학교 박사학위 논문), 2004, 18쪽.

사실상 어렵고 인사노무 관리에 있어서 사용자의 자율적인 판단영역을 존중할 필요도 있다는 점을 고려하면 사용자의 일반적 균등대우의무를 인정할 수 있는가 하는 문제는 매우 조심스럽게 접근할 필요가 있다. 그러나 특정 근로자에게 합리적 이유 없이 다른 근로자와 다른 특별한 복장이나 자세를 요구하거나, 낡은 구형 장비만을 배정하고 동일한 성과를 요구하거나, 업무수행을 위해 필수적인 정보를 확인할 수 있는 사내 전산망 접근 권한을 차단하거나, 기본적으로 제공되는 사무집기를 특정 근로자에게는 지급하지 않는 행위 등은 차별적 처우의 합리성을 인정할 수 없는 행위 유형으로서 사용자의 자율적 판단이 존중되는 영역이라고 보기 어렵다. 이러한 영역에서 부당한 차별적 처우가 행해진다면 위의 개별적 법률 규정들은 적용될 수 없다. 따라서 불가피하게 사용자의 일반적 균등대우의무를 인정할 필요가 있다.

일반적 균등대우의무를 인정하는 입장을 취하는 경우에도 구체적인 인정 근거에 대해서는 견해가 여러 가지로 나뉜다. 헌법 제11조 제1항의 평등권 조항, 근로기준법 제6조의 균등한 처우 조항, 민법 제2조 제1항의 신의성실 조항 등 실정법 규정에서 근거를 찾는 견해, 실정법을 초월한 정의에서 균등대우의무의 근거를 찾는 견해, 인법적 공동체관계에서 균등대우의무의 근거를 찾을 수 있다는 견해 등 여러 가지 견해가 제시되고 있다.[31] 신의성실의 원칙, 정의, 평등권 등도 부분적으로 균등대우의무의 근거가 될 수 있다는 점은 수긍할 수 있다. 그러나 위의 견해들 각각이 제시하는 논거들이 개별적으로 사용자가 일반적 균등대우의무를 부담한다고 인정할 수 있는 충분한 논거가 된다고 보기는 어렵다. 근로자는 헌법상 보장되는 인격권으로서 자기가치방어권을 보유하고 있다는 전제 하에, 사용자는 근로자의 자기가치방어권에 대응하여 근로계약관계에 부수

31) 이에 대하여 자세한 내용은 전윤구, 「근로관계에서의 균등대우원칙에 관한 연구」(고려대학교 박사학위 논문), 2004, 13쪽 이하 참조.

하는 의무로서 인격적 이익을 침해해서는 안 된다는 의무를 부담하며 이 의무에는 근로관계에서의 차별금지 의무가 포함된다는 견해[32]가 현재로서는 가장 설득력이 있다고 생각된다. 여기에서 말하는 자기가치방어권이란 근로자의 생명, 신체, 건강뿐만 아니라 정신적 안온성과 관련한 프라이버시권, 명예권, 성적 자기결정권이나 성적 괴롭힘으로부터의 방어권 등 비교환적인 '고유한 자기가치'에 대한 타인의 침해로부터 스스로를 방어할 수 있는 권리를 말한다고 한다.[33]

이와 같이 법이론적 논거를 검토하여 사용자의 일반적 균등대우의무를 인정할 수도 있다. 그러나 일반적 균등대우의무를 인정할 수 있는 근거가 무엇인가를 둘러싼 논란을 해결하기 위해서 근로기준법 제6조의 균등한 처우 규정 외에 사용자의 일반적 균등대우의무 규정을 근로기준법에 신설하는 입법적 조치를 검토할 필요가 있다.

⑷ 균등대우의무 위반의 효과

직장에서 사용자가 근로자를 괴롭히는 방법으로 행한 차별적 처우가 근로기준법 제6조, 남녀고용평등과 일·가정 양립 지원에 관한 법률 제7조에서 제11조, 근로자퇴직급여 보장법 제4조 등에 위반하는 행위일 경우에는 각 법률에 벌칙이 규정되어 있으므로 그 벌칙 규정이 적용될 것이다. 근로기준법 제6조를 위반하여 근로자에 대하여 부당한 차별적 처우를 한 사용자에 대하여는 같은 법 제114조에 따라 500만 원 이하의 벌금이, 남녀고용평등과 일·가정 양립 지원에 관한 법률 제7조, 제9조, 제10조 등을 위반한 경우에는 같은 법 제37조에 따라 500만 원 이하의 벌금이, 제8조를 위반한 경우에는 같은 법 제37조 제2항에 따라 3년 이하의

32) 전윤구, 「근로관계에서의 균등대우원칙에 관한 연구」(고려대학교 박사학위 논문), 2004, 30쪽, 37쪽.

33) 전윤구, 「근로관계에서의 균등대우원칙에 관한 연구」(고려대학교 박사학위 논문), 2004, 35쪽 이하.

징역 또는 3천만 원 이하의 벌금이, 제11조를 위반한 경우에는 같은 법 제37조 제1항에 따라 5년 이하의 징역 또는 3천만 원 이하의 벌금이 규정되어 있다. 그리고 근로자퇴직급여 보장법 제4조 제2항을 위반하여 하나의 사업 안에 퇴직급여제도를 차등하여 설정한 자에 대해서는 같은 법 제45조에 따라 2년 이하의 징역 또는 1천만 원 이하의 벌금이 각각 규정되어 있다. 개정 근로기준법 제76조의2와 제76조의3에 위반한 경우에 대해서는 벌칙이 규정되어 있지 않다. 사용자가 이 조항들에 위반한 때에는 피해 근로자는 이 조항 위반을 근거로 민법 제750조에 기한 불법행위로 인한 손해배상 청구를 할 수 있을 것이다.

일반적인 균등대우의무는 실정법상의 의무가 아니므로 위의 각 법률에서 금지되는 행위 이외의 차별적인 처우를 통해 사용자가 괴롭힘 행위를 한 경우 실정법상 제재 규정을 찾을 수는 없다. 다만 근로자는 근로계약관계의 상대방으로서 근로계약에 부수하는 의무인 균등대우의무 위반을 근거로 사용자에 대하여 계약 위반의 책임을 물을 수는 있을 것이다. 구체적으로 보면 사용자의 지시권 행사가 차별적으로 이루어진 경우 근로자는 지시권의 구속력을 부인하고 노무급부를 거절할 수 있으며,[34] 차별적인 배치전환, 징계 등에 대해서 노동위원회에 구제를 신청하거나 법원에 무효확인소송을 제기할 수 있고, 사용자의 차별적 처우로 인해 정신적 또는 물질적 손해가 발생한 경우 손해배상청구가 가능하다고 설명되고 있다.[35] 나아가 근로자는 사용자의 채무불이행을 이유로 근로계약을 해지할 수도 있다. 그러나 오늘날과 같이 노동의 수요와 공급의 균형이

---

34) 독일 민법(BGB) 제315조 제3항 참조.

35) 전윤구, 「근로관계에서의 균등대우원칙에 관한 연구」(고려대학교 박사학위 논문), 2004, 314쪽 이하. 이 논문은 사용자의 노무지휘권 행사를 전체적으로 단일한 법률행위로 보아 이를 무효로 보고 사용자로 하여금 차별 없는 새로운 법률행위를 하도록 하는 것은 특정 근로자를 구제하기 위해 유리한 취급을 받은 다른 근로자의 법적 지위를 부정하는 것이 될 수 있기 때문에 인정될 수 없다고 한다.

무너져서 노동력의 공급과잉 상태가 장기간 지속되면서 높은 실업률이 상시화된 사회에서 근로자의 노무급부 거절권 행사와 근로계약 해지권 등은 사용자와 근로자 사이의 분쟁에 대응하는 현실적인 해결책이 된다고 보기 어렵다는 점은 앞에서 지적한 바 있다.

3. 사용자의 고충처리 의무

상시 30인 이상의 근로자를 사용하는 사업 또는 사업장에서는 근로자참여 및 협력증진에 관한 법률 제26조에 따라 고충처리위원회를 두어야 한다. 그리고 같은 법 제28조에 따르면 피해 근로자가 고충처리위원회에 고충처리를 신청한 경우 사용자는 10일 이내에 이를 처리하고 조치 사항과 그 밖의 처리결과를 근로자에게 통보해야 한다. 사용자가 고충처리위원회를 설치하고 고충처리위원을 선임하는 문제는 같은 법 제20조에 따라 노사협의회에서 협의할 사항으로 규정되어 있다. 만약 사업 또는 사업장에서 발생한 괴롭힘 문제를 어떻게 처리할 것인지에 대하여 고충처리위원회에서 의결이 이루어지지 못한 경우에는 같은 법 제21조 제4호의 규정에 따라 그 처리 방안에 대하여 노사협의회에서 의결하여야 한다. 이상과 같이 상시 30인 이상의 근로자를 사용하는 사업 또는 사업장의 경우 직장에서의 괴롭힘과 관련하여 피해 근로자가 고충처리위원회에 고충처리를 신청한 경우 사용자는 직장에서의 괴롭힘을 고충처리위원회 또는 노사협의회를 통해 해결해야 할 의무가 법률로 규정되어 있다.[36] 다만 상시 30인 미만을 사용하는 사업 또는 사업장의 경우 고충처리위원회의 설치가 의무적이지 않기 때문에 사용자에게 직장에서의 괴롭힘을 고충처리 절차를 활용하여 해결하도록 의무를 부과하기는 어려운 한계가 있다.

---

36) 독일에서도 근로자들 사이에서 발생하는 차별에 대하여 차별을 당하는 근로자가 경영조직법상 고충처리신청권(Beschwerderecht)을 행사하여 고충처리 신청을 할 수 있다고 한다(Shih-Hao Liu, 「Arbeitsrechtliche Discriminierung durch Arbeitnehmer」, 2001, 174쪽 참조).

이와 같은 보호의 공백은 개정 산업안전보건법의 내용을 통해 보충될 수 있을 것으로 기대된다. 개정 산업안전보건법 제4조 제1항 제3호는 사용자에게 "근로기준법 제76조의2에 따른 직장 내 괴롭힘 예방을 위한 조치기준 마련, 지도 및 지원"을 성실히 이행할 책무를 부과하고 있다. 산업안전보건법은 모든 사업 또는 사업장에 적용되므로 고충처리위원회 설치가 의무사항이 아닌 소규모의 사업장의 사용자에 대해서도 괴롭힘 피해 근로자의 보호를 위한 조치기준 마련, 지도 및 지원 조치를 할 의무를 부과하는 근거가 될 수 있다.

4. 단체협약이나 취업규칙에 의한 사용자의 의무

(1) 단체협약이나 취업규칙 규정 신설 필요성

단체협약이나 취업규칙에 사용자의 직장에서의 괴롭힘 방지 의무가 규정되어 있거나, 괴롭힘이 발생했을 경우 사용자가 적절한 조치를 취하도록 의무를 부과하는 내용이 규정되어 있는 경우 사용자는 해당 규정에 따른 조치를 취할 의무를 부담하게 된다.

개정 근로기준법 제93조 제11호는 "직장 내 괴롭힘의 예방 및 발생 시 조치 등에 관한 사항"을 취업규칙의 필요적 기재사항으로 추가하는 내용을 담고 있다. 프랑스 노동법전 L. 1321-2조 제2호도 취업규칙의 필요적 기재사항 중의 하나로 직장에서의 괴롭힘 금지에 관한 사항을 포함하도록 규정하고 있다.[37] 사업 또는 사업장에서 근로자들이 준수하여야 하는 질서규범으로서의 역할을 하는 취업규칙에 직장에서의 괴롭힘 금지에 관한 사항을 포함시키도록 하는 것은, 해당 사업장의 특수한 인적 구성, 사업의 특성 등이 반영된 고유하고 실효성 있는 직장에서의 괴롭힘

---

37) www.legifrance.gouv.fr/affichCode.do?cidTexte=LEGITEXT000006072050&dateTexte=2008 0501; 이준희, 「직장 내 집단 괴롭힘(mobbing)에 대한 연구」(고려대학교 석사학위 논문), 2009, 122쪽; 조임영, '직장내 괴롭힘과 프랑스 노동법', 「노동법논총(제25호)」, 2012, 24쪽.

방지 장치로 발전할 수 있는 계기가 될 것이다. 법률로 직접 근로자에게 의무를 부과하고 이를 강제하는 것보다 더욱 구체적 타당성이 높은 제도가 형성될 수 있도록 하는 동시에 노사의 자율적 해결능력을 제고하도록 촉구한다는 점에서 장점이 있다. 포스코를 비롯한 국내 일부 기업들 중에는 자체적인 직장에서의 괴롭힘 방지 매뉴얼을 작성하여 시행하는 사례가 있다. 사용자가 작성하여 시행하는 사내 매뉴얼은 성질상 취업규칙과 같은 효력이 있다고 볼 수 있을 것이다.

한편 단체협약에 직장에서의 괴롭힘과 관련된 조치사항 등을 규정할 경우, 규정된 내용은 사용자의 의무를 규정한 내용일 수도 있고 사용자와 노동조합의 공동 조치 사항을 규정한 내용일 수도 있다. 단체협약에 규정된 사용자의 직장에서의 괴롭힘 방지 의무, 피해 근로자에 대한 구제 조치 의무 등과 관련된 사항은, 괴롭힘 피해 근로자의 개별적인 근로조건에 매우 큰 영향을 미치게 되므로 단체협약의 규범적 부분에 해당한다고 볼 수 있을 것이다.

국내에서 체결되거나 작성된 단체협약, 취업규칙에서는 아직 직장에서의 괴롭힘에 대해 직접 규정하고 있는 사례가 많이 발견되지는 않는다. 다만 성희롱 예방 관련 조항과 징계사유 관련 조항에서 일부 적용될 여지가 있는 가능성이 있는 조항들을 이미 가지고 있는 경우는 상대적으로 많이 찾아볼 수 있다.

(2) 국내 단체협약 사례

국내 기업의 단체협약을 살펴보면 성희롱 예방에 대한 규정들을 담고 있는 사례는 많지만 직장에서의 괴롭힘에 대해 직접 규정하고 있는 사례는 찾기 어렵다. 다만 간접적으로 적용 가능한 일부 조항이 포함되어 있는 경우는 있다. 전국보건의료노동조합 산별중앙협약[38]은 [병원 내 폭

---

38) 전국보건의료산업노동조합, 「단체협약」, 2008년, 제5장 제11조 [병원 내 폭언,

언, 폭행, 성희롱 예방]이라는 표제 하에 "사용자는 노사가 추천하는 자로 하여금 병원 내 폭언, 폭행, 성희롱" 예방 교육을 실시하도록 하는 규정을 두고 있다. 전국금융산업노동조합 산별중앙협약도 [성희롱 금지]의 표제 하에 "사용자는 직장 내 성폭력, 폭언, 폭행의 피해"에 대하여 배상할 의무가 있다는 규정을 두고 있다.[39] 특히 보건의료노동조합의 경우 매년 단체교섭 협약서에 병원 내 폭력에 대한 합의사항들이 포함되어 있으며 그 규정 또한, 점차 상세해지고 있다. 특히 2018년도 협약서에는 소위 태움 관행을 근절하기 위한 내용이 추가되었다.[40] 이상의 단체협약에 포함되어 있는 규정들은 사용자가 사업 또는 사업장에서 발생하는 폭언, 폭행 등에 대한 예방 교육을 실시하도록 하는 규정으로 해석될 수 있는 여지가 있다. 그러나 대부분 성희롱 편에 규정되어 있고 실제 적용도 성희롱과 관련한 것, 즉 성적인 폭언과 폭력에 국한되어 해석되고 예방 교육도 그에 따라 실시되고 있는 것으로 보인다. 전국보건의료산업노조 산하의 병원 중에는 산별중앙협약의 영향을 받아 지부협약에 유사한 규정을 두는 경우가 있는데, 이 중 아주대병원지부 단체협약의 규정은 특별히 주목할 필요가 있다. 이 협약에는 "직원 상호 간에 폭언, 폭행, 구타 등의 폭력행위"를 방지하고 이러한 사건이 발생한 경우 징계할 의무를 사용자에게 부과하는 규정을 두고 있다.[41] 이 규정은 성적인 폭행이나 폭

폭행, 성희롱 예방] 사용자는 노사가 추천하는 자로 하여금 병원 내 폭언, 폭행, 성희롱 예방과 직장 내 성평등 문화를 만들기 위해 전 직원을 대상으로 연 1회 이상 성희롱 예방 교육을 실시한다.

39) 전국금융산업노동조합, 「단체협약」, 2008년, 제35조 [성희롱 금지] 제6항 사용자는 직장 내 성폭력, 폭언, 폭행의 피해에 대하여 판결 등에 따라 사용자책임이 인정될 경우 배상할 의무가 있다.

40) 2018 보건의료산업 산별중앙교섭 잠정합의서, 2쪽 이하.

41) 전국보건산업노동조합 아주대의료원지부, 「단체협약」, 2016년, 제66조 [원내 성폭력과 폭행금지] 제2항 의료원은 각종 형태의 성폭력을 금지하고, 어떠한 이유로도 직원 상호 간에 폭언, 폭행, 구타 등의 폭력행위를 하지 않도록 하여야 하며, 성폭력 및 폭력행위를 행사한 자는 지위, 직급을 막론하고 징계위원회에 회부하여야 한다.

언 이외의 근로자 사이의 폭언이나 폭행, 구타 등에 적용되는 것으로 볼 수 있는 여지가 더욱 크다. 물론 이러한 규정들도 직장에서의 괴롭힘이 겉으로 드러나는 폭언, 폭행, 구타 등의 방법으로 행해지지 않는 이상 직장에서의 괴롭힘에 적용되기는 어렵다는 한계가 있다. 그리고 현재로서는 대부분의 단체협약들이 성희롱과 성폭력에 대한 규정은 두고 있으나 직장에서의 괴롭힘에 관한 규정을 두고 있는 경우는 찾아보기 어렵다. 우리나라의 대표적인 대기업이며 민주노총 금속노동조합 지부가 설립되어 있는 현대자동차 단체협약을 보아도 성희롱과 성폭행에 관한 규정만을 두고 있다.[42)]

단체협약 또는 취업규칙상 징계사유와 관해서도 직장에서의 괴롭힘에 적용할 수 있는 조항이 일부 발견된다. 즉 징계사유의 하나로 "타 종업원의 업무수행을 방해하거나 사직을 강요하였을 때"라는 것을 규정하고 있는 대우조선노동조합 단체협약[43)]을 예로 들 수 있다. 이 조항은 여타의 개별적 징계사유들에 대한 일반조항으로서의 의미를 가지고 도입된 것으로 생각된다. 그러나 이 규정의 문리적 해석만을 놓고 보면 직장에서의 괴롭힘에 관하여 충분히 적용될 수 있는 내용으로 규정이 마련되었다는 점에서는 매우 큰 의미가 있다고 생각된다. 그러나 여전히 이러한 조항만으로는 사업 또는 사업장에서 발생할 수 있는 괴롭힘에 대처하기는 터무니없이 부족하다고 할 수밖에 없다. 2016년 민주노총 단체협약 요구안은 "일터 괴롭힘 금지"라는 표제 하에 금지되는 괴롭힘 행위의 유형과 시정 절차를 규정하고 있다. 그러나 이 단체협약 요구안은 괴롭힘 행위의 주체를 사용자에 한정하고 있다.[44)]

---

42) 전국민주노동조합총연맹 전국금속노동조합 현대자동차지부 제77조 (직장내 성희롱 방지 및 폭력 금지).

43) 대우조선노동조합, 「단체협약」, 2018년, 제23조 [징계], 부가협약서 2), ⑸ "타 종업원의 업무수행을 방해하거나 사직을 강요하였을 때".

44) 민주노총, 「2016년 민주노총 요구와 과제」, 2016, 247쪽.

(3) Volkswagen 단체협약의 사례

해외의 사례 중에는 Volkswagen사의 단체협약이 직장에서의 폭력으로부터 근로자를 보호하는 내용을 가지고 있는 것을 찾을 수 있었다. 1996년 이래 협력적인 사업장 문화 건설을 지향하고 있다고 널리 알려진 Volkswagen사의 단체협약을 보면, "인종과 성에 따른 차별, 성희롱, 괴롭힘 등"은 근로자의 존엄성에 대한 폭력이라는 것을 규정하고 있으며, 경영진과 종업원협의회[45]는 성희롱이나 괴롭힘이 발생하면 즉시 이에 개입하여 적절한 조치를 취해야 한다고 규정하고 있다.[46] Volkswagen사의 이와 같은 선구적인 단체협약 내용은 다른 많은 단체협약에도 영향을 미쳐 민간 영역에서는 금속산업노조(IG Metal)의 단체협약에 일부 수용되었으며, 공공부문에서는 1998년부터 Gelsenkirchen시의 근로자들에게 적용되었다고 한다.[47] Gelsenkirchen시에 적용되는 협약에서는 직장에서의 괴롭힘을 사업 또는 사업장의 사회적 평화에 대한 침해로 보고 있으며, 조직 내의 모든 관련 당사자가 협력하여 이러한 침해가 발생하지 않도록 해야 한다고 규정하고 있다고 한다.[48]

(4) 단체협약 등에 규정해야 하는 사항

노동조합 및 근로자대표와의 협조를 통해 단체협약과 취업규칙 등에 관련 조항을 두는 경우 사용자의 직장에서의 괴롭힘 예방 교육 실시를 의무화하기 위해 사용자의 직장에서의 괴롭힘 예방 교육 의무를 규정하

---

45) 독일 경영조직법(Betriebsverfassungsgesetz)상 "Betriebsrat"를 "종업원협의회"로 번역하는 것의 타당성에 대해서는 하경효, '서독의 경영조직법의 역사와 내용'「노동문제논집(제7권)」, 1982, 181쪽 각주 4) 참조.

46) Vittorio Di Martino·Helge Hoel·Carly L. Cooper, 「Preventing violence and harassment in the workplace」, EU, 2003, 56쪽.

47) Vittorio Di Martino·Helge Hoel·Carly L. Cooper, 「Preventing violence and harassment in the workplace」, EU, 2003, 56쪽.

48) Vittorio Di Martino·Helge Hoel·Carly L. Cooper, 「Preventing violence and harassment in the workplace」, EU, 2003, 56쪽.

는 것이 효과적일 것이다. 성희롱 예방 교육의 경험에 비추어볼 때 교육 자체의 효과에 대하여는 높은 평가가 어렵지만, 직장에서의 괴롭힘 문제에 대한 사회적 인식이 매우 낮은 상황에서 전반적인 인식 제고를 위해 필요한 방안이라고 생각된다. 개정 산업안전보건법 제4조 제1항 제3호가 사용자에게 책무로 부과하는 "근로기준법 제76조의2에 따른 직장 내 괴롭힘 예방을 위한 조치기준 마련, 지도 및 지원"의 내용에는 직장에서의 괴롭힘 예방 교육 실시가 포함될 가능성이 있다. 성희롱 예방 교육을 규정한 남녀고용평등과 일·가정 양립 지원에 관한 법률[49]과 같은 법률상 근거가 없기 때문에 직장에서의 괴롭힘 예방 교육은 정부가 가이드라인 등을 통해 각 사업 또는 사업장에서 시행하도록 권고하는 방향으로 도입될 수 있다고 예상된다.

개정 근로기준법 제76조의3에도 규정이 있지만, 단체협약에도 직장에서 괴롭힘이 발생한 경우 사용자가 이를 신속히 조사하고 피해 근로자의 구제 및 재발 방지를 위한 조치를 취해야 한다는 사항을 규정할 필요가 있다. 노동조합이 사용자의 구제 및 재발 방지 조치에 적극적으로 협력해야 한다는 의무규정도 필수적이다. 피해 근로자의 구제방법에는 신속하고 정상적인 업무 복귀를 위한 사항도 포함되어야 할 것이다. 괴롭힘 발생을 사용자에게 알리거나 신고한 경우 신고자가 불이익을 당하지 않도록 보호할 수 있는 내용도 규정되어야 한다. 또한, 단체협약에는 직장에서의 괴롭힘 피해 근로자에 대한 해고 금지 규정을 두어 피해 근로자를 보호하는 방안도 두는 것이 바람직하다.

---

49) 법률 제15109호, 2018. 5. 29. 시행. 이 법 제12조는 사업주, 상급자 또는 근로자는 직장 내 성희롱 금지의무를 규정하고 제13조에서 사업주의 성희롱 예방 교육 의무를 규정하고 있다. 사업주는 매년 전 근로자를 대상으로 성희롱 예방 교육을 실시하고 자신도 교육을 받아야 한다. 교육 내용은 직장 내 성희롱에 관한 법령, 발생 시의 처리 절차 및 조치 기준, 구제절차 등이다. 국가기관에 대해서는 양성평등기본법(법률 제15985호, 2019. 6. 19. 시행)에 따라 성희롱 예방 교육 의무가 부과되고 있다.

5. 불법행위책임

사용자가 직접 자신의 사업 또는 사업장에 소속되어 근로를 제공하는 근로자에게 괴롭힘 가해행위를 한 경우 사용자는 피해 근로자가 입은 정신적·신체적 손해를 배상하여야 하는 책임을 부담한다. 괴롭힘 행위가 민법 제750조의 불법행위가 될 수 있기 때문이다. 사용자나 동료 근로자의 행위가 개정 근로기준법 제76조의2, 제76조의3 등에 위반한 경우에도 그러한 행위로 인해 피해 근로자에게 손해가 발생했다면 민법 제750조에 따라 불법행위책임이 성립될 수 있다. 괴롭힘 행위자에게 민법 제750조에 기한 불법행위책임이 적용될 수 있다는 것은 우리 법질서가 그러한 행위를 부인한다는 의미이며 사용자는 민법 제750조 등에 의해서 부당한 괴롭힘 행위를 하지 말아야 한다는 의무를 부담하게 된다고 볼 수 있다. 또한, 앞에서 살펴본 바와 같이 사용자는 자신의 사업 또는 사업장에 소속되어 근로를 제공하는 근로자가 괴롭힘을 당하지 않도록 보호해야 하는 의무가 있다. 그러므로 관리자나 동료 근로자가 업무수행 과정에서 다른 근로자에게 괴롭힘 가해행위를 한 경우 민법 제756조 제1항에 따라 사용자가 그 손해를 배상할 책임을 부담할 수도 있다. 사용자가 손해를 배상한 경우 직접 괴롭힘 가해행위를 한 관리자나 근로자에 대하여 구상권을 행사할 수 있을 것이다. 사용자가 자신의 선임 및 사무감독상 주의의무를 다했거나 또는 상당한 주의를 하였어도 손해가 발생했을 경우에는 민법 제756조 제1항 제2문에 따라 그 책임을 면한다. 사용자의 면책 가능성은 피해 근로자에 대한 보호의 약화를 뜻한다. 민법 규정을 통한 직장에서의 괴롭힘 규율이 충분하지 않을 수 있다는 것을 알 수 있다.

사용자가 경영하는 사업 또는 사업장의 구성원이 아닌 고객이나 제3자가 해당 사용자가 고용하는 근로자에게 괴롭힘 가해행위를 한 경우에도 사용자가 책임을 부담할 수 있다. 사용자의 안전배려의무와 보호의무는 자신과 근로계약관계에 있는 근로자가 업무수행과 관련하여 제3자부터도 괴롭힘을 당하지 않도록 보호해야 하는 의무를 부담하는 근거가 되기 때문이다. 사용자가 적절한 보호의무를 이행하지 않아서 근로자가 고객 등 제3자로부터 괴롭힘 피해를 당하게 된 경우 피해 근로자는 자신의 근로제공을 거부할 수 있고, 사용자의 귀책사유로 근로제공을 할 수 없게 되었으므로 사용자는 피해 근로자에게 임금을 지급해야 한다.[50] 특히 산업안전보건법 제41조[51]는 사업주에게 고객을 직접 대면하거나 정보통신망을 이용하여 고객을 상대하는 고객응대 근로자가 고객의 폭언, 폭행, 그 밖에 적정 범위를 벗어난 신체적 · 정신적 고통을 유발하는 행위로 인해 건강장해를 입는 것을 예방하기 위하여 필요한 조치를 할 의무를 부과하고 있다. 이 조치에는 업무의 일시적 중단 또는 전환이 포함된다.

괴롭힘 피해 근로자가 입은 정신적·물적 피해가 업무기인성이 있는 업무상 재해로 인정될 가능성도 있다. 만약 근로복지공단이 업무상 재해임을 이유로 피해 근로자에게 보험급여를 지급한 경우에도 사용자는 정당하게 보험관계가 있는 보험가입자이므로 근로복지공단으로부터 구상권 행사를 당하지는 않게 된다.[52]

Ⅱ. 관리자의 직장에서의 괴롭힘 금지 및 방지 의무

1. 관리자의 의미와 관리자가 부담하는 의무의 내용

기업의 조직 내에는 협의의 사용자인 사업주와 근로자 외에 관리자가 존재한다. 여기에서 말하는 관리자는 근로기준법 제2조 제2호의 "그 밖에 근로자에 관한 사항에 대하여 사업주를 위하여 행위 하는 자"에 해당한다. 관리자는 부장, 과장, 팀장 등 명칭 여하에 불구하고 자신에게 소속

50) 김형배, 「노동법」, 2018, 249쪽.

51) 의안번호 17834호. 2018년 12월 27일 국회 본회의에서 통과된 개정 산업안전보건법의 조문 번호 기준.

52) 김형배, 「노동법」, 2018, 338쪽 이하.

되어 있는 근로자의 근로조건 결정 또는 근로제공과 관련하여 지휘·명령 내지 감독을 할 수 있는 일정한 책임과 권한이 사업주에 의하여 주어진 자를 말한다.[53] 통상적인 직장 조직에서는 그러한 관리자는 중층적으로 여러 단계로 존재한다. 관리자가 휘하 근로자들을 선동하거나 주변 근로자들에게 자신의 지위를 이용한 영향력을 행사하여 특정 근로자를 괴롭히는 경우도 매우 흔한 직장에서의 괴롭힘의 유형이다. 관리자는 자신이 관리하는 영역 내에서 괴롭힘이 발생하지 않도록 예방해야 하는 의무를 부담할 뿐만 아니라 괴롭힘이 발생하면 피해 근로자의 보호와 재발 방지를 위한 조치를 취할 의무를 부담한다. 또한, 관리자 자신도 해당 사업 또는 사업장의 구성원들에 대하여 괴롭힘 행위를 해서는 안 된다. 관리자에게 괴롭힘 행위 금지 의무가 부과되는 근거는 개정 근로기준법 제76조의2에서도 찾을 수 있다. 아래에서는 개정 근로기준법 제76조의2 이외에 관리자에게 이와 같은 의무를 부담하도록 할 수 있는 근거가 무엇인지 검토하려 한다.

2. 근로자로서의 성실의무

관리자도 사용자와의 관계에서 근로자의 지위를 가진다. 따라서 관리자는 근로계약관계에서의 상대방 당사자로서 부수적 의무인 성실의무를 사용자에 대하여 부담한다. 이 성실의무의 일환으로 관리자는 자신의 동료인 다른 관리자 또는 자신의 지휘·감독 하에 있는 근로자에 대하여 근로계약관계에 따른 의무를 이행하거나 권리를 행사할 때에 사업 또는 사업장과 관련된 사용자의 이익이 유지되도록 하여야 하는 의무를 부담한다.[54] 관리자가 부수적 의무인 성실의무에 유책하게 위반하여 사용자에게 손해를 끼친 경우 그 관리자는 사용자에 대하여 채무불이행책임을 진

53) 김형배, 「노동법」, 2018, 201쪽 이하; 임종률, 「노동법」, 2018, 42쪽.
54) Brox · Rüthers · Henssler, 「Arbeitsrecht」, 2004, 75쪽.

다.[55] 이때 사용자는 해당 관리자에 대하여 채무불이행으로 인한 손해배상을 청구하거나 근로계약을 해지할 수 있을 것이다.[56] 해당 사업 또는 사업장의 단체협약 또는 취업규칙에 관리자의 그와 같은 행위에 대한 징계가 규정되어 있다면 그 규정에 따른 징계권을 행사할 수 있다. 사용자의 징계권 행사는 피징계자에 대한 손해배상청구권 행사를 방해하지 않는다.

3. 사용자의 이행보조자로서의 책임

특정 부서의 근로자를 관리·감독할 지위에 있는 중간 책임자는 사용자와의 관계에서는 근로자로 볼 수 있으나, 자신이 관리·감독하는 근로자들에 대하여는 안전배려의무, 균등대우의무 등을 이행하는 사용자의 이행보조자로 볼 수 있다. 사용자의 위임을 받아 근로자와의 관계에서 사용자를 위한 지휘·명령권을 행사하는 관리자는 사용자의 이행보조자로 볼 수 있기 때문이다. 팀장·본부장·파트장 등 피해 근로자의 상급자인 관리자가 피해 근로자에 대한 괴롭힘에 가담하였거나 이를 주도한 경우, 그리고 안전배려의무를 소홀히 하여 직장에서의 괴롭힘 행위 발생을 방지하지 못한 경우에는 해당 관리자는 사용자에 대하여 이행보조자책임을 지게 된다.

민법 제391조에 따라 이행보조자의 고의·과실은 사용자의 고의·과실로 의제되므로,[57] 이행보조자인 관리자가 사업 또는 사업장에서 발생한 괴롭힘과 관련하여 괴롭힘 피해 근로자에 대하여 손해배상 책임을 지는 경우 피해 근로자는 사용자에 대하여도 손해배상을 청구할 수 있다. 민법 제756조 제1항도 사용자의 손해배상 책임을 긍정할 수 있는 근거가 된다. 사용자가 민법 제391조에 의하여 직장에서의 괴롭힘 피해 근로자에

---

55) 김형배, 「노동법」, 2018, 330쪽; 菅野和夫, 「勞働法」, 2008, 76쪽.

56) 임종률, 「노동법」, 2018, 356쪽.

57) 양창수·김재형, 「계약법」, 2015, 417쪽; 원종옥, '보호의무에 관한 소고', 「법학논총」, 2016, 1. 15쪽.

대하여 손해배상 등의 책임을 지는 경우 사용자는 이행보조자인 관리자에 대하여 구상청구를 할 수 있다.[58] 사용자가 사용자책임을 부담하게 된 경우에도 민법 제756조 제3항에 따라 관리자에 대한 구상권 행사가 긍정된다. 관리자가 이행보조자로서 사용자에 대하여 부담하는 손해배상 의무는 사용자와의 근로계약관계로부터 비롯되는 것이다. 다만 사용자가 이행보조자인 관리자의 선임 및 사무감독에 상당한 주의를 한 때 또는 상당한 주의를 하여도 손해가 발생한 경우에는 사용자는 민법 제756조 제1항 단서를 근거로 자신의 책임이 없다는 주장을 할 수 있다.[59] 사용자와 관리자 사이에 그 관리자에 대한 상급자로서 관리책임을 지는 관리자가 존재하는 경우 그 관리자도 민법 제756조 제2항에 따라 사용자와 동일한 책임을 지게 된다.

4. 단체협약 또는 취업규칙에 의한 의무

사업 또는 사업장에 존재하는 단체협약 또는 취업규칙, 노사합의서 등에 직장에서의 괴롭힘을 방지하고 금지하기 위한 조항이 있는 경우, 또는 그러한 행위를 금지하는 것으로 해석될 수 있는 관련 조항이 있는 경우 그 사업 또는 사업장의 관리자는 그러한 단체협약이나 취업규칙 등에 근거하여 의무를 부담하게 된다. 즉 관리자 자신도 괴롭힘을 하거나 주도하여서는 안 되며, 사용자의 이행보조자로서 다른 근로자들이 괴롭힘을 중단하도록 조치하고 피해 근로자를 보호하기 위한 적절한 조치를 취해야 할 의무를 부담하는 것이다. 그리고 그에 위반한 경우 위반에 따른 책임을 지게 될 것이다. 이 책임의 내용은 해당 사업 또는 사업장의 단체협약 또는 취업규칙상의 징계 등 관련 절차의 진행, 당사자들 사이에서의 채무

58) 이은영, 「채권총론」, 2006, 259쪽.

59) 양창수·김재형, 「계약법」, 2015, 417쪽은 사용자가 단지 선임감독상의 주의의무만을 진다고 보기는 어렵다는 이유로, 사용자가 채무불이행책임을 면할 수 없다고 본다.

불이행책임 등 민사책임이 주가 될 것이다.

5. 불법행위책임

관리자는 사용자와 마찬가지로 자신이 관리하는 근로자가 괴롭힘을 당하지 않도록 보호해야 하는 의무가 있다. 따라서 선임 및 감독상의 부주의로 인해 근로자가 다른 근로자들로부터 괴롭힘을 당한 경우 민법 제756조에 의한 사용자책임을 부담하게 될 수 있다. 괴롭힘 가해자의 행위가 피해 근로자에게 정신적·신체적·재산적 손해를 발생시킨 경우에는 민법 제750조에 의해 불법행위가 될 수 있다는 것을 전제로 한다. 괴롭힘 행위가 행위자의 고의나 과실 없이 발생할 수 있다고는 생각하기는 어렵다. 관리자 본인이 괴롭힘 가해자인 경우 직접 민법 제750조에 의한 불법행위책임을 부담하게 되는 것은 물론이다. 관리자가 직접 괴롭힘 가해자일 때에는 사용자가 민법 제756조에 의한 책임을 부담하게 될 수 있다.

이처럼 직장에서의 괴롭힘 행위가 민법 제750조 등에 따른 불법행위책임을 구성할 수 있다는 것은 우리 법질서가 사회 구성원들에게 그러한 행위를 해서는 안 된다는 의무를 부과하고 있는 것이라고 볼 수 있다. 관리자가 부담하게 되는 불법행위책임은 관리자가 그러한 불법행위를 하지 말아야 한다는 의무가 인정되어야 하는 근거가 될 수 있다.

괴롭힘 피해 근로자에게 업무상 재해가 인정된 경우, 관리자 자신이 직접 가해자가 아니라면 관리자는 사용자와 동일한 지위에 있으므로 보험금을 지급한 근로복지공단의 구상권 행사를 거부할 수 있다. 다만 관리자 스스로가 괴롭힘 가해 행위자인 경우에는 근로복지공단의 구상권 행사를 거부할 수 없다. 근로자가 괴롭힘 가해자인 경우에도 같은 설명이 가능할 것이다.

Ⅲ. 근로자 사이에서의 직장에서의 괴롭힘 금지 및 방지 의무

1. 근로계약관계 부존재로 인한 의무부과의 어려움

근로자들 사이에서 발생하는 괴롭힘은 근로계약관계의 틀 안에서 해법을 찾기는 어렵다. 근로계약관계는 근로자와 사용자 사이에 존재하는 것일 뿐 동일한 사용자와 각각 근로계약관계를 맺고 있는 근로자 상호 간에는 근로계약관계를 인정할 수 없기 때문이다.[60] 그 외에 우리 노동관계법규가 근로자 서로 간의 배려의무나 차별금지의무를 규정하고 있는 것도 아니다. 근로기준법 제6조의 차별금지 규정은 사용자에게 차별금지 의무를 부과하는 규정이고, 노동조합 및 노동관계조정법[61] 제9조의 차별금지 규정은 노동조합에 대하여 조합원들을 차별해서는 안 된다는 의무를 부과하는 규정일 뿐이다. 개정 근로기준법 제76조의2가 근로자에게 다른 근로자에 대하여 괴롭힘 행위를 해서는 안 된다는 의무를 직접적으로 부과하는 근거가 되는 유일한 성문법 규정이라고 할 수 있다.

근로자에게 직장에서 다른 근로자를 괴롭히는 행위를 해서는 안 된다는 의무를 부과하거나 또는 괴롭힘 발생을 방지하여야 한다는 의무를 부담시킬 수 있는 근거를 개정 근로기준법 이외에 다른 법률에서 직접 규율하고 있는 경우를 찾을 수는 없다. 하지만, 사용자와의 근로계약관계에 수반하는 부수적 의무로서는 이를 인정할 수 있는 가능성이 있다. 바로 성실의무와 안전배려의무이다. 해당 사업 또는 사업장의 단체협약이나 취업규칙에 관련 규정이 있을 경우 그 규정도 의무 부과의 근거가 될 수 있다.

---

60) 김영문, '직장 내에서의 유해행위(mobbing)에 대한 법적 구제수단', 「법조(통권 498호)」, 1998, 152쪽.

61) 법률 제15849호, 2018. 10. 16. 시행.

2. 근로자의 성실의무

(1) 근로자의 성실의무의 개념과 인정 근거

근로자는 주된 근로제공 의무 외에도 계속적 채권관계에서 발생하는 부수적 의무를 부담한다.[62] 이 부수적 의무는 근로계약관계 당사자 사이의 특별한 약정이 없어도 인정되는 것으로서 당사자 쌍방이 상대방의 이익을 고려하여 성실히 행동하여야 한다는 것이다.[63] 부수적 의무로서 성실의무를 인정하는 근거는 신의성실의 원칙이다.[64] 근로계약관계는 지속적 채권관계로서 인적·계속적 성격이 강하다는 특성을 갖기 때문에 계약 당사자 쌍방에게 계약의 존속과 이행 과정에서 일반적인 계약관계와는 다른 부수적 의무를 인정할 필요가 있다.[65] 이 부수적 의무를 성실의무라고 부른다.[66] 성실의무의 일환으로 근로자는 근로계약관계에 따른 의무를 이행하거나 권리를 행사할 때에 자신이 근로를 제공하는 사업 또는 사업장과 관련된 사용자의 이익이 유지되도록 해야 할 의무를 부담한다.[67] 근로자들이 특정 근로자를 집단적으로 괴롭히는 행위는 피해를 당한 근로자의 근로능력을 저하시키거나 상실되도록 하는 행동으로서 그 근로자들이 소속되어 있는 사업 또는 사업장의 생산능력 저하를 가져오고 결국 사용자의 이익을 저해하는 행위로 이어지게 된다. 그러므로 자신이 근로계약관계를 맺고 있는 사용자와 함께 동일한 사업 또는 사업장에서 근로계약관계를 맺고 있는 근로자에게 괴롭힘을 가하는 행위는 직접 근로계약상의 주된 의무를 해태하거나 위반하는 것으로는 볼 수는 없지

62) 김형배, 「노동법」, 2018, 326쪽; 임종률, 「노동법」, 2018, 354쪽; 菅野和夫, 「勞働法」, 2008, 73쪽; Brox·Rüthers·Henssler, 「Arbeitsrecht」, 2004, 76쪽.

63) 菅野和夫, 「勞働法」, 2008, 73쪽.

64) 김형배, 「노동법」, 2018, 326쪽; 임종률, 「노동법」, 2018, 354쪽.

65) 김형배, 「노동법」, 2018, 326쪽; 菅野和夫, 「勞働法」, 2008, 73쪽.

66) 임종률, 「노동법」, 2018, 354쪽.

67) Brox·Rüthers·Henssler, 「Arbeitsrecht」, 2004, 76쪽.

만 부수된 의무로서 성실의무를 위반한 것으로 볼 수 있다.[68)]

⑵ **성실의무 위반의 효과**

근로자가 부수적 의무인 성실의무에 유책하게 위반하여 사용자에게 손해를 끼치고 그 손해를 사용자가 입증하는 경우 근로자는 채무불이행 책임을 지게 된다.[69)] 부수적 의무와 주된 의무는 구별되어야 하지만 채권자와 채무자가 부수적 의무를 위반할 경우 주된 의무가 완전하게 이행될 수 없으므로 부수적 의무는 주된 의무와 유기적으로 결합되어 있다고 보는 것이 타당하다. 그러므로 부수적 의무 위반도 채무불이행책임을 구성할 수 있다고 보아야 한다. 사용자는 해당 근로자에 대하여 손해배상을 청구하거나 근로계약을 해지할 수 있을 것이다.[70)]

3. 사용자의 이행보조자로서의 책임

일반적으로 근로자가 동료 근로자에 대한 사용자의 안전배려의무 또는 균등대우의무의 이행보조자가 된다고 볼 수는 없다.[71)] 사용자가 특정 근로자를 자신이 다른 근로자에 대하여 부담하는 의무를 이행하기 위한 이행보조자로 지목하여 특별히 의무를 부과한 경우를 제외하면 근로자가 동료 근로자에 대하여 사용자의 이행보조자가 되는 경우는 없다고 보아야 한다. 특별한 경우로는 사용자가 어떤 근로자를 다른 근로자에 대한 멘토(mentor)로 위촉하여 멘티(mentee)인 근로자를 지원하도록 한 경우를 상정할 수 있다. 멘토인 근로자가 멘티인 근로자를 직접 괴롭히거나 멘티인 근로자가 다른 근로자나 상급자 등으로부터 괴롭힘을 당하는 상

---

68) Shih-Hao Liu, 「Arbeitsrechtliche Discriminierung durch Arbeitnehmer」, 2001, 71쪽.

69) 김형배, 「노동법」, 2018, 330쪽; 菅野和夫, 「勞働法」, 2008, 76쪽.

70) 임종률, 「노동법」, 2018, 356쪽.

71) 근로자를 동료 근로자의 안전배려의무 또는 균등대우의무의 이행보조자로 볼 수 있는가의 문제는 제4장 제3절 Ⅱ. 2. 이하에서 자세히 검토하기로 한다.

황을 인지하고 있으면서도 이를 방치 또는 은폐했다면 멘토인 근로자는 사용자의 이행보조자로서의 책임을 부담하게 될 수 있다.

4. 단체협약 또는 취업규칙에 의한 의무

단체협약 또는 취업규칙에 해당 사업 또는 사업장 구성원 사이의 괴롭힘을 금지하거나 이러한 행위를 방지할 의무를 부과하는 사항이 규정되어 있는 경우, 또는 그러한 행위를 금지하는 것으로 해석될 수 있는 규정이 있는 경우에는 근로자는 그러한 단체협약이나 취업규칙에 근거하여 직장에서의 괴롭힘을 하지 않거나 또는 그러한 행위가 발생할 경우 이를 저지하고 회복시킬 수 있는 조치를 취할 의무를 부담하게 된다.

5. 불법행위책임

동료 근로자의 괴롭힘 행위로 인해 피해 근로자가 정신적·신체적·재산적 피해를 당한 경우 동료 근로자의 괴롭힘 행위는 민법 제750조에 의한 불법행위를 구성한다. 따라서 가해 근로자는 피해 근로자에 대하여 불법행위로 인한 책임을 부담해야 한다. 근로자의 다른 근로자에 대한 괴롭힘 행위는 개정 근로기준법 제76조의2 위반이 되므로 불법행위 성립을 인정하기가 용이하다. 민법 제750조 등의 존재는 타인에 대한 부당한 괴롭힘 행위를 하지 말도록 의무를 지우는 근거규정이 될 수 있다. 또한, 사용자는 자신의 사업 또는 사업장에서 소속 근로자가 괴롭힘을 당하지 않도록 보호해야 하는 의무가 있으므로, 동료 근로자가 업무수행 과정에서 다른 근로자에게 괴롭힘 가해행위를 한 경우 민법 제756조 제1항에 따라 그 손해를 배상할 책임을 부담한다. 가해자의 괴롭힘 행위가 민법 제750조의 불법행위를 구성하기 위해서는 행위자에게 고의 또는 과실이 인정되어야 한다. 괴롭힘 가해자가 비록 법질서에 위반되는 행위를 한다는 인식을 가지고 있지 않을 수도 있다.[72] 하지만 자신이 상대방을 괴롭히고

72) 김형배, 「노동법」, 2018, 2498쪽.

있다는 인식은 없을 수 없으며, 우리 법질서 전체의 관점에서 그러한 행위가 금지된다는 점을 인식하지 못했다는 것은 행위자의 과실로 인정될 가능성이 매우 크다. 사용자로부터 정당한 권한을 부여받은 부서장 등 관리자도 동일한 책임을 부담한다. 다만 사용자나 관리자는 자신의 선임 및 사무감독상 주의의무를 다했거나 또는 상당한 주의를 하였어도 손해가 발생했을 것이라는 점을 입증한 경우에는 그 책임을 면한다.

만약 괴롭힘을 당한 피해 근로자가 입은 피해가 업무상 재해로 인정되어 근로복지공단에 보험급여를 청구할 수 있게 된 경우에는 보험급여를 지급한 근로복지공단이 사후에 괴롭힘 가해자에게 구상권을 행사할 수 있다.[73] 일반적으로 작업을 하던 중 동료 근로자가 과실로 또는 과실 없이 사고를 유발하여 동료 근로자가 재해를 입는 경우와 달리, 직장에서의 괴롭힘의 경우 괴롭힘 가해자에게 고의나 중대한 과실이 없다고 보기는 어려울 것이다.

제3절 직장에서의 괴롭힘 방지 의무의 내용

앞에서는 현행법 아래에서 사용자, 관리자, 근로자들에게 괴롭힘 행위를 금지하고 그러한 행위가 발생했을 경우 원상회복을 도모하고 책임자를 제재할 수 있도록 의무를 부과할 수 있는 근거가 있는지 검토하였다. 직장에서의 괴롭힘을 해결하기 위해서는 동료 근로자는 물론 사용자 및 노동조합 등 노동관계 주체들의 자율적 기여가 필수적이다. 하지만 노동관계 당사자들이 자율적으로 괴롭힘의 해결에 참여할 것을 무작정 기다릴 수만은 없다. 사용자나 관리자 등이 적절하게 직장에서의 괴롭힘 방지

---

73) 김형배, 「노동법」, 2018, 338쪽 이하; 박지순, '동료근로자의 가해행위로 인한 업무상 재해와 산업재해보상보험법상의 구상권', 「노동법학(제22호)」, 2006, 374쪽 등은 직장에서의 괴롭힘 문제를 다루고 있지는 않지만 동료 근로자의 고의 또는 중대한 과실이 있는 경우 근로복지공단의 구상권을 인정하고 있다. 대판 2004. 12. 24, 2003다33691은 구상권 행사를 인정하지 않는다.

와 해결에 임하고 노력하도록 법률 등을 통해 의무를 부과할 필요가 있다. 앞에서 우리는 개정 근로기준법의 내용을 포함하여, 사용자의 안전배려의무와 균등대우의무, 고충처리의무, 관리자의 성실의무와 이행보조자 책임, 근로자 사이의 성실의무, 단체협약 또는 취업규칙에 해당 규정이 있는 경우 발생하는 의무 등 근로계약관계로부터 도출될 수 있는 의무 부과의 근거에 대하여 살펴보았다. 아래에서는 동료 근로자, 사용자, 노동조합에 대한 직장에서의 괴롭힘에 대한 사전방지 및 사후조치 의무의 내용에 대해 법률, 단체협약, 취업규칙 순으로 검토해 보고자 한다.

Ⅰ. 법률로 부과되어야 하는 괴롭힘 금지 및 사후조치 의무

1. 사용자에 대한 사전 및 사후조치 의무 부과

⑴ 사용자에 대한 의무부과의 필요성

사용자에게 직장에서의 괴롭힘 행위 발생을 예방하고 그러한 행위가 발생했을 경우 적절한 원상회복 조치를 취하도록 법률을 통해 의무를 부과하는 것은 현실적으로 큰 필요가 없다고 볼 수도 있다. 대부분의 사용자는 자신이 경영하는 사업 또는 사업장의 질서를 유지하고 생산성을 향상시키며 장기적으로 지속적인 성장을 도모하기 위해서 일반 근로자로부터 관리자에 이르기까지 조직 구성원들이 조화롭고 원만한 관계를 유지하는 것을 바라기 때문이다. 그러나 모든 사용자의 인식 수준이 동일하다고 볼 수 없고, 사용자가 스스로 직장에서 조직 구성원에게 괴롭힘을 행하는 경우도 흔치 않게 발견되고 있는 상황을 고려하면 사용자에게 직장에서의 괴롭힘 예방과 사후 조치 의무를 일률적으로 부과하는 내용을 법률로 규정하는 방안을 모색하는 것은 충분히 실익이 있다. 이와 같은 직접적인 입법은 사용자가 자발적으로 직장에서의 괴롭힘 방지 및 원상회복을 위한 조치를 취하지 않음으로 인해 괴롭힘 피해 근로자가 보호와 구제를 받지 못하게 되는 것을 방지하고 보호의 사각지대를 없애는 효과가 있을 것으로 기대된다. 개정 근로기준법 제76조의3에 규정되어 있는 사항들은 적용 범위와 내용에 제한이 있지만, 그와 같은 효과를 기대할 수 있는 입법의 첫 시도라는 점에서 의미가 있다.

⑵ 외국의 입법례

직장에서 발생하는 괴롭힘에 대응하는 법규를 제정하는 것이 모든 나라들의 일반적인 모습은 아니다. 우리가 흔히 입법례를 참조하는 미국, 독일, 일본 등의 나라들은 직장에서의 괴롭힘을 규율하는 별도의 법률을 제정하지 않고 있다. 별도의 법률의 제정하지 않은 나라들의 경우 노동 관련 법률들에 포함되어 있는 준용 가능한 규정들을 적용하거나 근로계약관계에서 도출되는 일반 법원칙에 근거하여 직장에서의 괴롭힘과 관련한 법률 분쟁을 해결하고 있다.

그러나 직장에서의 괴롭힘에 관한 상세한 내용들을 법률에 규정하고 있는 사례도 쉽게 찾아볼 수 있다. 일찍이 Leymann 교수가 직장에서의 괴롭힘 문제를 본격적으로 연구하기 시작했던 나라인 스웨덴이 대표적이다. 스웨덴의 작업환경에 존재하는 폭력과 협박을 방지하기 위한 조치에 관한 조례(AFS 1993:2)[74] 제2조는 "사용자는 작업 중에 존재할 수 있는 폭력의 위험이나 위협에 대하여 조사하고 그 조사에 따른 조치를 취해야 한다."고 하여 사용자의 예방 의무를 규정하고 있고, 직장에서의 괴롭힘에 대한 조치에 관한 조례(AFS 1993:17)[75] 제6조는 직장에서의 괴롭힘에 대한 사용자의 신속한 조치의무를 규정하고 있다. 스웨덴뿐만 아니라 벨기에의 직장에 있어서 폭력, 정신적 괴롭힘 또는 성적 괴롭힘으로부터의 보호에 관한 법률,[76] 네덜란드의 1994년 노동환경법,[77] 프랑스의 노동법

74) www.av.se/inenglish/lawandjustice/provisions/
75) www.av.se/inenglish/lawandjustice/provisions/
76) Duncan Chappell·Vittorio Di Martino, 「Violence at Work」, 2006, 157쪽.
77) Duncan Chappell·Vittorio Di Martino, 「Violence at Work」, 2006, 154쪽.

전[78] L. 1152-4조 등 직장에서의 괴롭힘에 대한 대응 입법이 이루어진 대부분의 국가에서는 사용자에 대한 괴롭힘 방지 의무 및 피해자 보호와 원상회복을 위한 사후조치 의무가 빠지지 않고 규정되어 있다. 핀란드의 경우에는 산업안전보건법에서 직장에서의 괴롭힘에 대한 근로자와 사용자의 의무를 규정하고 있다.[79] 핀란드 산업안전보건법 제28조는 괴롭힘(harassment)이라는 표제 하에 "근로자의 괴롭힘 또는 부적절한 대우가 직장에서 발생하고 그것이 근로자의 건강에 위해 또는 위험을 초래할 경우 사용자는 그 사실을 알게 된 이후에는 그러한 상황을 개선하기 위한 가능한 모든 조치를 취해야 한다."는 의무를 부과하고 있다. 같은 법 제18조 제3항은 근로자는 근로자의 일반적 의무로서 작업장에서 안전 또는 건강에 위험 또는 위협을 초래하는 다른 근로자의 괴롭힘 및 부적절한 대우를 피해야 한다고 규정하고 있다.

(3) 사용자에 대한 의무부과 사항의 구체화

① 직장에서의 괴롭힘 예방 교육

직장 내 성희롱 예방 교육은 법률로 실시가 의무화되어 있기 때문에 사용자는 남녀고용평등과 일·가정 양립 지원에 관한 법률 제13조 등에 따라 매년 의무적으로 교육을 실시하여야 한다. 그러나 직장에서의 괴롭힘에 대해서는 그러한 법률상 의무가 부과되지 않기 때문에 국내에서 이러한 교육을 실시하고 있는 사례는 포스코 등 일부 경우를 제외하고는 찾아보기 어렵다. 최근 성희롱 예방 교육 등 유사한 교육 서비스를 제공하는 일부 전문 업체 중에서 직장에서의 괴롭힘 예방에 대한 교육을 대행하는 경우가 발견되기는 한다. 직장에서의 괴롭힘은 근로자 개인의 인격을 파괴함은 물론 사업 또는 사업장 전체의 질서를 훼손하고 생산성을

78) www.legifrance.gouv.fr/affichCode.do?cidTexte=LEGITEXT000006072050&dateTexte=2008 0501

79) www.finlex.fi/fi/laki/kaannokset/2002/en20020738.pdf

저하시킬 수 있는 매우 중대한 문제이기 때문에 사용자로서는 피해 근로자는 물론 자신의 원활한 사업의 영위를 위해 적극적인 예방 노력을 할 필요가 있다. 그리고 가장 기본적인 예방 노력으로서 전체 근로자를 대상으로 하여 정기적으로 직장에서의 괴롭힘 예방에 대한 교육을 실시하는 것을 생각할 수 있다. 현행 장애인차별금지 및 권리구제 등에 관한 법률 제32조 제6항도 국가 및 지방자치단체에 대하여 "장애인에 대한 괴롭힘 등을 근절하기 위한 인식개선 및 괴롭힘 등 방지 교육"을 실시하고 적절한 시책을 강구할 의무를 부과하고 있으며, 장애인 고용촉진 및 직업재활법[80] 제5조의2는 사업주에게 매년 1회 이상 직장내 장애인 인식개선 교육을 실시하도록 의무화하고 있는데 괴롭힘 예방 교육과 관련하여 참고가 될 수 있을 것이다. 현재로서는 사용자에게 "근로기준법 제76조의2에 따른 직장 내 괴롭힘 예방을 위한 조치기준 마련, 지도 및 지원" 책무를 부과하는 개정 산업안전보건법 제4조 제1항 제3호가 사용자가 직장에서의 괴롭힘 예방 교육을 실시하도록 하는 간접적 근거가 될 수 있다고 생각된다.

일본 도요타그룹 계열사들은 오래전부터 직장에서의 괴롭힘 방지 교육을 실시하고 있는 것으로 유명하다. 직장에서의 괴롭힘인 いじめ는 물론 상급자에 의한 하급자에 대한 괴롭힘 행위인 パワハラ에 대해서도, 성희롱 예방 교육과 함께 정기적으로 사원들에게 홍보하고 교육하고 있다. 직장에서의 괴롭힘에 대한 대응 매뉴얼[81]이 잘 개발되어 있으며, 성희롱 예방 교육 자료도 함께 사업장에 비치하고 있다. 직장에서의 괴롭힘 방지 교육을 실시하도록 일본 국내법규가 규정하고 있는 것은 아니다. 그러나 도요타그룹은 이와 같은 교육을 실시하는 것이 조직을 건강하고 안전하게 유지하는 것은 물론 장기적인 생산성 유지·향상에도 도움이 된다고 판

80) 법률 제15851호, 2018. 10. 16. 시행.

81) 豊田通商株式會社, 「不祥事撲滅!」, 2008, 11쪽 이하.

단하여 자발적으로 교육을 실시하고 있는 것이다.

직장에서의 괴롭힘 예방 교육의 내용은 직장에서의 괴롭힘의 개념과 유형, 괴롭힘 행위자의 불이익, 괴롭힘을 당했을 경우의 구제수단, 괴롭힘 피해 근로자에 대한 원상회복 조치의 내용 등이 될 것이다. 근로자들에게 직장에서의 괴롭힘이 어떠한 것이고, 어떤 행위유형들이 그에 속하는지를 주지시킴으로써 동료 근로자들에 대한 자신들의 행위나 태도가 괴롭힘 행위에 해당하는지 아닌지 스스로 판단하여 회피할 수 있도록 해야 한다. 가해 행위자가 자신의 가해행위의 위법성과 심각성을 인식하지 못하는 경우가 많기 때문이다. 또한, 피해 근로자들이 구제받을 수 있는 방법을 알림으로써 피해 근로자들이 괴롭힘 피해로부터 벗어나 신속히 이전의 상태로 회복할 수 있도록 해야 한다.

직장에서의 괴롭힘에 대한 예방 교육이 실시되도록 하는 방안은 정부의 교육자료 개발과 보급, 적극적인 홍보활동이 전제된 위에 기업들이 자발적으로 교육에 임하도록 하는 것이 타당하다고 생각한다. 무엇보다 중요한 것은 현재의 성희롱 예방 교육처럼 형식적이고 실효성 없는 교육으로 전락하지 않도록 주의해야 한다는 점이다.

② 단체협약·취업규칙·노사협의회 규정 정비

사용자는 취업규칙을 정비하여 근로자들이 괴롭힘 행위를 할 수 없도록 금지하고, 그러한 행위가 발생한 경우 가해 근로자에 대한 징계 등의 조치가 가능하도록 하여야 할 것이다. 프랑스의 경우와 같이 우리나라 개정 근로기준법 제93조 제11호는 취업규칙의 필요적 기재사항으로 "직장 내 괴롭힘의 예방 및 발생 시 조치 등에 관한 사항"을 규정하도록 정하고 있다. 그 외에 취업규칙 등에 규정된 징계 조항은 직장에서의 괴롭힘의 가해 근로자들에 대한 징계 수단인 동시에 근로자들이 직장에서의 괴롭힘 행위를 경계하도록 하는 예방 수단이 될 수 있을 것이다. 지금도 일선에서 활용되고 있는 취업규칙들을 보면, 직접 직장에서의 괴롭힘 행위를 규율하기 위해 만들어진 것은 아니지만 직장에서의 괴롭힘 가해 행위자에 대하여 적용할 수 있는 규정을 발견하기는 어렵지 않다. “고의 또는 중대한 과실로 업무상의 재해 또는 분쟁을 야기하거나 병원에 중대한 손해를 초래케 한 경우”, “폭언, 폭행 업무방해 기타 병원의 질서와 풍기를 문란케 한 경우” 등을 징계사유로 규정하고 있는 광주상무병원 취업규칙,[82] “고의·과실로 공단에 손해를 끼쳤을 때”를 징계 사유로 규정한 철도시설공단 인사규정[83] 등이 대표적이다.

노동조합 및 노사협의회 근로자위원과의 협조를 통해 단체협약과 노사협의회 규정 등에 관련 조항을 두는 것도 필요하다. 특히 사용자의 직장에서의 괴롭힘 예방 교육 실시를 의무화하기 위해 단체협약에 사용자의 직장에서의 괴롭힘 예방 교육 의무를 규정하는 것도 효과적일 것이다. 단체협약에는 직장에서의 괴롭힘 피해 근로자에 대한 해고 금지와 괴롭힘 피해 근로자 구제조치에 대한 노동조합의 협조 의무 규정을 두어 피해 근로자를 보호하는 방안도 반드시 고려되어야 한다. 노사협의회 규정에는 노사협의회 협의사항으로 직장에서의 괴롭힘 문제를 명시하고 이와 관련된 분쟁이 있을 경우 해결 절차를 정해 놓을 수 있을 것이다.

③ 괴롭힘 가해자에 대한 징계

직장에서의 괴롭힘이 발생한 경우 괴롭힘 가해자에게 사용자가 취할 수 있는 조치로 대표적인 것은 가해 행위자에 대한 징계가 될 것이다. 개정 근로기준법 제76조의3 제5항도 사용자가 괴롭힘 가해 근로자에 대하

---

82) 광주상무병원, 「취업규칙」, 2005, 제67조(징계사유) 제1호 고의 또는 중대한 과실로 업무상의 재해 또는 분쟁을 야기하거나 병원에 중대한 손해를 초래케 한 경우, 제3호 개인의 불평불만으로 직원을 선동한 자, 제7호 폭언, 폭행 업무방해 기타 병원의 질서와 풍기를 문란케 한 경우 등.

83) 철도시설공단, 「인사규정」, 2006, 제41조(징계의 사유) 제3호.

여 지체 없이 징계 등의 조치를 해야 한다고 규정하고 있다. 사용자가 가해 행위자를 징계하려면 취업규칙 또는 단체협약에 그 사항이 징계사유의 하나로 규정되어 있어야 한다.[84] 따라서 개정 근로기준법 제93조 제11호가 규정하는 "직장 내 괴롭힘의 (중략) 발생 시 조치 등에 관한 사항"에는 가해 행위자에 대한 징계가 포함되어야 한다. 직장에서의 괴롭힘이 단체협약이나 취업규칙 등에 징계사유로 규정되어 있지 않은 경우에도, 만약 사용자가 가해 행위자에 대하여 특정 근로자에 대한 괴롭힘 행위를 하지 말 것을 여러 차례 지시하였음에도 불구하고 가해 행위자가 그에 위반하여 계속해서 괴롭힘 행위를 했다면 지시 위반 등의 사유를 적용하여 징계할 수 있는 수단은 있다.[85] 괴롭힘 행위로 인해 파생적인 문제가 발생한 경우 그 문제에 적용할 수 있는 징계 사유가 취업규칙이나 단체협약에 규정되어 있다면 그 조항이 징계의 근거가 될 수도 있다.

가해 행위자에 대한 징계의 종류는 견책으로부터 해고에 이르기까지 가해행위의 정도와 그로 인한 피해의 정도, 개선 가능성 등 다양한 사항을 고려하여 사용자 또는 징계위원회가 결정할 수 있을 것이다. 이 경우 해고는 행태상의 사유에 의한 해고로서 근로기준법 제23조의 요건에 따라 해고할 수 있다. 괴롭힘 발생과 관련하여 가해자와 피해 근로자 쌍방에 모두 고의 또는 과실이 있다면 쌍방에 대한 징계가 가능하다는 논의가 있을 수 있다. 그러나 직장에서의 괴롭힘은 힘의 우위성을 배경으로 하여 일방적으로 가해지는 특성이 있으므로 쌍방 징계의 문제를 상정하는 것은 일반적인 모습이라고 하기는 어렵다.

---

84) 대판 1998. 2. 10, 95다39533.

85) 김영문, '직장 내에서의 음해행위(mobbing)에 대한 법적 구제수단', 「법조(통권 498호)」, 1998, 156쪽.

④ 배치전환 등 재발 방지 조치

직장에서의 괴롭힘이 재발하지 않도록 하기 위한 조치로서 배치전환이 고려될 수 있다. 배치전환은 근로자의 직무내용 또는 근무 장소를 변경하는 것을 말한다.[86] 괴롭힘 피해자에 대한 배치전환, 가해 행위자들에 대한 배치전환 등 두 가지를 모두 고려할 수 있을 것이다. 배치전환은 가해 행위자와 피해 근로자가 접촉하지 못하도록 차단함으로써 괴롭힘이 발생할 가능성을 없애는 격리조치인 동시에 피해 근로자의 원만한 업무복귀를 위한 보호조치가 될 수 있다. 직장에서의 괴롭힘을 이유로 한 배치전환에는 가해자에 대한 배치전환과 피해 근로자에 대한 배치전환이 모두 고려될 수 있지만 원칙적으로는 가해 근로자를 배치전환 하는 것이 바람직하다. 정기적인 인사조치가 예정된 시기가 아닌 때에 예외적인 배치전환 조치가 행해지면 조직 구성원들은 그 배치전환의 대상이 된 근로자에게 특별한 원인이 있다고 생각하는 것일 일반적이기 때문이다. 이때 특별한 원인은 성과에 대한 보상이 아닌 경우에는 부정적인 사유가 있기 때문이라고 인식되는 경우가 대부분이다. 괴롭힘 피해 근로자는 조직 내에서 다른 구성원들의 무의식적 낙인으로부터도 특별히 보호되어야 할 필요가 있다. 따라서 괴롭힘 가해자나 피해 근로자 양자 모두 배치전환이 가능한 상황이라면 가해 근로자에 대한 배치전환이 우선 시행되는 것이 타당하다. 물론 피해 근로자가 자신의 배치전환을 희망하는 경우에는 피해 근로자의 의사가 존중되어야 할 것이다. 조직 내에서 배치전환을 함에 있어서 가해 근로자 및 피해 근로자의 종전 업무, 기능, 생활상 불이익 등이 고려되어야 한다. 대법원 판례는 업무상 필요성이 있는 이상 배치전환에 근로자의 동의는 필요하지 않다고 한다.[87]

---

86) 김형배, 「노동법」, 2018, 576쪽.

87) 대판 2000. 4. 11, 99두2963; 대판 1997. 12. 12, 97다36316.

개정 근로기준법 제76조의3 제3항은 피해 근로자와 피해를 당했다고 주장하는 근로자를 보호하기 위해 사용자가 피해 근로자나 피해를 입었다고 주장하는 근로자에 대하여 근무장소의 변경, 유급휴가 명령 등의 조치를 하도록 의무를 부과하고 있다. 같은 조 제4항은 피해 사실이 확인된 피해 근로자에 대하여 사용자가 근무장소의 변경, 배치전환, 유급휴가 명령 등의 조치를 하도록 의무를 부과하여, 가해 행위자로부터 피해 근로자를 격리하고 괴롭힘 피해를 당했던 장소로부터 분리하여 원만한 회복을 도모할 수 있도록 하고 있다. 그 외에 가해 행위자에 대해서는 같은 조 제5항에서 징계, 근무장소의 변경 등 필요한 조치를 하도록 규정하고 있다. 이 규정들은 직장에서 괴롭힘이 행해졌을 경우 사용자가 피해 근로자나 가해 행위자에 대하여 배치전환 등의 조치를 할 수 있는 근거가 될 수 있다. 특히 제3항과 제5항은 그러한 조치를 하는 과정에서 사용자가 피해 근로자의 의견을 들어야 한다고 명시하고 있다.

⑤ 피해 근로자 보호를 위한 조치

피해 근로자 보호와 원상회복을 위해 사용자가 자신의 사업 또는 사업장에 소속된 근로자들이 전문 상담자나 정신과 전문의 등에게 상담을 받을 수 있도록 절차를 만드는 등의 조치를 하도록 의무를 부과할 필요가 있다. 상담을 받을 수 있도록 하는 방법에는 사업 또는 사업장에 전속된 상담자를 배치하는 방법과 전문 상담 기관을 지정하여 근로자가 무료로 상담을 받을 수 있도록 하는 방법 등 다양한 방안이 고려될 수 있을 것이다. 근로자 수 기준으로 일정 수 이상의 근로자를 채용하고 있는 사업 또는 사업장의 경우에는 전담 상담자를 배치하도록 하고 일정 규모 이하의 사업 또는 사업장의 경우에는 지역 단위로 정부가 요건을 정하여 상담 기관을 지정하고 그 기관을 이용하여 근로자들이 상담과 치료를 받을 수 있도록 하는 것이 바람직하다고 생각된다. 전문 상담자를 배치하고 실태 조사를 하는 등 사용자의 의무를 상세히 규정한 사례는 벨기에에서 찾을

수 있다.[88)]

다만 이러한 의무 부과는 사용자에게 예상치 못했던 비용을 부담하도록 하는 것으로서 인건비를 비롯한 전반적인 경영 비용 상승의 원인이 된다. 상담자 배치나 상담 기관 지정과 관련된 비용은 일정 부분을 정부나 고용보험 기금에서 지원하도록 하는 방안이 검토되어야 할 것이다.

또한, 괴롭힘을 당한 근로자가 오히려 사용자에 의해 해고되는 것을 방지하기 위해서 직장에서의 괴롭힘을 이유로 문제 제기를 하거나 구제를 신청한 근로자를 일정 기간 해고하지 못하도록 하는 의무를 부과하는 것도 고려하여야 할 것이다. 개정 근로기준법 제76조의3 제6항은 "사용자는 직장 내 괴롭힘 발생 사실을 신고한 근로자 및 피해근로자등에게 해고나 그 밖의 불리한 처우를 하여서는 아니 된다."라고 규정하여 이미 불이익 처우 금지를 규정하고 있다. 그러나 사용자가 해고 사유를 달리하는 우회적인 방법으로 해고 등의 불이익한 조치를 할 가능성이 있으므로, 해고 시기 제한 규정을 도입하는 것이 바람직하다. 사용자가 업무상 부상 또는 질병의 요양을 위해 휴업한 근로자와 산전·후 휴가를 사용하는 근로자를 그 기간과 그 후 30일 동안 해고할 수 없도록 규정한 근로기준법 제23조 제2항의 해고 시기 제한 규정, 사업 또는 사업장에서 근로기준법 등에 위반한 사실을 행정관청 등에 통보한 근로자를 그 이유로 해고나 그 밖에 불리한 처우를 하지 못하도록 규정한 근로기준법 제104조, 정당한 노동조합 활동을 한 것을 이유로 또는 부당노동행위 사실을 행정관청에 신고하거나 증언한 것 등을 이유로 해고하지 못하도록 한 노동조합 및 노동관계조정법 제81조 등의 해고 사유 제한 규정 등에서 이미 유사한 사례가 있으므로 입법기술적으로 문제가 될 것은 없다.

---

88) 자세한 내용은 제5장 제2절 Ⅰ. 2. 이하 참조.

2. 노동조합 또는 근로자대표에 대한 괴롭힘 방지 및 조치 의무부과

노동조합은 직장에서 발생하는 괴롭힘에 대하여 방관적이거나 소극적 태도를 취하게 될 가능성이 크다. 괴롭힘 가해자와 피해 근로자가 모두 조합원인 경우 노동조합의 방관 가능성은 더욱 커진다. 많은 경우 괴롭힘 가해자가 피해 근로자보다 노동조합 내에서 더 영향력이 높은 조합원일 것이다. 이 경우 노동조합이 괴롭힘 피해 근로자를 구제하기 위한 적극적인 조치를 취할 것을 기대하기 어렵다. 그러므로 노동조합에 대하여 적극적으로 이 문제에 개입하고 해결을 위해 노력하는 동시에 괴롭힘이 발생하지 않도록 예방 활동을 하도록 법률로써 의무를 부과하는 방안이 고려되어야 한다.

외국의 입법례를 보면 프랑스 노동법전 L. 4612-1조, 4612-2조, 4612-3조, L. 4624-1조, L 2313-2조 등은 보건·안전·근로조건위원회(CHSCT), 노동의(勞動醫), 종업원대표 등에게도 근로자의 정신적 건강에 대한 보호의무를 부담하도록 하고 있다.[89] 독일의 경영조직법[90] 제75조는 사용자와 종업원협의회에 대하여 근로자가 차별을 당하는지 감독할 의무를 부과하고, 근로자의 인격이 침해되지 않도록 할 의무도 규정하고 있다. 현행 법률에 노동조합이나 근로자대표 등에게 직장에서의 괴롭힘 예방 및 조치 의무를 규정한다면 노동조합 및 노동관계조정법이나 근로자참여 및 협력증진에 관한 법률 등에 관련 규정을 두는 방법도 검토될 수 있을 것이다.

---

89) Vittorio Di Martino·Helge Hoel·Carly L. Cooper, 「Preventing violence and harassment in the workplace」, EU, 2003, 51쪽.

90) www.gesetze-im-internet.de/bundesrecht/betrvg/gesamt.pdf

Ⅱ. 개정 근로기준법상의 조치 의무의 내용

개정 근로기준법은 제76조의3에서 “직장 내 괴롭힘 발생 시 조치”라는 표제 하에 직장에서의 괴롭힘의 정의로부터 조치 사항, 그와 관련된 동료 근로자들과 사용자의 의무 등을 규정하고 있으며, 같은 법 제93조는 제11호에서 직장에서의 괴롭힘의 예방 및 발생 시 조치 등에 관한 사항 등을 취업규칙 필요적 기재사항으로 추가하도록 하는 등 다양한 내용을 규정하고 있다. 이에 대해서는 해외 주요 국가의 입법적 대응 실태를 확인한 뒤에 자세히 분석하고 검토하기로 한다.[91)]

91) 제5장 4절 참조.

제4장

직장에서의 괴롭힘에 대한 법적 책임

제4장 직장에서의 괴롭힘에 대한 법적 책임

제1절 법적 책임 검토 필요성과 한계

직장에서의 괴롭힘이 발생한 경우 가해 행위자는 피해 근로자가 입은 손해에 상응하는 책임을 부담해야 한다. 직접 동료 근로자를 괴롭힌 가해 행위자 외에 사업주나 관리자도 직접 가해 행위자와 함께 책임을 부담해야 하는 경우가 있다. 사용자나 관리자가 직접 가해 행위자가 아닌 경우라 하더라도 괴롭힘이 발생한 사업 또는 사업장에서 근로자들이 안전한 환경에서 근로를 제공할 수 있도록 보호해야 하는 의무와 그에 상응하는 지위, 권한을 가지고 있으므로 괴롭힘이 발생한 것에 대하여 아무런 책임이 없다고 할 수는 없다. 마찬가지 이유로 가해 행위자는 자신이 괴롭힘 피해를 준 근로자뿐만 아니라 그 근로자의 사용자에 대해서도 법률상 책임을 져야 하는 경우가 있다.

가해 행위자와 사용자가 서로 다른 사람일 수도 있지만, 동일인일 수도 있다. 후자는 사용자가 직접 괴롭힘 가해 행위자인 경우이다. 사용자의 책임을 검토할 때에는 사용자가 직접 가해 행위자로서 책임을 지게 되는 경우와 자신이 직접 가해 행위자는 아니지만 가해 행위자의 사용자로서 책임을 지게 되는 경우를 각각 살펴보아야 한다. 사용자가 자신과 근로계약관계를 맺고 고용한 근로자들에게 괴롭힘 가해행위를 하는 경우에는 동료 근로자들 사이의 괴롭힘에서 집단성이 힘의 우위성을 확보하는 배경이 된 것과 마찬가지로 사용자로서의 지위에서 가지게 되는 지휘·명령 권한과 인사권이 힘의 우위성을 확보하는 배경이 된다. 따라서 사용자가 자신의 지휘·명령 권한 또는 인사평가 권한과 인사권 등을 행사하는 방법으로 특정 근로자에게 괴롭힘 가해행위를 하는 경우에 대해서도 반드시 검토해 보아야 한다. 사용자가 부담하게 되는 책임도 사용자가 선택한 괴롭힘의 방법과 수단에 따라 달라질 것이다.

현행법하에서 가능한 직장에서의 괴롭힘 행위에 대한 가해 행위자나 사용자의 책임을 검토하는 과정에서, 그러한 책임을 지게 되는 근거와 그 근거로부터 도출될 수 있는 책임의 내용이 괴롭힘 피해자가 입은 손해의 배상과 원상회복에 적절한지에 대해 필수적으로 점검해야 한다. 대부분의 현행법 하의 제도들이 직장에서의 괴롭힘에 적용하기 위해 고안된 것들이 아니기 때문이다. 그러한 이유로 책임의 근거를 설명하는 방법이 복잡해지고 구제수단도 적절하지 않은 경우가 많다. 우리나라에서도 이 문제에 대한 입법적 해결을 시도한 사례가 있지만, 현재의 개정 근로기준법이나 개정 산업재해보상보험법은 직장에서의 괴롭힘 행위에 대한 가해 행위자나 사용자의 책임을 직접 규정하고 있지는 않다. 직장에서의 괴롭힘 문제에 관한 종합적이고 체계적으로 대응을 위해서는 직장에서의 괴롭힘 문제를 규율하기 위한 단행 법률을 제정하는 방안을 검토할 필요가 있다고 생각한다.

아래에서는 위와 같은 문제의식 하에 관련 쟁점들을 괴롭힘 가해 행위자의 책임과 사용자의 책임으로 나누어 각각 검토해 보기로 한다.

제2절 직장에서의 괴롭힘 행위자의 책임

직장에서의 괴롭힘 행위를 한 가해 행위자는 기본적으로 자신이 괴롭힘 피해를 준 당사자인 피해 근로자가 입은 손해를 배상해야 한다. 직접 가해자로서 지게 되는 책임이다. 가해행위가 형법상 범죄구성요건에 해당할 경우 형사책임을 지게 될 수도 있다. 그리고 피해 근로자의 근로제공능력이 감소·상실되거나 생산성이 하락한 경우 또는 괴롭힘 사건으로 인해 소속 사업 또는 사업장 전체의 조직문화가 훼손되거나 생산성이 낮아진 경우에는 가해 행위자는 사용자에 대하여 손해를 배상해야 할 책임을 부담하게 된다.

손해배상문제와 관련해서는 민법 제750조의 요건을 충족할 수 있는지와 과실상계의 문제가 검토되어야 한다. 직장에서의 괴롭힘 사건은 가해 근로자가 다수인 경우가 많다는 특성이 있으므로 공동불법행위 책임의 성립 여부도 검토해 보아야 한다. 괴롭힘의 가해 행위자는 피해 근로자뿐만 아니라 사용자에 대해서도 책임을 지게 된다. 이때 사용자의 손해배상청구권을 인정할 수 있는 근거로서 제3자에 의한 채권침해 법리가 적용될 수 있는가에 대해 검토할 필요가 있다.

마지막으로 가해 행위자의 행위가 형법상 범죄구성요건에 해당할 수 있다면, 괴롭힘 가해행위가 포섭될 수 있는 구성요건의 존재, 가해 행위자 각각의 공범과 간접정범 성립 가능성, 그리고 가해 근로자에 대한 위법성 또는 책임조각 인정 가능성 등이 검토되어야 하는 사항이다.

Ⅰ. 피해 근로자에 대한 책임

1. 불법행위로 인한 손해배상 책임

직장에서의 괴롭힘을 당한 피해 근로자가 가해 행위자에 대하여 손해배상을 청구하기 위해서는 가해 행위자의 괴롭힘 행위가 민법 제750조의 불법행위 요건을 충족하는가를 검토하여야 한다.

⑴ 불법행위책임의 성립요건

① 민법 제750조의 요건

직장에서의 괴롭힘으로 피해를 당한 근로자가 가해행위를 한 동료 근로자로부터 손해를 배상받기 위해서는 민법 제750조의 불법행위책임의 성립요건을 충족하여야 한다. 민법[1] 제750조는 "고의 또는 과실로 인한 위법행위로 타인에게 손해를 입힌 자는 그 손해를 배상할 책임이 있다."라고 규정하고 있다. 민법 제750조는 행위자의 고의 또는 과실, 위법행위, 손해, 위법행위와 손해 사이의 인과관계를 불법행위의 성립요건으로 한다.[2] 원칙적으로 고의 또는 과실의 존재, 행위의 위법성, 자신에게 발생한 손해, 괴롭힘 행위와 손해 발생 사이의 인과관계 등은 피해 근로자가 입증하여야 한다.[3] 괴롭힘 가해 행위자와 사용자의 괴롭힘 금지의무 위반 행위에 대한 고의 또는 과실은 개정 근로기준법 제76조의2와 제76조의3 등에 의해 비교적 쉽게 입증할 수 있을 것으로 보인다.

② 피해 근로자의 손해 발생 및 인과관계의 입증

괴롭힘 행위가 형법상 폭행, 협박, 상해, 명예 훼손, 절도 등의 구성요건에 해당하는 방법으로 행해진 경우에는 형법상 범죄가 성립하는 것과 동시에 민법상 불법행위가 성립할 수 있다. 형법상 범죄가 성립하는 행위로 인해 피해를 당한 근로자는 가해행위의 위법성, 손해의 발생과 인과관계 등을 인정받는 것이 상대적으로 쉽다고 할 수 있다.

근로자가 괴롭힘을 당하는 과정에서 신체적인 상해를 입었거나 정신적 충격 등으로 인하여 정신과 치료를 받게 된 경우 등에는 형법상 상해로 인정될 수 있으므로 손해의 발생 및 가해행위와 손해 발생 사이의 인과관계를 인정하는 것은 큰 문제가 없다. 그러나 이와 같은 유형적인 침해의 결과가 나타나지 않은 경우에는 피해 근로자가 손해 발생 및 가해행위와 손해 사이의 인과관계를 입증하는 것은 쉬운 일이 아니다. 피해 근로자가 가해 행위자의 행위로 인해 정신적 스트레스를 받고 있었다는 사실만으로 손해가 발생했다는 것을 입증하기는 거의 불가능하며, 설령 손

1) 법률 제14965호, 2018. 2. 1. 시행.
2) 양창수·권영준, 「권리의 변동과 구제」, 2015, 581쪽 이하.
3) 양창수·권영준, 「권리의 변동과 구제」, 2015, 613쪽.

해 발생을 증명할 수 있다 하더라도 그 손해가 괴롭힘 가해 행위자의 가해행위로부터 발생한 것이라는 인과관계를 입증할 수 있는가가 매우 중요한 문제가 된다.

직장에서의 괴롭힘으로 인해 침해되는 법익은 생명·신체·재산에 대한 침해가 아닌 경우에는 무형의 인격권에 대한 침해인 경우가 대부분이다. 직장에서의 괴롭힘으로 인해 인격권이 침해되는 손해를 입은 피해 근로자에게 원칙론에 따라 입증이 거의 불가능한 인격권 침해로 인한 정신적 손해의 발생 및 인과관계를 입증하도록 하는 요구하는 것은 지나치게 가혹하다.[4] 이러한 경우 피해의 효과적인 회복을 위해서는 입증책임을 완화하거나 가해행위가 존재하면 입증이 없어도 손해의 발생 및 인과관계를 인정해 주는 등의 특별한 취급이 필요하다. 대법원 판례도 인격권에 대한 침해행위가 존재하면 그로 인한 정신적 손해의 발생은 증거가 없이도 추정된다고 보고 있다.[5] 이와 같은 취지로 명예훼손으로 인한 손해배상에 있어서도 피해자가 손해의 발생 및 가해행위와 손해 사이의 인과관계를 입증하는 것은 거의 불가능하므로, 명예훼손에 있어서는 일정한 행위가 가해행위가 된다고 판단되면 그 가해행위로 인하여 손해가 발생하였다는 것을 추정해야 한다는 견해도 제시되고 있다.[6] 직장에서 괴롭힘이 발생하고 있었다는 사실이 증명되면 그로 인해 피해 근로자에게 대한 손해 발생은 추정된다고 보는 것이 타당하다고 본다.[7] 이러한 문제에 대

4) 고세일, 「정신적 손해에 대한 배상청구권의 법적 기초와 인정영역」(고려대 석사학위 논문), 1995, 73쪽.

5) 대판 1993. 12. 24, 93다45213; 대판 1992. 12. 8, 92다34162; 대판 1990. 1. 12, 88다카28518.

6) 이은영, 「채권각론」, 2000, 976쪽.

7) 이탈리아 상고심 법원의 2000년 1월 8일 판결 중에는 직장 내에서 성희롱과 집단 따돌림을 당했다는 이유로 회사에 항의서한을 발송하고 남편을 통해 이 사실을 언론에 공개한 근로자를 회사 측이 신용 훼손을 이유로 해고한 사건에 대하여, 해당 근로자가 성희롱과 집단 따돌림 사실을 입증하지 못하고 있다는 것을 이유로 정당한 해고로

해서는 프랑스 노동법전 L. 1154-1조의 규정도 참조할 수 있을 것으로 보인다. 이 조항에 따르면 피해 근로자는 괴롭힘의 존재를 추정할 수 있는 진단서, 복무수첩 등의 자료를 제출하면 되고, 가해 근로자 또는 사용자는 제출된 자료로 인해 존재가 인정되는 행위들이 괴롭힘을 구성하지 않는다는 것을 입증해야 할 책임을 부담한다.[8] 이러한 제도는 입증책임을 완전히 사용자에게만 부과하는 것이 아니라 손해를 주장하는 근로자도 일정한 사실을 증명할 수 있는 자료를 제출하도록 하고 있으므로 입증책임의 전환이 아닌 입증책임의 조정이라고 설명되고 있다.[9]

여기에 더해서 반드시 검토해야 할 문제가 남아 있다. 괴롭힘 행위와 손해의 발생 사이에 피해 근로자의 행위가 개입되어 있는 경우이다. 대표적인 것이 직장에서의 괴롭힘을 견디지 못하고 피해 근로자가 스스로 목숨을 끊거나 자상(自傷)을 한 경우이다. 이 경우 괴롭힘 행위자에게 살인죄나 상해죄를 적용할 수 있을 것인지, 자살한 피해자에게 업무상 재해를 인정할 수 있을 것인지 등이 문제가 된다. 만약 괴롭힘 피해를 당한 근로자가 자상이나 자살을 한 경우에 가해 행위자에게 살인죄나 자살관여죄, 폭행치상죄, 폭행치사죄, 상해치사죄 등의 형법 규정을 적용할 수 있다면 자살한 피해 근로자의 유족은 괴롭힘 가해 행위자의 불법행위를 입증하는 것이 훨씬 용이할 것이다. 살인죄 성립 여부와 업무상 재해 인정 가능성은 각각 해당 부분에서 검토하기로 한다.

인정한 사례가 있다(大内伸哉, '職場内でのいじめ(mobbing)の告發行爲を理由とする解雇', 「勞働判例(No. 805)」, 2001, 158쪽).

8) www.lexinter.net/Legislation3/loi_de_modernisation_sociale.htm

9) 조임영, '프랑스 노동법상 '정신적 괴롭힘'의 금지', 서울대 노동법연구회, 2008년 상반기 발표자료, 2008, 9쪽.

⑵ 과실상계의 문제

① 피해자의 유발 책임과의 과실상계

민법 제763조는 과실상계를 규정한 민법 제396조를 불법행위책임에 대해서도 준용하고 있다. 따라서 괴롭힘 가해 행위자에게 불법행위책임이 인정된다고 하더라도 피해 근로자의 특정 행위가 괴롭힘 행위를 유발하였거나 괴롭힘 행위의 강도를 높이도록 자극하였다면, 적어도 원칙적으로는 가해 행위자의 손해배상액을 정함에 있어서 피해 근로자의 책임을 참작하여 과실상계를 할 수 있을 것이다.

② 과실상계의 한계

그러나 직장에서의 괴롭힘으로 인한 불법행위책임과 관련하여 과실상계를 반영할 때에는 일반 불법행위의 경우와는 다른 특별한 고려가 필요하다. 직장에서의 괴롭힘은 피해 근로자를 고립시키고 장기간 집요하게 계속되는 특징이 있기 때문이다. 장기간 지속적으로 가해지는 괴롭힘에 대한 피해 근로자의 반응은 두 가지의 극단적인 양상을 보이게 된다. 하나는 완전히 굴복하여 괴롭힘을 소극적으로 수용하는 모습이고, 또 다른 하나는 괴롭힘의 지속성과 강도에 비례하여 더욱 강한 저항을 하는 모습이다. 후자의 경우가 나타나는 이유는, 피해 근로자는 괴롭힘이 상당 기간 지속적으로 가해지는 과정에서 그 괴롭힘에 대하여 점점 더 격하고 과잉된 방어행위를 하게 될 수밖에 없기 때문이다. 설사 괴롭힘이 가해지는 기간이 장기간 지속되지 않은 경우라 하더라도 괴롭힘이 집단적으로 행해질 경우에 갖게 되는 두려움, 저항하기 어려운 힘의 열세에 대한 반작용 등으로 인해서 피해 근로자의 저항은 일반적인 상황에서 예상되는 것보다 훨씬 격하고 과잉된 반응으로 나타날 수 있다. 그러므로 괴롭힘 피해 근로자의 과잉 반응을 가해 행위자들의 괴롭힘 행위의 정도와 단순히 비교하여 가해 행위자들의 책임을 경감하는 근거로 삼아서는 안 된다.

부당한 괴롭힘에 대한 적절한 항의의 정도를 계량하는 것이 사실상 불가능하고 피해 근로자에게 적절한 대응을 기대할 수도 없기 때문이다. 피해 근로자가 가해행위를 당할 만한 원인을 제공했다는 가해 행위자의 주장은 매우 흔한 합리화 수단이라는 점에서 피해 근로자에게도 괴롭힘을 초래하거나 가중시킨 과실이 존재한다는 판단은, 가해 행위자가 증거법칙에 따라 이를 반론의 여지가 없을 정도로 입증하는 경우 외에는 인정되어서는 안 된다고 본다.

2. 피해 근로자의 방해배제·예방 청구권 인정 여부

직장에서의 괴롭힘 피해로부터 근로자를 실질적으로 보호하기 위해서는 괴롭힘으로 인한 손해의 배상뿐만 아니라, 가해자에 대하여 그러한 행위의 중지를 요구하거나 향후 그러한 가해행위를 하지 않도록 방지해달라는 청구를 할 수 있도록 허용하는 방안에 대해 검토할 필요가 있다. 금지청구권 인정 가능성 문제이다.

불법행위로 인해 법익침해를 당한 피해자에게 금지청구권을 인정할 수 있는지에 대하여 우리 민법에 명문의 규정이 없어 논란이 되고 있다. 현행 민법은 제214조에 "소유물방해제거, 방해예방청구권"이라는 표제하에 "소유자는 소유권을 방해하는 자에 대하여 방해의 제거를 청구할 수 있고 소유권을 방해할 염려 있는 행위를 하는 자에 대하여 그 예방이나 손해배상의 담보를 청구할 수 있다."라는 소유권에 기한 방해제거, 방해예방 청구권을 규정하고 있다. 또 제764조에는 "명예훼손의 경우의 특칙"이라는 표제 아래 "타인의 명예를 훼손한 자에 대하여는 법원은 피해자의 청구에 의하여 손해배상에 갈음하거나 손해배상과 함께 명예회복에 적당한 처분을 명할 수 있다."라고 하여 명예훼손의 경우에는 단지 금전적인 손해배상을 넘어 "명예회복에 적당한 처분" 즉, 명예훼손적 사실에 대한 사후적인 취소·정정 및 해명조치 등이 가능하도록 규정하고 있다.

그러나 이 두 규정은 적용 범위에 있어서 한계가 있다. 민법 제214조는 물권적 소유권에 기한 청구권이고, 제764조는 사후적인 구제수단으로서 원상회복의 성격을 가질 뿐이기 때문이다.[10] 불법행위에 대한 일반적 금지청구권은 인정되지 않는다고 보는 것이 일반적인 견해인 듯하다. 그러나 인격권 침해에 대해서는 손해배상 등의 사후적 구제만으로는 이미 침해된 인격권의 회복이 불가능하다는 이유에서 금지청구권을 인정하는 것이 일반적이다.[11] 인정하는 근거에 대해서는 인격권 침해가 불법행위에 해당하기 때문이라는 견해와 인격권은 절대권이므로 소유권에 대해 적용되는 민법 제214조를 유추적용할 수 있기 때문이라는 견해가 있다.[12] 판례도 "인격권은 그 성질상 일단 침해된 후의 구제수단(금전배상이나 명예회복 처분 등)만으로는 그 피해의 완전한 회복이 어렵고 손해전보의 실효성을 기대하기 어려우므로, 인격권 침해에 대하여는 사전(예방적) 구제수단으로 침해행위 정지·방지 등의 금지청구권도 인정된다."라고 하여 인격권 침해에 대해서 침해행위의 정지·방지 등의 금지청구권을 인정하고 있다.[13] 다만, 인정하는 근거에 대해서는 분명히 밝히고 있지 않은데 불법행위 일반에 대한 금지청구권을 인정하는 것은 아니지만 불법행위로 인해 침해되는 법익이 절대권이거나 아니면 특별히 법률에 규정이 있는 경우에는 금지청권을 인정한다는 태도인 것으로 보인다.[14]

---

10) 김상중, '불법행위에 대한 금지청구권 규정의 신설 제안', 「민사법학(제55호)」, 2011, 181쪽.

11) 김상중, '불법행위에 대한 금지청구권 규정의 신설 제안', 「민사법학(제55호)」, 2011, 181쪽; 김재형, '언론에 의한 인격권 침해에 대한 구제수단', 「인권과 정의(제339호)」, 2004, 68쪽; 양창수·권영준, 「권리의 변동과 구제」, 2015, 622쪽.

12) 김상중, '불법행위에 대한 금지청구권 규정의 신설 제안', 「민사법학(제55호)」, 2011, 182쪽.

13) 대판 1996. 4. 12, 93다40614, 40621. 이 판례는 허위비방광고로 인한 인격권침해 사례이다.

14) 양창수·권영준, 「권리의 변동과 구제」, 2015, 622쪽; 대판 2014. 5. 29, 2011다31225.

직장에서의 괴롭힘이 발생하면 피해 근로자는 자신의 인간으로서의 존엄성이 침해되는 것은 물론이고 직장에서의 평판과 인간관계가 심각하게 훼손되는 것을 경험하게 된다. 그리고 그 결과 조직 구성원들 사이의 교류와 업무협조 가능성 축소, 평판도 하락 등에 따라 유형적인 성과 하락이 수반될 가능성이 크다. 경우에 따라서는 직접적인 신체적 폭행과 상해가 가해지기도 한다. 직장에서의 괴롭힘이 불법행위가 되는 경우 침해되는 법익은 피해 근로자의 자기가치방어권 내지 인격권이다. 자기가치방어권이나 인격권은 절대적 권리로서 민법학계의 주류적인 견해와 판례에 따르더라도 금지청구권을 인정하는 것이 가능하다고 판단된다. 그렇다면 직장에서 괴롭힘을 당한 피해 근로자는 금지청구권, 즉 방해배제·예방청구권을 행사할 수 있다고 보아야 할 것이다.[15] 그 근거는 개정 근로기준법 제76조의2와 제76조의3, 자기가치방어권 내지 인격권 침해 예방 필요성 등이다. 그러나 개정 근로기준법 제76조의2와 제76조의3은 가해행위자가 사용자나 근로자가 아닌 거래 상대 기업 사용자나 고객 등 제3자인 경우, 피해자가 근로기준법상 근로자가 아닌 경우에는 금지청구권 행사의 근거가 되기 어렵다.

금지청구권 행사의 상대방은 괴롭힘 가해 행위자가 되며, 괴롭힘 발생을 방지할 의무가 있는 사용자에 대해서도 적절한 방지·예방조치를 취해 줄 것을 청구할 수 있다. 직장에서의 괴롭힘으로 인해 피해 근로자의 명예가 훼손된 경우에는 민법 제764조에 따라 손해배상에 갈음하거나, 손해배상과 함께 명예회복에 적당한 처분을 명할 것을 법원에 요구할 수 있다. 이 경우 명예회복에 적당한 처분에 사죄광고를 하거나 행위자의 양심에 반하여 사죄의 의사표시를 하도록 하는 것이 포함되지는 않는다.[16]

---

15) 김영문, '직장 내에서의 음해행위(mobbing)에 대한 법적 구제수단', 「법조(통권 498호)」, 1998, 146쪽; 水谷英夫, 「職場のいじめ : 「パワハラ」と法」, 2006, 128쪽 이하.

16) 홍성방, 「헌법학」, 1999, 473쪽; 헌재결 1991. 4. 1, 89헌마160 결정.

다만, 가해 행위자가 자발적으로 그러한 행위를 하는 것이 금지된다고 볼 이유는 없다.

3. 공동불법행위의 성립

⑴ 공동불법행위의 의의

공동불법행위란 여러 사람이 공동으로 불법행위를 하여 타인에게 손해를 가하는 것을 말한다. 이를 협의의 공동불법행위라고도 한다. 민법 제760조 제1항은 "수인이 공동의 불법행위로 타인에게 손해를 가한 때에는 연대하여 그 손해를 배상할 책임이 있다."라고 규정하고 있다. 같은 조 제2항, 제3항은 여러 사람인의 행위 중 어느 사람의 행위가 손해를 가한 것인지 알 수 없는 경우, 다른 사람의 불법행위를 교사하거나 방조한 경우도 공동불법행위에 해당하는 것으로 규정하고 있다. 민법 제760조는 공동불법행위에 있어서 피해자를 보호하기 위하여 다수인의 행위와 손해발생 사이의 인과관계 증명책임을 그 다수인의 공동불법행위자에게 전환하고 있으며, 분할채무 원칙의 예외를 인정하여 공동불법행위자 수인이 연대하여 손해를 배상하도록 하고 있다. 직장에서의 괴롭힘은 많은 경우 다수의 근로자가 집단의 힘을 배경으로 특정 피해 근로자에게 괴롭힘을 가하는 형태로 발생한다. 이때 집단을 이루어 괴롭힘 가해행위를 하는 행위자들에게는 괴롭힘 행위가 불법행위를 구성한다는 것을 전제로 공동불법행위책임이 인정될 수 있을 것이다.

⑵ 공동불법행위가 성립하기 위한 요건

① 각 가해행위의 불법행위 요건 충족

공동불법행위가 성립하기 위해서는 각 가해 행위자의 행위가 독립하여 일반 불법행위의 요건을 충족하여야 한다. 그러므로 각 가해자에게 고의·과실 및 책임능력이 있어야 한다. 다만, 공동불법행위에 있어서는 각각의 행위와 손해발생 사이의 인과관계가 반드시 요구되는 것은 아니다. 각자의 행위의 공동관련성 및 공동행위와 발생한 결과 사이의 인과관계를 묻는 것으로 족할 것이다.[17] 공동불법행위의 피해자는 공동불법행위자 전체의 행위가 손해발생의 원인이라는 것을 입증하면 족할 뿐 개별 행위자의 특정 행위가 손해발생의 원인이라는 것을 입증할 필요는 없다.

② 가해행위 상호 간에 관련 공동성

공동불법행위의 성립요건으로서 불법행위를 행한 수인의 행위 사이에 공동성이 인정되어야 한다. "공동성"에 관하여는 무엇을 공동으로 하는 것인지와 관련하여 논란이 있다. 가해행위가 객관적으로 관련되거나 행위의 공동성이 존재하면 충분하다고 보는 객관적 공동설,[18] 가해자들 사이에 공모 또는 공동의 인식이 있어야 한다는 주관적 공동설, 객관적 관련공동성을 중심으로 주관적 관련공동성을 참작하여 판단하여야 한다는 견해[19] 등이 주장된다. 민법 제760조는 단지 "수인이 공동의 불법행위로"라고 규정하여 문언상 양쪽의 해석이 모두 가능하도록 열려 있다.[20] 공동불법행위의 경우 단독행위인 불법행위의 경우보다 피해자가 입는 물적·정신적 손해의 크기가 큰 경우가 많은 반면에 다수의 행위자 상호간의 주관적 공모 의사를 입증하는 것은 매우 어렵다는 점을 고려하면 객관적 공동설이 피해자를 두텁게 보호하는 관점이라고 볼 수 있다. 가해 행위자에게 책임이 있는 경우에 공동불법행위를 인정하는 것도 행위자 보호에 충실하다는 이점이 있지만, 피해자 보호 측면에서 더욱 유리한 객관적 공동설이 합목적적이라고 생각된다. 판례는 "공동불법행위의 성립에는 공동불법행위자 상호 간에 의사의 공통이나 공동의 인식이 필요하지 아니

---

17) 김형배, 「민법학강의」, 2006, 1386쪽.
18) 곽윤직, 「채권각론」, 2000, 528쪽.
19) 김형배, 「민법학강의」, 2006, 1386쪽.
20) 양창수·권영준, 「권리의 변동과 구제」, 2015, 661쪽.

하고 객관적으로 각 그 행위에 관련공동성이 있으면 족하고 그 관련공동성 있는 행위에 의하여 손해가 발생하였다면 그 손해배상 책임을 면할 수 없다."라고 하여 객관적 공동설을 취하고 있다.[21]

직장에서의 괴롭힘 문제에서 공동불법행위 성립 여부에 관한 사항도 마찬가지로 이해할 수 있다. 직장에서 괴롭힘 행위가 여러 사람에 의하여 발생한 경우, 괴롭힘 가해 행위자가 여러 사람이 아니라 하더라도 괴롭힘 행위를 방지해야 하는 책임이 있는 사용자의 부주의나 고의적인 방치로 인해 괴롭힘 피해가 발생한 경우에 공동불법행위 성립을 인정할 수 있다. 전자의 경우는 괴롭힘에 가담한 여러 사람에 대하여, 후자의 경우는 괴롭힘 가해 행위자와 사용자에 대하여 공동불법행위가 인정되는 것이다. 이때 행위자들과 사용자에게 피해 근로자를 괴롭히고 있다는 상황에 대한 인식이나 다른 근로자들의 괴롭힘 행위에 보조를 맞춘다는 인식은 필요 없다.[22] 직장에서의 괴롭힘에 해당하는지 여부는 그러한 괴롭힘을 당하는 피해 근로자의 관점에서 판단하여야 하기 때문이다. 법원도 입주자의 지속적인 욕설과 모욕 행위에 대하여 "(피고 회사 소속 아파트 경비원의 자살 사건은) 가해자의 위법한 가해행위와 피고 회사의 보호의무 위반으로 인한 과실이 경합하여 발생한 것이므로, 가해자와 피고 회사가 부담하는 공동불법행위로 인한 손해배상 책임은 부진정연대채무의 관계"에 있다고 판단한 사례가 있다.[23] 어린 학생들 사이에서 발생한 사건이지만 초등학교에서 집단 괴롭힘으로 인해 학생이 자살한 경우에 가해 학생들의 부모들과 해당 학교를 설치·경영하는 주체인 지방자치단체의 공동불법행위를 인정한 사례도 있다.[24]

---

21) 대판 1998. 6. 12, 96다55631; 대판 1998. 11. 24, 98다32045; 대판 2001. 5. 8, 2001다2181.

22) 제1장 제1절 Ⅱ. 3. 참조.

23) 서울중앙지판 2017. 1. 13, 2016가합538467. 항소 없이 종결.

24) 대판 2007. 4. 26, 2005다24318.

③ 가해자 불명의 공동불법행위

직장에서의 괴롭힘 행위로 인해 피해를 당한 근로자에게 우울증, 적응 장애 등 상병이 발생한 경우 여러 명의 가해 근로자들 중 누구의 괴롭힘 행위로 인해 결정적으로 그러한 상병이 발생하게 되었는지를 밝혀내는 것은 사실상 불가능에 가깝다. 직장에서의 괴롭힘이 불법행위의 요건을 충족하여 공동불법행위를 구성할 경우 전형적인 가해자 불명의 공동불법 행위가 되는 경우가 많다. 이 경우 민법 제760조 제2항이 적용되어 괴롭힘에 가담한 가해자 전원이 부진정연대책임을 부담한다고 보아야 한다. 가해자 불명의 공동불법행위의 경우 자신의 행위와 손해의 발생 사이의 인과관계가 없음을 입증한 자는 책임을 면한다.[25] 하지만 직장에서의 집단적인 괴롭힘 사건의 경우에는, 여러 가해 행위자들의 행위가 장기간 반복적으로 이루어져 누적적인 가해행위의 결과로 손해가 발생하게 되기 때문에 특정인의 가해행위를 분리해 내어 손해 발생과의 관련성을 판단하는 것이 불가능한 경우가 대부분일 것이다. 그러므로 특정 가해자가 자신의 가해행위와 피해 근로자의 손해 발생 사이에 직접 인과관계가 없다는 점을 입증하는 것이 가능하지 않으리라고 생각된다.

④ 교사와 방조의 경우

직장의 상사가 부하직원들을 교사하여 특정 근로자를 집단적으로 괴롭히도록 하거나 근로자가 동료 근로자를 교사하여 특정 근로자를 집단적으로 괴롭히도록 한 경우, 사업부서의 책임자가 특정 근로자에 대한 동료 근로자들의 괴롭힘 행위를 알고도 이를 방조한 경우에는 민법 제760조 제3항에 따라 그 직장 상사, 동료 근로자 또는 부서의 책임자가 공동불법행위자로서 피해 근로자에 대하여 연대하여 배상책임을 지게 된다.

---

25) 김형배, 「민법학강의」, 2006, 1387쪽.

Ⅱ. 사용자에 대한 책임

1. 사용자의 가해 행위자에 대한 손해배상 청구

(1) 괴롭힘 행위로 인해 사용자에게 발생하는 손해

작장에서 특정 근로자에 대한 동료 근로자의 괴롭힘 행위가 발생하면 피해 근로자에게 손해가 발생하는 것 이외에 직장 전체의 업무 분위기를 저해하게 되고 조직문화가 훼손되며, 피해 근로자의 업무수행 능력이 저하 또는 상실되어 많은 경우 해당 사업 또는 사업장 전체에 손해가 발생하게 된다. 이러한 현상은 해당 기업의 생산성에 직접적으로 영향을 미치고, 장기적으로 사용자의 경영활동에도 부정적인 영향을 미치게 된다. 직접적으로는 특정 근로자 또는 근로자들이 어떤 근로자를 괴롭혀서 생산성이 현저히 낮아지게 만들거나, 피해 근로자에게 상해를 입혀 그 근로자가 치료나 요양을 위해 근로를 제공하지 못하게 되는 것을 생각해 볼 수 있으며, 장기적인 부정적 영향으로는 괴롭힘 행위로 인해 근로자들이 서로 반목하게 되고 그로 인해 협동적인 작업수행이 저해되거나, 조직 활동이 원활하게 이루어지지 않게 되는 문제 등을 생각해 볼 수 있다. 직장에서 괴롭힘 사건이 빈번하게 일어나는 사업장의 경우 소속 근로자들은 조직 내의 평판과 다른 직원들의 이목을 두려워하게 되어 업무수행의 적극성과 창의성을 상실하게 되기 쉽다. 이러한 문제들로 인해 초래되는 손해를 사용자가 당연히 전적으로 부담해야 한다고 볼 수는 없다. 원인행위를 직접 한 사람과 손해를 보는 사람이 상이하기 때문이다. 사용자로서는 그러한 원인을 초래한 가해 행위자에게 배상을 요구할 수 있어야 한다.

그러나 이 경우 사용자에게 가해 행위자들에 대한 손해배상청구권을 인정하기 위해서는 가해 행위자들의 행위가 사용자에 대하여 어떻게 불법행위가 된다고 볼 수 있는지 그 근거에 대한 논의가 필요하다. 가해 행위자들의 괴롭힘 행위가 동시에 사용자에게 손해를 입히는 행위를 직접 수반하는 경우에는 비교적 설명이 용이하다. 하지만, 괴롭힘 가해행위가 피해 근로자에 대해서만 지향된 행위였을 경우에는 그 행위가 직접 피해자가 아닌 사용자의 권리에 대한 침해행위라고 근거지우기가 어렵다. 아래에서는 가해 근로자들의 행위가 직접 사용자에게 손해를 입히는 행위를 수반하는 경우와 그렇지 않은 경우를 나누어 설명을 시도해 보려고 한다. 이러한 분류는 결국 가해 근로자들의 괴롭힘 행위의 양상에 따른 설명이라고 할 수도 있다.

⑵ 괴롭힘 행위가 직접 사용자에 대한 침해가 되는 경우

가해 근로자들의 행위가 동시에 사용자에 대한 침해행위와 수반하여 이루어지는 경우가 있다. 구체적으로는, 가해 행위자들의 피해 근로자에 대한 괴롭힘이 사용자가 피해 근로자에게 지급한 사무용품이나 책상 등의 기물을 파손하는 형태로 이루어진 경우, 가해 행위자들이 피해 근로자의 업무용 컴퓨터에 저장된 내용을 삭제하거나 업무용 서류를 은닉하여 피해 근로자가 정확한 시점에 거래처에 납품할 수 없도록 만들어서 회사가 위약금을 부담하게 된 경우 등을 들 수 있다.

첫 번째와 같은 사례에서 가해 행위자의 행위는 피해 근로자들에 대하여 협박죄 등을 구성할 수 있는 동시에, 사용자에 대하여는 형법상 손괴죄와 민법상 불법행위를 구성하게 된다. 사용자는 가해 근로자들에게 민법 제750조 등을 근거로 하여 손해의 배상을 청구하는 외에 형사소송법에 따라 고소권을 행사할 수 있을 것이다. 두 번째 사례에서도 가해 행위자의 행위는 형법 제314조의 업무방해죄와 민법상 불법행위를 구성하게 된다. 형법 제314조의 업무방해죄는 추상적 위험범이므로[26] 가해 행위자의 컴퓨터 저장기록 삭제나 서류 은닉으로 인해 구체적인 손해가 발생할

---

26) 신동운, 「형법각론」, 2018, 792쪽; 이재상·장영민·강동범, 「형법각론」, 2016, 215쪽 이하; 임 웅, 「형법각론」, 2018, 266쪽; 대판 2010. 3. 25, 2009도8506; 대판 1991. 6. 28, 91도944 등.

필요 없이 그러한 행위만으로 형법 제314조 위반죄에 해당한다. 다만, 형법 제314조 제2항의 컴퓨터 등 업무방해죄가 성립하기 위해서는 가해 행위자가 실제로 컴퓨터에 저장된 내용을 삭제하거나 변경하는 등 손괴해야 한다. 다만, 그로 인해서 업무가 실제로 방해되는 결과까지 발생해야 하는 것은 아니다.[27] 방해되는 업무는 피해 근로자의 업무인 동시에 사용자의 업무이기도 하므로 피해 근로자와 사용자의 업무를 동시에 침해한 것이 된다. 사용자가 법인인 경우에도 법인의 업무를 방해한 것으로 인정되는 데에 문제가 없다.

위에서 예로 든 행위와 유사한 사례들에서는 가해 근로자들이 사용자의 소유권이나 영업권, 업무 등을 침해하고 있다는 사실에 대한 고의 또는 과실을 인정하는 것은 문제가 되지 않을 것으로 보인다. 또한, 가해 근로자들의 행위와 손해 발생 사이의 인과관계도 어렵지 않게 인정될 수 있을 것으로 보인다.

⑶ 괴롭힘 행위가 직접 사용자에 대한 침해가 아닌 경우

① 인과관계와 고의 입증의 어려움

가해 행위자들의 괴롭힘 행위가 피해 근로자에 대하여만 가해질 뿐 사용자의 소유에 속하는 집기의 손상을 유발하는 등 직접 사용자의 재산이나 권리에 대하여 행해지지 않은 경우에도 사용자에게 간접적으로 손해가 발생하게 되는 경우가 있다. 사용자는 근로자들과 근로계약을 체결하고 근로를 제공받게 된다. 사용자는 가해 근로자들뿐만 아니라 피해 근로자와도 근로계약을 체결하고 있으며, 사용자와 이들 근로자 사이에는 근로의 제공과 임금 지급을 주목적으로 하는 채권·채무 관계가 발생하게 된다. 그런데 근로자가 제3자에게 괴롭힘을 당하여 생산성이 저하되는 경우, 사직하게 되는 경우, 치료 또는 요양을 위하여 휴직하게 되는 경우

---

27) 신동운, 「형법각론」, 2018, 796쪽; 이재상·장영민·강동범, 「형법각론」, 2016, 218쪽.

사용자는 피해 근로자로부터 완전한 근로를 제공받지 못함으로 인해 손해를 입게 될 수 있다. 그 손해는 근로제공을 받지 못하는 것뿐 아니라 대체 근로자를 새로 채용하는 문제 등에 이르기까지 다양하게 발생할 수 있다. 그러나 가해 행위자들의 괴롭힘 행위와 이와 같은 사용자의 손해 발생 사이의 인과관계를 입증하기 어렵고, 가해 근로자들에게 사용자에게 손해를 입힌다는 고의 또는 과실이 있다고 인정하기도 어렵다. 만약 피해 근로자가 괴롭힘을 당하게 되어 근로를 제공할 수 없게 되거나, 불완전한 근로를 제공할 수밖에 없게 되는 것을 "제3자에 의한 채권침해" 법리로 설명할 수 있다면, 가해 근로자들의 행위를 사용자에 대한 불법행위로 구성하는 것이 가능하게 될 것이다.

② 제3자에 의한 채권침해 이론 검토

제3자에 의한 채권침해란 제3자에 의하여 채권자가 채무자에 대하여 가지는 채권의 실현이 불가능해지거나 방해받는 것을 말한다.[28] 채무불이행은 채무자에 의하여 채권이 침해되는 것을 말한다는 점에서 제3자에 의한 채권침해와 구별된다. 제3자에 의한 채권침해는 채무자의 귀책사유와는 관계없이 채무자의 책임 영역 밖에서 제3자에 의해서 채권의 실현이 불가능해지거나 방해되는 경우이다.[29]

제3자에 의한 채권침해가 채권자에 대하여 불법행위를 구성할 수 있다는 점에 대해서는 대체로 이론이 없다. 다만, 종래 학계에서는 제3자에 의한 채권침해가 불법행위에 해당한다고 볼 수 있는 근거에 대하여 권리불가침성설, 위법성설, 객관적 실체설 등 견해가 대립되어 왔다. 그러나 각각의 견해들은 설명 방법에 약간의 차이가 있을 뿐 근본적으로 이념을 달리하는 것은 아니다.[30] 결론에 있어서도 채권의 성질이 제3자에 의한

---

28) 김형배, 「채권총론」, 1998, 318쪽; 이은영 「채권총론」, 2006, 63쪽.

29) 김형배, 「채권총론」, 1998, 318쪽; 이은영 「채권총론」, 2006, 65쪽.

30) 서광민, '제3자에 의한 채권침해', 「월간고시(10월호)」, 1992, 30쪽; 이은영, 「채권

침해가 가능한 것이면 제3자에 의한 채권침해가 민법 제750조 이하의 불법행위책임을 발생시킬 수 있다고 보는 점에서 차이가 없다.[31] 판례도 제3자에 의한 채권침해로 언제나 불법행위가 성립하는 것은 아니지만, 채권침해의 모습에 따라 제3자에게 불법행위책임을 물을 수 있다고 보고 있다.[32] 제3자에 의한 채권침해로 인해 불법행위가 성립하기 위해서는 채권의 성질상 침해가 가능할 것을 요구하는 외에, 민법 제750조의 일반 불법행위의 요건, 즉 고의·과실, 책임능력, 위법성, 손해의 발생, 인과관계의 요건도 함께 갖추어야 한다. 채권의 성질상 제3자에 의한 침해가 가능한 것인지 여부는 그 채권의 성질과 침해되는 모습에 따라 구체적으로 결정되어야 한다.

③ 직장에서의 괴롭힘에 대한 제3자에 의한 채권침해 적용 가능성

㈎ 동료 근로자를 제3자로 볼 수 있는지

같은 사용자와 근로계약을 맺고 같은 사업 또는 사업장에서 근로를 제공하는 동료 근로자를 제3자에 의한 채권침해에 있어서의 제3자로 볼 수 있을 것인가 하는 것이 문제가 된다. 동료 근로자가 제3자가 아니라면 동료 근로자로 인해 채권이 침해된 경우 제3자로 인한 채권침해의 법리를 적용할 여지가 없어진다.

계약관계를 중심으로 볼 때 사용자와 특정 근로자 사이에서 근로계약관계로부터 발생하는 채권·채무관계는 계약을 맺은 당사자 사이의 관계이다. 동료 근로자는 다른 근로자와는 계약관계가 없으며, 다른 근로자가 사용자와 맺은 근로계약에 대해서도 아무런 관계가 없다. 근로자는 자신

총론」, 2006, 64쪽.

31) 곽윤직, 「채권총론」, 1999, 79쪽 이하; 김형배, 「채권총론」, 1998, 320쪽 이하; 이은영, 「채권총론」, 2006, 66쪽 등.

32) 대판 1953. 2. 21, 4258민상129; 대판 2001. 5. 8, 99다38699; 대판 2003. 3. 14, 2000다32437.

이 사용자와 맺은 근로계약 관계에 있어서만 당사자가 된다. 따라서 논리적으로는 괴롭힘 행위를 한 가해 근로자를 사용자가 피해 근로자에 대하여 갖는 채권을 침해한 제3자로 보는 것에 아무런 문제가 없다.

㈏ 괴롭힘 가해 행위자의 중과실 인정 가능성

불법행위에 있어서 고의란 의도적으로 타인에게 손해를 가하는 경우를 말하고, 과실이란 일반적으로 요구되는 주의의무를 게을리하여 다른 사람에게 손해를 가하는 경우를 말한다. 그러나 일반적으로 채권은 물권과 달리 공시방법이 없어서 가해자가 채권의 존재를 알 수 있는 방법이 없고 가해자가 통상의 주의를 기울였음에도 불구하고 채권의 존재를 알 수 없었다면, 채권침해에 대하여 과실을 인정하기 어렵게 된다. 이러한 이유로 제3자의 채권침해는 과실의 불법행위보다 고의의 불법행위가 더 많은 것이 특징이라고 설명되고 있다.[33] 판례도 "제3자가 채무자와 적극적으로 공모하였다거나 또는 제3자가 기망·협박 등 사회상규에 반하는 수단을 사용하거나 채권자를 해할 의사로 채무자와 계약을 체결하였다는 등의 특별한 사정이 없는 한 제3자의 고의·과실 및 위법성을 인정할 수는 없다."라고 판시하고 있다.[34]

그렇다면 직장에서의 괴롭힘에 제3자에 의한 채권침해 법리를 적용하여 사용자의 가해 근로자에 대한 손해배상청구권을 인정하려고 할 때 가장 문제가 되는 것은 가해 근로자의 고의 인정 가능성이 된다. 가해 행위자가 동료 근로자를 괴롭히는 행위를 사용자에게 손해를 가할 의사를 가지고 한 것으로 볼 수 있는 경우가 거의 없기 때문이다. 가해 행위자가 동료 근로자를 괴롭히는 행위는 동료 근로자를 지향한 행위일 뿐 사용자에게 손해를 가하기 위한 의사를 가지고 동료 근로자를 괴롭히는 사례는

33) 김형배, 「채권총론」, 1998, 320쪽 이하; 이은영, 「채권총론」, 2006, 68쪽 등.
34) 대판 2001. 5. 8, 99다38699.

특별한 경우를 제외하고는 생각하기 어렵다. 만약 그러한 일이 실제로 발생한다면 고의의 제3자에 의한 채권침해로 인정하는 데에 큰 문제는 없을 것이다. 그러나 그렇지 않다고 하더라도 비록 고의는 인정할 수 없어도 중과실은 인정할 수 있다고 본다.

제3자에 의한 채권침해에 있어서 과실로 인한 경우가 인정되기 어려운 이유는 공시방법을 갖춘 채권이 아닌 경우에는 채권의 존재를 인식하지 못한 것을 주의의무 위반으로 평가할 수 없기 때문이다. 그러나 만약 공시방법이 없어도 제3자가 채권의 존재를 당연히 인식할 수 있다고 인정된다면 과실에 의한 제3자에 의한 채권침해를 인정하는 것이 타당하다. 여기에서 그치는 것이 아니라, 비록 공시방법이 없는 채권이라 하더라도 제3자가 그러한 채권의 존재를 당연히 알 수 있었어야 함에도 불구하고 알지 못했다면 주의를 결한 정도가 현저하므로 그러한 사실을 알지 못한 것에 중과실이 있다고 보아야 한다. 즉, 제3자가 채권의 존재를 마땅히 인식하고 있었어야 함에도 현저한 부주의로 이를 인식하지 못한 채 채무자에게 가해행위를 하여 그 채무자가 채무를 전혀 이행할 수 없게 되거나 불완전하게 이행할 수밖에 없게 된 경우라면 과실에 의한 제3자의 채권침해를 인정할 수 있다는 것이다.

근로계약 관계에 있는 근로자와 사용자 간에는 근로제공과 임금지급이라는 쌍무적 채권·채무관계가 존재한다. 같은 사업 또는 사업장에서 함께 근로를 제공하고 있는 근로자들은 모두 어떠한 형태로든 사용자에 대하여 근로제공 의무를 부담하고 있으며, 자신 이외의 근로자들도 그러한 근로제공 의무라는 채무를 사용자에 대하여 부담하고 있다는 것을 당연히 인식하고 있다고 보아야 한다. 자신은 근로제공 의무를 부담하고 있으나, 함께 근로를 제공하고 있는 동료 근로자에게는 그러한 근로제공 의무가 없다고 생각한다는 것은 있을 수 없는 일이다. 동료 근로자가 사용자에 대하여 근로제공 의무를 부담하고 있다는 사실에 대해서는 별도의 공시방법도 필요 없다고 해야 한다. 비록 동료 근로자에 대한 집단적인 괴롭힘 행위가 사용자에게 손해를 가할 의사를 가지고 행해진 것은 아니라 하더라도, 특정 근로자를 집단적으로 괴롭혀서 피해 근로자가 정상적으로 근로를 제공할 수 없게 되거나 직장을 그만두게 될 경우 피해 근로자가 사용자에 대한 근로제공 채무를 이행할 수 없게 될 것이라는 사실은 특별한 지식이나 별도의 공시가 없더라도 충분히 알 수 있는 것이라고 해야 한다. 더구나 다른 근로자를 괴롭히는 행위를 해서는 안 된다는 금지의무가 개정 근로기준법 제76조의2에 규정되어 있다. 따라서 주의의무를 현저히 결한 것이므로 중과실로 인한 제3자에 의한 채권침해로 보는 것이 타당하다.

㈐ 제3자에 의한 채권침해가 인정될 경우의 효과

정리하면 특정 근로자를 집단적으로 괴롭히는 동료 근로자의 행위가 피해를 당한 근로자의 업무수행 능력을 현저하게 저해하여 사용자가 피해 근로자에 대한 근로계약상의 채권을 침해 당한 경우 직장에서의 괴롭힘 가해 행위자는 사용자의 채권을 침해한 제3자라고 볼 수 있다. 대부분의 경우 과실에 의한 제3자에 의한 채권침해가 될 것이다. 통상적으로는 제3자에 의한 채권침해는 고의로 발생하는 경우가 많다는 점을 고려하면, 직장에서의 괴롭힘으로 인해 사용자가 괴롭힘 피해 근로자에게 가지고 있는 채권이 침해되는 경우는 과실로 인한 제3자에 의한 채권침해가 인정될 수 있는 특별한 영역이라고 할 수도 있을 것이다.

사용자는 가해행위를 한 근로자들에 대하여 제3자에 의한 채권침해 법리에 따라 불법행위로 인한 손해배상을 청구할 수 있다. 이때 사용자에게 발생한 손해는 근로를 수령하지 못함으로 인한 불이익이다.[35] 근로를 제공받지 못함으로 인하여 직접 발생한 손해, 대체 근로자를 신규 선발함

---

35) 이은영, 「채권총론」, 2006, 73쪽.

으로 인해 발생한 비용, 근로자들 사이의 갈등이 초래되어 발생한 경영상의 불이익 등이 모두 손해배상의 범위에 포함될 수 있을 것이다. 직접 사용자에 대하여 지향된 행위가 아닌 괴롭힘 행위로 인한 손해배상의 청구는 사용자 소유의 기물을 손괴하는 등 직접 사용자에 대하여 가해진 행위로 인한 손해배상 청구권의 행사를 배제하지 않는다.

④ 제3자에 의한 채권침해에 대한 침해배제청구권

㈎ 침해배제청구권의 인정 여부

공시방법을 갖춘 임차권 등 대항력 있는 채권이 제3자에 의해 침해된 경우 침해의 제거를 청구할 수 있다는 것에 대해서는 대부분 학설의 결론이 일치한다.[36] 판례도 "등기된 임차권자는 임대차 기간이 종료한 후에도 임차보증금을 반환받기까지는 임대인이나 그 승계인에 대하여 임차권등기의 말소를 거부할 수 있는바, 임차권등기가 원인 없이 말소된 경우에는 그 방해를 배제하기 위한 청구를 할 수 있다."[37]고 하여 대다수 학설과 같은 취지의 결론을 내리고 있다. 대다수 학설과 판례가 침해의 제거를 청구할 수 있는 채권을 대항력을 갖춘 경우로 제한하는 것은 채권에 대한 침해 제거 내지 방해 배제 문제를 주로 부동산 임차권 등 부동산에 대한 채권관계에서 검토하기 때문인 것으로 생각된다. 부동산과 관련한 채권은 등기 등 공시방법에 따른 대항력을 갖추어야 물권과 유사한 배타적 효력을 가질 수 있다는 점에서 부동산에 관한 한 대다수 학설과 판례의 태도는 원칙적으로 타당하다.

그러나 침해 상태의 제거를 요청할 필요가 있는 채권이 반드시 부동산과 관련된 채권에 한정되어 있는 것은 아니다. 부동산 이외의 채권에 대

---

36) 곽윤직, 「채권총론」, 1999, 85쪽; 김형배, 「채권총론」, 1998, 340쪽; 이은영, 「채권총론」, 2006, 77쪽 등.

37) 대판 2002. 2. 26, 99다67079.

한 침해가 있을 경우에 방해배제청구권을 인정할 필요가 있는지의 문제는 부동산에서 대항력이 있어야 한다는 것과는 다른 문제로 다루어야 한다. 즉 형식적 대항력 확보 여부가 아니라 제3자가 그러한 채권의 존재를 명확히 알 수 있었는가의 문제로 검토하는 것이 타당하다고 본다. 타인에 의해 침해된 채권이 확정되어 있고 성질상 침해자가 그 존재를 명확히 알 수 있는 것일 경우, 그리고 제3자의 방해행위가 제거될 경우 채무자가 채무를 완전히 이행할 수 있는 가능성이 남아있는 경우라면, 비록 그 채권이 대항력을 갖춘 임차권이 아니라 하더라도 침해의 제거를 요구할 수 있는 채권이라고 보아야 할 것이다.

(나) 직장에서의 괴롭힘 행위의 배제·예방 청구권 인정 여부

앞에서 우리는 근로자는 다른 동료 근로자가 사용자와 근로계약관계라는 채권·채무관계를 맺고 있다는 것을 별도의 공시방법이 없어도 당연히 인식하고 있다고 보았다. 가해 행위자의 괴롭힘 행위로 인해 피해 근로자가 근로제공을 제대로 할 수 없게 되면 사용자의 피해 근로자에 대한 근로계약상의 채권에 대한 침해가 된다는 점은 가해 근로자들이 충분히 알고 있다고 보아야 하기 때문이다. 그리고 괴롭힘을 당한 피해 근로자에 대하여 사용자가 갖는 채권의 내용은 성질상 공시방법이 없어도 그 내용을 제3자가 충분히 알 수 있다고 보아야 한다. 이러한 전제들을 인정한다면 직장에서의 괴롭힘 사안에 대하여 사용자가 괴롭힘 가해 행위자에게 채권침해 상태를 제거할 것을 요구할 수 있는 방해배제청구권을 갖는다고 인정하는 것이 타당하다. 따라서 직장에서의 괴롭힘으로 인해 피해 근로자의 근로제공이 불가능해지거나 또는 완전히 이루어지지 못한 경우에는 사용자가 가해 근로자에 대하여 괴롭힘 행위를 중단하고 괴롭힘 피해 근로자의 회복과 업무복귀를 지원하기 위한 조치에 협조하도록 요구할 수 있다. 가해 행위자의 사과와 재발 방지 약속, 피해 근로사에 대한 배상 등이 고려될 수 있다. 사용자가 괴롭힘 가해 행위자에게 피해 근로자의

회복과 업무복귀를 지원하기 위한 조치에 협조하도록 요구할 수 있는 기초는 사용자와 가해 행위자 사이의 근로계약이 아니다. 근로계약 또는 취업규칙 등에 그러한 요구를 할 수 있다는 근거규정이 없다 하더라도 제3자에 의한 채권침해 법리와 그에 기초하여 사용자가 보유하는 방해배제 청구권에 근거하여 괴롭힘 가해 행위자에게 그와 같은 요구를 할 수 있다고 보아야 한다.

2. 단체협약 또는 취업규칙에 따른 징계

직장에서의 괴롭힘 행위가 발생하면 그로 인해 괴롭힘 피해 근로자의 근로능력이 심각하게 저하되는 경우가 많다. 그뿐 아니라 만약 피해 근로자가 상해 또는 정신적 충격 등을 이유로 요양을 하게 되거나 퇴직하게 될 때에는 그로 인한 생산차질과 기업문화의 훼손을 피할 수 없다. 사용자로서는 그러한 결과가 유형·무형의 손실로 연결될 수밖에 없다. 그 피해는 단기간에 치유되기 어렵다. 그러므로 직장에서의 괴롭힘 행위자에 대해서는 사용자가 징계 등 사업장 질서유지 차원의 대응을 고려하지 않을 수 없다. 대부분의 사업 또는 사업장에서는 비록 직장에서의 괴롭힘 행위를 직접 상정한 것은 아니라 하더라도 생산차질, 기업질서 훼손 등의 행위를 취업규칙이나 단체협약에 징계사유의 하나로 규정하고 있다.[38] 따라서 괴롭힘 행위가 사업 또는 사업장의 단체협약이나 취업규칙에 규정된 징계사유에 해당할 수 있고,[39] 사용자가 괴롭힘 가해 행위자에 대하여 징계권을 행사하기로 결정한 경우 괴롭힘 가해행위를 한 근로자들은 징계의 대상이 될 수 있다.

---

38) 대우조선노동조합, 「단체협약」, 2008년, 제23조; 아주대병원 「단체협약」, 2008년, 제30조; 광주상무병원, 「취업규칙」, 2005, 제67조 등.

39) 대판 1993. 11. 9, 93다37915.

Ⅲ. 형법상 책임

직장에서의 괴롭힘 때문에 피해 근로자가 곤란한 상황에 처하게 되거나 그로 인해 어떠한 형태로든 사용자와의 근로계약관계가 종료되는 것은 바람직하지 못하다. 그러나 바람직하지 않은 모든 행위가 형법의 적용대상이 되는 것은 아니다. 특정인과 대화를 해야 하는 법률적 의무, 특정인과 함께 밥을 먹어야 하는 법률적 의무 등을 설정하고 이를 위반할 경우 형벌을 부과하는 것은 바람직한 방법이 아니다.[40] 많은 경우 직장에서의 괴롭힘 행위는 형법상 의미 있는 행위가 아니라고 판단되거나 구성요건 해당성이 없는 행위로 판단될 가능성이 크다. 그리고 경우에 따라서는 사회상규에 반하지 않는 행위로 인식되어 형법 제20조에 따라 위법성이 조각되는 행위로 평가될 여지도 크다. 따라서 직장에서의 괴롭힘 행위에 대한 형법적 구제수단을 찾는 것은, 그 행위가 직접 형법 및 특별형법상의 범죄구성요건에 해당하고 위법하다고 인정되는 경우 외에는 일정한 한계가 있다.[41]

1. 직장에서의 괴롭힘 행위의 형법상 범죄 성립 가능성

⑴ 절도죄 또는 손괴죄 성립 가능성

절도죄와 손괴죄는 재물에 대한 범죄이다. 형법 제329조의 절도죄는 타인의 재물을 절취함으로써 성립하는 범죄이고, 형법 제366조의 손괴죄는 타인의 재물, 문서 또는 전자기록 등 특수매체기록을 손괴 또는 은닉 기타 방법으로 그 효용을 해하는 경우 성립하는 범죄이다. 절도죄가 성립하기 위해서는 주관적 구성요건요소로서 재물에 대한 불법영득의사를 요

40) 김영문, '직장 내에서의 음해행위(mobbing)에 대한 법적 구제수단', 「법조(통권 498호)」, 1998, 133쪽.

41) 직장 내 괴롭힘 문제에 대한 형법적 취급에 대한 자세한 내용은 Christiane Mühe, 「Mobbing am Arbeitsplatz」, 2006; Martin Wolmerath, 「Mobbing im Betrieb」, 2000, 50쪽 이하; 水谷英夫, 「職場のいじめ：「パワハラ」と法」, 2006, 106쪽 이하 참조.

구하는 반면, 손괴죄의 경우에는 불법영득의사를 필요로 하지 않는다는 점에서 중요한 차이가 있다. '불법영득의사'란 권리자를 그 지위에서 영구적으로 배제하고 타인의 재물을 자기의 소유물과 같이 그 소유권을 행사하겠다는 의사를 말한다.[42]

동료 근로자들이 특정 근로자가 작업해 놓은 파일을 몰래 지우는 행위, 그 근로자 소유의 볼펜이나 계산기 등 사무집기를 버리거나 감추는 행위 등은 흔히 일어날 수 있는 직장에서의 괴롭힘 유형이다. 이러한 행위들이 절도죄 또는 손괴죄를 구성하는가가 문제된다. 피해 근로자의 사물을 몰래 가져다가 자기 집이나 개인 서랍 속으로 옮겨 보관하거나 자기가 사용하는 경우에는 불법영득의사를 인정할 수 있기 때문에 형법 제329조의 절도죄가 성립한다고 할 수 있다.[43] 동료 근로자를 곤란하게 만들고 괴롭히기 위해 가져다가 쓰레기 처리장에 버리거나 숨겨놓는 경우에도 절도죄의 성립을 인정하는 것이 타당하다.[44] 숨겨놓는 행위는 경우에 따라 동시에 손괴죄의 구성요건에도 해당할 수 있다. 절도죄의 경우 형법 제342조에 의해 미수범이 처벌되며, 제332조에 의해 상습범도 처벌된다. 물건을 가져가려다 발각된 경우, 그와 같은 행동이 상습적으로 반복된 경우에도 각각의 행위에 대한 처벌이 가능하다.

직장에서의 괴롭힘의 수단으로 피해 근로자의 물건을 감추거나 없애는 행위에 대해서는 형법 제366조의 손괴죄의 적용도 가능하다. 손괴죄에는 재물, 문서나 특수매체기록 등을 유형력을 행사하여 효용을 해하는

---

42) 배종대, 「형법각론」, 2006, 350쪽; 이재상·장영민·강동범, 「형법각론」, 2016, 273쪽; 임 웅, 「형법각론」, 2018, 337쪽.

43) 타인의 물건을 자기의 소유물과 같이 경제적 용법에 따라서 이용하고 처분할 의사가 있어야 불법영득의사를 인정하는 판례의 태도를 따르면 단순히 가져다가 보관만 하는 경우는 절도죄의 성립을 인정하기 어려울 수도 있다(대판 1996. 5. 10, 95도3057).

44) 대판 1993. 4. 13, 93도328. 화가 나서 피해자를 혼내주기 위해 피해자의 가방을 들고나온 경우 불법영득의사가 있다고 할 수 없다고 본 사례가 있다.

손괴는 물론 숨기는 것을 뜻하는 은닉까지 모두 포함한다. 그러므로 특정 근로자가 오랫동안 작업해 놓은 컴퓨터에 저장된 문서파일을 삭제한 경우, 사무집기를 공용 캐비닛 안쪽에 넣어두어 찾지 못하게 하는 경우, 피해 근로자의 책상 위의 꽃병이나 컵을 실수를 가장하여 깨뜨리는 경우, 고가의 컴퓨터 키보드에 일부러 물을 쏟아 사용할 수 없도록 만드는 경우, 악단이 공동으로 사용하는 악기 보관 창고에서 다른 단원 소유의 첼로를 일부러 넘어뜨려 목을 부러뜨리는 경우 등의 행위는 모두 손괴죄의 구성요건에 해당하게 된다. 그러나 피해 근로자의 책상이나 의자를 사무실 구석으로 옮겨 놓는 행위, 컴퓨터와 모니터의 연결선을 빼놓는 행위 등은 효용을 감소시키지 않고 단순히 이용을 방해한 것으로서 손괴라고 볼 수 없다.[45] 형법 제371조는 손괴죄의 미수범도 처벌 대상으로 규정하고 있다.

(2) 폭행죄 또는 상해죄 성립 가능성

폭행죄와 상해죄는 타인의 신체의 완전성 내지 신체의 불가침성을 침해하는 경우에 성립하는 범죄이다. 그중에서도 상해죄는 신체적·정신적 건강, 즉 생리적 기능을 구체적인 보호법익으로 하고 있으며, 폭행죄는 신체의 건재성을 보호법익으로 하고 있다는 점에서 구별된다.[46]

직장에서 여러 근로자들이 집단으로 특정 근로자를 따돌리고 어울리지 않는 행위 자체로는 폭행죄에 해당한다고 볼 수 없다.[47] 그러나 신체에 대하여 가해지는 유형력의 행사는 형법 제260조의 폭행죄에 해당할 수 있다. 여러 명의 동료 근로자들이 다중의 위력을 보이며 폭행을 가한 경우 제261조의 특수폭행죄가 성립할 수 있고, 폭행하여 상해에 이르게

45) 김일수·서보학, 「새로 쓴 형법각론」, 2005, 3861쪽; 이재상·장영민·강동범, 「형법각론」, 2016, 469쪽; 임 웅, 「형법각론」, 2018, 577쪽.

46) 이재상·장영민·강동범, 「형법각론」, 2016, 42쪽; 임 웅, 「형법각론」, 2018, 79쪽.

47) 임 웅, 「형법각론」, 2018, 82쪽.

한 때에는 형법 제262조의 폭행치상죄가 성립할 것이다. 피해 근로자의 신체를 상해하는 방법으로 괴롭힘이 행해진 경우 가해 행위자들의 행위는 형법 제257조의 상해죄에 해당할 수 있다.[48] 상해죄에 대해서는 특히 형법 제263조에 동시범을 처벌하는 특례가 규정되어 있다. 따라서 다수의 근로자들이 공동으로 괴롭힌다는 인식 없이 특정 근로자에게 각각 상해를 입힌 경우에도 그 다수의 근로자들을 동시범으로 처벌할 수 있다. 상해죄에서의 상해는 피해자의 신체의 완전성을 훼손하거나 생리적 기능에 장애를 초래하는 것을 뜻한다. 그러므로 반드시 신체에 외부적인 상처가 생겨야만 하는 것은 아니고, 정신적 기능이 손상되거나 기존의 정신적 질환이 악화되는 경우도 상해의 의미에 포섭된다.[49] 따라서 피해자에게 스트레스성 장애가 발생하거나 우울증 등의 정신과적인 질병이 발생한 경우도 상해죄가 성립될 수 있을 것이다.

괴롭힘의 특성상 가해자가 다수인 경우가 많다. 이와 같은 집단적 괴롭힘인 경우에 가해 행위자들은 형법 제30조에 의해 폭행죄나 상해죄의 공동정범이 될 수 있다. 괴롭힘에 공동의 모의 과정이 없었다 하더라도 수인 사이에 특정인에게 폭행이나 상해를 가한다는 암묵적인 의사의 결합이 인정된다면[50] 상해죄의 공동정범이 인정될 수 있다. 형법 제264조가 상습상해나 상습폭행에 대한 처벌규정을 두고 있으므로 가해자들의 폭행이나 상해가 지속적이고 반복적으로 계속되어 가해 행위자의 상습성이 인정되는 정도에 이른 경우에는 상습범이 성립할 수도 있다. 이 경우에 대해서는 폭력행위 등 처벌에 관한 법률 제2조에 가중처벌 규정이 있

---

48) Christiane Mühe, 「Mobbing am Arbeitsplatz」, 2006, 78쪽; Martin Wolmerath, 「Mobbing im Betrieb」, 2000, 58쪽.

49) 김일수·서보학, 「새로 쓴 형법각론」, 2005, 63쪽; 배종대, 「형법각론」, 2006, 94쪽; 임 웅, 「형법각론」, 2018, 61쪽; 대판 1999. 1. 26, 98도3732; 대판 1996. 12. 10, 96도2529.

50) 대판 2004. 12. 24, 2004도5494; 대판 2005. 1. 17, 2004도7511.

다. 여러 사람이 다중의 위력을 과시하면서 폭행이나 상해를 가한 경우에 대해서도 폭력행위 등 처벌에 관한 법률 제3조 제1항에 가중처벌 규정이 있으며, 같은 법 제3항에는 이러한 행위의 상습범에 대한 가중처벌 규정도 두고 있다.

괴롭힘 피해 근로자가 괴롭힘으로 인해 스트레스를 견디지 못하고 스스로 상해를 입힌 경우(自傷), 또는 괴롭힘으로 인해 정신질환이 발생하거나 악화되어 자상을 한 경우에 괴롭힘 가해 행위자에게 상해죄를 적용할 수 있을 것인가가 문제된다. 괴롭힘 가해 행위자가 피해 근로자에게 자상(自傷)을 강요하여 피해 근로자가 자해한 경우에는 상해죄의 간접정범이 성립함을 인정할 수 있다.[51] 스스로 자신의 신체에 상처를 입히는 행위는 형법상 구성요건에 해당하지 않는 행위인데, 괴롭힘 가해 행위자가 그와 같이 구성요건 해당성이 없는 행위를 이용하여 상해의 목적을 달성했기 때문에 간접정범이 되는 것이다. 그러나 괴롭힘 가해 행위자에게 피해 근로자가 자상을 강요한 것이 아니라, 단지 모욕과 괴롭힘이 괴로운 나머지 정신적 스트레스가 극심해져서 자해의 수단으로 자상을 감행한 경우 괴롭힘 가해 행위자에게 상해죄의 간접정범이 성립한다고 할 수 없다. 간접정범이 성립하기 위해 요구되는 "의사지배"를 인정할 수 없기 때문이다. 구성요건 해당성이 없으며, 살인죄의 교사범 성립도 인정되기 어렵다. 우리 형법은 과실상해를 처벌하는 규정을 두지 않았기 때문에 과실상해에 해당하는지를 검토할 수 있는 여지도 없다. 형법 제262조의 폭행치상죄도 자상에는 적용하기 어렵다. 가해 행위자에게 예견 가능성을 인정하기 어렵고 폭행과 상해의 결과 사이에 피해자의 행위가 개입되어 있기 때문이다. 다만, 괴롭힘으로 인해 피해자가 자상을 한 경우, 괴롭힘으로 인해 피해자가 입은 손해액을 산정할 때에 고려할 수 있는 요소는 될 수 있을 것으로 생각된다.

---

51) 이재상·장영민·강동범, 「형법총론」, 2015, 440쪽; 임 웅, 「형법총론」, 2018, 484쪽.

(3) 명예훼손죄 또는 모욕죄 성립 가능성

형법 제307조의 명예훼손죄는 공연히 사실을 적시하거나 또는 허위의 사실을 적시하여 타인의 명예를 훼손함으로써 성립하는 범죄이며, 형법 제311조의 모욕죄는 공공연하게 타인을 모욕하는 경우 성립하는 범죄이다. 명예훼손죄와 모욕죄는 그 행위수단이 "사실의 적시"인가의 여부에 따라 구별된다.[52]

직장에서의 괴롭힘은 특정 근로자에 대한 험담과 비난이 수반되는 경우가 많다. 업무수행 능력이 부족하다는 험담에는 과장되거나 예외적인 사례나 경험이 덧붙여지는 경우가 많고, 성격이 이상하다는 비난을 가할 때에도 허위이건 사실이건 그 비난을 뒷받침하기 위한 사례가 뒤따르기 마련이다. 그러한 험담과 비난은 괴롭힘 피해 근로자가 알 수 없도록 은밀하게 행해지는 때도 있고 피해자에게 직접 가해지는 때도 있다. 직장에서의 괴롭힘에 대한 Leymann의 분류[53] 중 제1유형과 제3유형에 해당하는 경우이다. 제1유형은 큰소리로 욕설이나 협박을 하는 경우, 경멸하는 행위를 하는 경우, 제3유형은 험담을 하는 경우 등이다. 이와 같은 행위들은 명예훼손죄[54], 모욕죄[55] 등에 해당할 수 있다. 피해 근로자에 대한 지어낸 이야기를 공공연히 유포하는 경우, 비록 허위의 사실이 아니라 하더라도 피해 근로자의 사회적 평가를 저하시킬 만한 사실을 소문을 내거나 이야기한 경우 명예훼손죄가 성립할 수 있다. 여러 사람 앞에서 피해 근로자에게 욕설을 하거나 경멸하는 표현을 한 경우 모욕죄가 성립할 수

---

52) 임 웅, 「형법각론」, 2018, 254쪽.

53) 제2장 제2절 Ⅱ. 2. 참조.

54) Christiane Mühe, 「Mobbing am Arbeitsplatz」, 2006, 174쪽; Martin Wolmerath, 「Mobbing im Betrieb」, 2000, 67쪽.

55) Christiane Mühe, 「Mobbing am Arbeitsplatz」, 2006, 157쪽; Martin Wolmerath, 「Mobbing im Betrieb」, 2000, 65쪽.

도 있다.[56] 다만, 모욕죄는 친고죄이므로 피해자의 고소가 있어야 공소를 제기할 수 있다.

⑷ 협박죄 또는 강요죄 성립 가능성

형법 제283조 제1항에 규정된 협박죄는 특정인에게 해악을 고지하여 공포심을 느끼게 만들어 자유로운 의사결정을 할 수 없도록 하는 경우 성립되는 범죄이다. 형법 제324조 제1항의 강요죄는 폭행 또는 협박으로 사람의 권리행사를 방해하거나 의무 없는 일을 하게 함으로써 성립하는 범죄이다.

괴롭힘 행위의 방법이 피해 근로자를 협박하여 공포심을 느끼게 하는 행위이거나, 강제로 근로계약상 피해 근로자가 해야 할 일이 아닌 다른 업무를 하도록 하는 행위, 휴게시간에 휴식을 취할 수 없도록 하는 행위, 근로기준법상 인정되는 연차휴가를 사용할 수 없도록 하는 행위, 화장실에 갈 수 없도록 하는 행위 등의 경우에는 협박죄[57] 또는 강요죄를 구성하게 된다. 책상 서랍을 빼서 피해자의 앞에 집어 던지면서 위협을 가하는 행위, 피해 근로자가 두려움을 느껴 직원식당에 출입하지 못하거나 통근버스를 이용하지 못하도록 하는 행위 등도 여기에 해당한다고 볼 수 있다.

형법학계에서는 다수의 사람이 특정인에게 공동으로 절교하기로 결의하고 이를 피해자에게 통고하는 것, 즉 집단적인 따돌림을 하겠다는 것을 고지하는 것이 명예에 대한 협박죄가 될 수 있는가에 대해서 논의가 있다. 협박죄의 성립을 긍정하는 견해[58]와 부정하는 견해[59]가 대립한다.

---

56) 대판 1990. 9. 25, 90도873.

57) Christiane Mühe, 「Mobbing am Arbeitsplatz」, 2006, 184쪽; Martin Wolmerath, 「Mobbing im Betrieb」, 2000, 61쪽.

58) 김일수·서보학, 「새로 쓴 형법각론」, 2005, 120쪽; 임 웅, 「형법각론」, 2018, 155쪽(협박죄의 구성요건에는 해당하지만, 사회상규에 위배되지 않으면 위법성이 조각될 수 있다고 보는 듯하다).

59) 정성근, 「형법각론」, 1996, 178쪽.

협박죄의 성립을 부정하는 견해는 사람은 누구나 교제의 자유를 가지고 있으므로 절교가 일률적으로 타인의 자유를 침해한다는 것은 의문이며, 공동절교의 통고가 그러한 통고를 받은 사람의 명예를 침해한다는 것은 이해하기 어렵다고 한다. 그러나 공동으로 절교하겠다는 통고를 통해서 피해자의 공포심을 불러일으키는 행위는 충분히 피해자의 명예에 대한 협박이 될 수 있다고 생각된다. 협박죄의 성립을 인정하는 것이 타당할 것이다. 절교 통고에 대해 협박죄의 성립을 인정한다면, 집단적인 절교 통고는 형법 제284조의 특수협박죄에 해당하게 될 것이다. 다만, 집단적인 절교 통고가 이루어진 방법과 정도, 절교 통고를 받은 상대방과 통고를 한 사람들과의 관계 등을 고려하여 사회상규에 위배되는지 여부를 판단할 필요는 있다고 생각된다.

⑸ **자살에 대한 살인죄 성립 가능성**

직장에서 괴롭힘 피해를 당한 근로자가 괴롭힘을 견디기 어려워서 또는 괴롭힘으로 인해 발생한 정신질환이 원인이 되어 자살(自殺)한 경우에 가해 행위자에게 살인죄를 적용할 수 있을 것인가 관한 문제이다. 괴롭힘을 피하고자 달아나다가 높은 곳에서 떨어져 사망한 경우 등 직접적인 인과관계가 인정되는 예외적인 경우를 제외하면[60] 가해 근로자들에게 직접 살인죄를 인정할 수 있는 가능성은 크지 않다.

이 문제에 참고가 될 수 있는 것으로는 형법학계에서 제기된 자살을 하도록 집단적인 강요나 협박이 행해져 그로 인해 피해자가 자살한 경우에 가해자에게 직접 살인죄의 죄책을 물을 수 있을 것인지에 대한 논의가 있다. 앞에서 자상(自傷)과 관련하여 설명한 것과 같은 간접정범 성립 논의와 궤를 같이한다. 형법 제250조 살인죄의 간접정범이 성립한다는 견

60) 대판 1990. 10. 26, 90도1786. 이미 폭행을 당한 피해자가 가해자로부터 다시 폭행을 당하지 않으려고 창 밖에 숨으려고 하다가 실족사 한 사례에서 폭행과 사망 사이의 인과관계를 인정했다.

해[61)]와 의사지배의 성공 여부에 따라 형법 제252조의 자살관여죄 또는 제253조의 위계·위력에 의한 살인죄가 성립한다는 견해,[62)] 이론상 살인죄의 간접정범이지만 형법 각칙에 의해 위계·위력에 의한 살인죄 규정의 적용을 받는다는 견해[63)] 등이 대립한다. 하지만 직장에서의 괴롭힘의 경우 괴롭힘 가해 행위자가 피해 근로자에게 자살하도록 강압을 하거나 강요하는 상황은 매우 예외적인 경우일 뿐이라고 생각된다. 형법학계에서의 위와 같은 논의가 직장에서의 괴롭힘 논의에 일반적으로 적용될 수 있는 논리로 직접 원용되기는 어려울 것으로 보인다.

직장에서의 괴롭힘이 폭행이나 상해를 입히는 방법으로 가해진 경우에 지속적인 폭행이나 상해를 당하던 피해 근로자가 자살한 경우에 형법 제262조의 폭행치사죄나 형법 제259조의 상해치사죄가 성립한다고 보기도 어렵다. 각각 폭행과 사망, 상해와 사망 사이의 인과관계와 가해 행위자의 예견 가능성이 인정되어야 하는데 피해자의 자의에 의한 자살행위가 개입되어 있기 때문이다. 피해자가 계속되는 폭행과 상해 행위를 피하고자 도로를 건너 도주하다가 차량에 치여 사망한 사례에서 가해자의 상해행위와 피해자의 사망 사이에 상당인과관계가 있다고 인정한 판례가 있지만[64)] 이 사례는 도주하는 장소와 방향을 고려할 때 차량에 치일 가능성을 가해자가 충분히 예견할 수 있고 피해자나 차량의 운전자에게 피해자의 사망에 대한 고의를 인정할 수 없다는 점에서 피해자의 자살과는 다른 결론에 이를 수 있다고 생각된다.

노동법학계에서는 괴롭힘 피해 근로자가 괴롭힘이 원인이 되어 자살한 것과 관련해서, 괴롭힘 피해 근로자는 자살 순간까지 자살에 대해 결

---

61) 배종대, 「형법총론」, 2006, 535쪽; 이재상·장영민·강동범, 「형법총론」, 2015, 440쪽.

62) 임 웅, 「형법총론」, 2018, 484쪽.

63) 김일수·서보학, 「새로 쓴 형법총론」, 2005, 575쪽.

64) 대판 1996. 5. 10, 96도529.

단을 내릴 수 있는 판단능력을 지니고 있는 경우가 많기 때문에 행위지배 요건이 결여되므로 간접정범의 성립을 인정하기에는 어려움이 있다는 견해가 있다.[65] 극심한 두려움과 격앙된 감정에 휩싸여 있는 피해자가 정상적으로 자살을 회피할 만한 판단능력을 지니고 있다고 보기는 어렵다. 하지만 피해 근로자가 괴롭힘 가해 행위자의 의사에 완전히 지배당하고 있는 상태라고 보기도 어려우므로 그 한도에서는 아직 독자적인 판단능력을 지니고 있다고 볼 수 있다. 따라서 간접정법의 성립을 인정할 수 없다는 결론에 이르지 않을 수 없다.[66]

직장에서의 괴롭힘 행위로 인해 피해 근로자가 자살한 경우에 대해서는 괴롭힘 행위가 개별적으로 형법상 절도죄, 손괴죄, 폭행죄, 상해죄, 명예훼손죄, 모욕죄, 협박죄, 강요죄 등에 해당한다면 가해 행위자에게 각각의 형벌 규정을 적용할 수는 있지만, 살인죄나 살인죄의 간접정범 또는 공범으로 처벌할 수 있는 방법은 현행법상으로는 없다고 판단된다. 괴롭힘 행위가 민법 제750조의 불법행위에 해당한다고 판단할 수 있는 경우에도 그것이 반드시 형법상 구성요건에 해당하는 행위로 처벌받을 수 있는 것은 아니기 때문에 민사상 손해배상 의무가 있는 가해 행위자이더라도 형법에 따라 처벌을 받지는 않을 수 있다.

가장 바람직한 방법은 형법 각칙상 구성요건에 지속적인 괴롭힘으로 인해 피해자가 자상 또는 자살한 경우에 가해 행위자를 처벌할 수 있는 구성요건을 신설하는 것이라고 생각된다.

---

65) 김영문, '직장 내에서의 음해행위(mobbing)에 대한 법적 구제수단', 「법조(통권 498호)」, 1998, 136쪽.

66) 이준희, 「직장 내 집단 괴롭힘(mobbing)에 대한 연구」(고려대 석사학위 논문), 2009, 86쪽에서 간접정범의 성립을 인정해야 한다고 보았던 견해는 철회한다.

2. 위법한 상급자의 명령에 따른 근로자들의 책임

(1) 문제 제기

상급자가 주도하여 행해지는 직장에서의 괴롭힘 행위 유형 중 대표적인 것이 상급자가 특정 근로자의 동료 근로자들에게 그 근로자와 어울리거나 정보를 공유하지 못하도록 지시하는 사례이다.[67] 이 경우 상급자의 지시에 따라 어쩔 수 없이 피해 근로자에 대한 괴롭힘에 가담하게 된 근로자들에게 앞에서 설명한 형법 규정들을 그대로 적용하는 것이 과연 타당한지 의문을 가질 수밖에 없다. 비록 범죄 구성요건에 해당하는 행위라 하더라도 자발적으로 괴롭힘 행위를 한 경우와 거절할 수 없는 상급자의 지시에 따라 행위 한 경우를 동일하게 취급하는 것은 타당하지 못하다고 생각되기 때문이다.

(2) 상급자의 명령에 따른 행위의 위법성 또는 책임조각 가능성

① 법률상 명령권을 가진 상급자의 지시에 따른 경우

상급자의 명령이 법령상 근거에 의하여 적법하게 내려진 것이라면, 그 명령에 따른 행위는 원칙적으로 형법 제20조의 "법령에 의한 행위"로 인정되어 정당행위로서 위법성이 조각될 수 있다.[68] 그러나 상급자가 법령상 근거에 기초하여 명령을 내렸지만, 그 명령이 명백히 위법 내지 불법인 명령일 때에는 적법한 직무상의 명령이라고 할 수 없으므로 그때에는 명령에 따라야 할 의무가 발생하지 않는다고 한다.[69] 그러한 명령에 따른 행위는 위법성은 물론 책임도 조각되지 않는다.[70] 법령에 따른 상급

---

67) 소위 LG전자 사건으로 알려진 사안도 상급자의 지시로 따돌림이 이루어진 사건이다(서울행판 2002. 8. 14, 2000구34224; 대판 2004. 2. 27, 2003두13601; 서울중앙지판 2008. 2. 15, 2006가단333765 등).

68) 김일수·서보학, 「새로 쓴 형법총론」, 2005, 338쪽; 하태훈, '상관의 명령에 복종한 행위', 「형사판례연구(제9호)」, 2000, 178쪽.

69) 대판 1999. 4. 23, 99도636.

70) 이재상·장영민·강동범, 「형법총론」, 2015, 277쪽.

자의 명령이 절대적인 구속력이 있어서 하급자가 거부할 것을 기대할 수 없는 경우에 그 명령에 따라 행한 하급자의 행위가 어떻게 평가되어야 하는가에 대해서는 견해가 대립한다. 위법성이 조각된다는 견해[71]와 위법성이 조각되지는 않지만 명령을 받은 행위자의 책임이 조각되는 것으로 보아야 한다는 견해[72]가 각각 주장되고 있다. 법령상 권한이 있는 상급자의 지시를 받는 하급자의 관점에서 상급자의 지시가 명백히 형법상의 범죄구성요건에 해당하는가의 여부는 쉽게 판단하기 어렵다. 명백히 불법적인 명령인지 여부에 대하여 판단할 책임을 명령을 받는 하급자에게 요구하는 것은 타당하다고 하기 어렵다. 경우에 따라 명령권자의 지시가 구속력이 있는 명령이라고 판단하고 그 지시에 따르게 되는 경우도 얼마든지 있을 수 있다. 또한, 명백히 위법한 명령인 경우에도 그 명령이 사실상 구속력이 있는 것이라면 지휘·복종 관계에 있는 근로자가 상급자의 명령을 거부해야 한다고 단정하는 것은 지나치게 형식적인 판단이라고 하지 않을 수 없다. 그러므로 법률상 권한이 있는 상급자의 위법한 명령에 복종한 하급자의 행위는 위법성이 조각된다고 할 수는 없지만, 기대가능성이 없어서 책임이 조각된다고 보는 것이 타당할 것이다. 위법성은 인정되어야 한다고 보는 이유는 위법한 행위가 명령과 지시 이행이라는 중간 과정을 거친다고 해서 위법성이 탈락한다고 보기는 어렵기 때문이다.[73] 다만, 상급자에게 벌률상 명령권이 없다는 것이 명백하다면 책임 조각을 인정할 수 없다고 본다.

공무원 조직이나 법률에 따라 구성된 조직에서 법률상 정당한 명령 권한을 가진 상급자가 하급자들에게 특정 직원이 작성한 문서를 몰래 파기

---

71) 하태훈, '상관의 명령에 복종한 행위', 「형사판례연구(제9호)」, 2000, 167쪽 이하.

72) 이용식, '상관의 위법한 명령에 따른 행위', 「형사판례연구(제4호)」, 1997, 53쪽; 임웅, 「형법총론」, 2018, 222쪽; 대판 1997. 4. 17, 96도3376도 유사한 견해.

73) 이재상·장영민·강동범, 「형법총론」, 2015, 276쪽.

하도록 지시한 경우, 전화선을 끊어버리도록 한 경우, 승진 심사를 위한 평가에서 평가 담당자에게 지속적으로 부당하게 낮은 평가점수를 부여하도록 지시한 경우 등은 법령상 근거는 있으나 위법한 명령이 행해진 경우라고 볼 수 있다. 이와 같은 명령에 따른 하급자들의 행위는 업무방해죄 등 관련 구성요건에 해당하는 위법한 행위라고 평가되어야 하지만 책임이 조각되어 처벌되지는 않는다고 볼 수 있다. 이때 지시를 한 상급자는 책임이 조각되어 처벌되지 않는 부하의 행위를 이용한 경우이므로, 형법 제34조 제2항의 특수간접정범, 특수교사 또는 강요죄로 처벌될 수 있다.

법령상 명령권을 가진 상급자라 하더라도 하급자에게 특정인과 대화하지 말도록 하거나, 휴게시간에 어울리지 못하도록 하거나, 허위 소문을 만들어 유포하게 하거나, 퇴근 후에 만나지 말 것 등을 명령할 권한은 없다. 업무 외 영역에서의 법률상 정당한 명령 권한을 인정할 수는 없기 때문이다. 이처럼 상급자의 적법한 명령권이 없다는 것이 명백한 경우에는 그 명령에 따른 하급자들의 행위가 책임이 조각된다고 보기는 어려울 것이다.

② 법률상 명령권이 없는 상급자의 지시에 따른 경우

상급자와 하급자 사이에 법령에 따른 지시·복종 관계가 없는 일반 사기업 내에서의 상급자와 하급자 사이에는 형법 제20조의 정당행위 규정이 적용될 수 없으므로, 위법한 상급자의 명령에 따른 행위가 형법 제20조에 기해 위법성이 조각된다고 인정할 수 있는 여지는 없다. 다만, 상급자와의 관계에서 실질적인 지시·복종 관계에 있는 하급자인 근로자가 상급자의 명령을 거부하는 것을 기대하기는 매우 어렵다. 거부 내지 불복을 기대하기 어려운 것은 그 명령이 위법 내지 불법인 경우에도 마찬가지이다. 따라서 이때에도 기대불가능성을 이유로 책임이 조각된다고 보는 것이 합리적이라고 생각한다.

그러나 판례는 직장 상사가 범법행위를 하는데 가담한 부하에게 직무상 지휘·복종관계에 있다 하여 범법행위에 가담하지 않을 기대가능성이 없다고 할 수 없다고 한다.[74] 판례에 따르면 일반 기업 내에서 상급자가 하급자들에게 손괴죄, 절도죄, 명예훼손죄, 모욕죄 등 형법상 구성요건에 해당하는 행위로써 특정 근로자를 괴롭히도록 지시한 경우에 그러한 지시에 따른 근로자들의 책임은 조각될 수 없다. 지시에 따라 행한 행위에 대하여 해당하는 형법 각 조항의 범죄가 성립하게 된다. 하지만 소속 사업 또는 사업장에 계속해서 근로를 제공할 수 있어야 한다는 것이 생계유지의 전제가 되는 근로자에게 상급자의 명령에 대한 거부를 요구하는 것은 지나치게 가혹하므로 판례의 견해를 그대로 따를 수는 없다고 생각한다. 법률상 명령권한이 인정되는 상급자가 아닌 민간 기업이나 조직의 상급자가 지시한 경우에도, 하급자가 자신의 의지에 반하여 그 명령을 따른 행위는 그 명령을 거부할 것을 기대할 수 있는 기대가능성이 인정될 수 있는 특별한 사정이 있는 경우가 아니라면 책임이 조각된다고 보는 것이 타당하다고 생각한다.

제3절 사용자의 책임

직장에서의 괴롭힘이 발생한 경우 직접 가해 행위자들은 피해 근로자에 대하여 발생한 손해를 배상하여야 하지만, 직장에서의 괴롭힘을 미리 방지하고 이미 발생한 경우 적절한 조치를 취하여야 할 의무를 부담하는 사용자와 사용자의 이행보조자인 관리자도 괴롭힘 피해 근로자에 대하여 일정한 책임을 부담하여야 한다. 사용자가 괴롭힘 피해 근로자에 대하여 책임을 부담하게 되는 경우는 사용자가 직접 괴롭힘 행위에 가담하였거나 또는 가담하였다고 볼 수 있을 정도의 영향력을 행사한 경우, 괴롭힘

---

74) 대판 1999. 7. 23, 99도1911; 대판 1986. 5. 27, 86도614.

행위와 관련은 없지만 사용자로서 가지는 권한과 의무로 인해 책임을 부담하게 되는 경우 등을 들 수 있다. 사용자의 책임은 괴롭힘 피해 근로자에게 직접 지는 책임과 사용자가 자신이 경영하는 회사에 대하여 괴롭힘 행위로 인해 초래한 손해를 배상해야 하는 책임을 각각 나누어 검토해야 한다.

Ⅰ. 사용자가 괴롭힘 가해 행위자인 경우

사용자가 직접 괴롭힘 가해 행위자로서 책임을 지게 되는 경우는 다시 사용자가 직접 괴롭힘을 주도하거나 적극적으로 가담한 경우와 비록 적극적으로 가담하지는 않았으나 다른 근로자들을 교사하거나 방조하여 특정 근로자를 괴롭히도록 한 경우 등으로 나누어 볼 수 있다. 또한, 여기에 더하여 사용자가 직장 안에서 발생하는 괴롭힘 행위를 알고 있었으면서도 어떠한 조치도 취하지 않고 방관하거나 방치한 때에 어떠한 책임을 져야 하는가에 대해서도 검토해 보고자 한다.

1. 직접 괴롭힘 행위를 한 사용자의 책임

사용자가 다른 근로자들과 함께 또는 독자적으로 특정 근로자에 대한 괴롭힘을 직접 행한 경우에는 위에서 설명한 직접 괴롭힘 행위를 한 근로자의 책임과 동일한 책임을 피해 근로자에 대하여 부담하게 될 것이다. 물론 사업주와 관리자는 사용자로서 근로자에 대한 안전배려의무와 균등대우의무 등을 부담하고 있으므로 일반 근로자보다 상대적으로 더 높은 주의의무와 책임이 있다고 해야 한다. 따라서 사용자가 괴롭힘 가해 행위자인 경우에는 의무 위반의 정도가 더 크다고 해야 한다.

사용자의 괴롭힘 행위가 특정 근로자를 모욕하거나 폭행을 가하는 등 형법 구성요건에 해당하는 행위일 경우에는 그 행위에 대하여 형법 각칙상의 각 규정들이 적용될 수 있을 것이다. 사용자 또는 상급자가 동료 근로자들의 괴롭힘 행위에 적극적으로 가담한 경우에는 구체적인 괴롭힘 행위가 해당하는 범죄 형태에 대한 공동정범이 성립할 수 있다.

2. 괴롭힘 행위를 적극적으로 지시하거나 방조한 경우의 책임

사용자가 다른 근로자에게 특정 근로자를 집단적으로 괴롭히도록 지시하거나, 다른 근로자들의 괴롭힘 행위를 알면서도 이를 방조한 경우에 그러한 사용자의 행위를 어떻게 판단할 수 있는가가 문제된다. 사용자가 근로자들에게 지시하는 행위는 교사 또는 강요로 평가될 수 있으며, 괴롭힘 행위를 방치한 것은 방조로 볼 수 있을 것이다.

(1) 개인적인 괴롭힘 가해행위의 경우

① 민법상 책임

사용자는 근로자에 대하여 안전배려의무와 균등대우의무를 부담한다. 이는 근로계약의 내용상 사용자에게 인정되는 의무이다. 사용자가 자신이 고용한 근로자에 대한 괴롭힘 행위를 직접 행한 경우와 자신에게 소속된 다른 근로자에게 지시하여 괴롭힘 가해행위를 한 경우, 다른 가해 행위자의 괴롭힘 행위를 알고 있었으면서도 방치한 경우 등은 개정 근로기준법 제76조의2 위반인 동시에 사용자의 근로계약상 의무인 안전배려의무와 균등대우의무 위반이 된다. 안전배려의무 등을 위반한 사용자에 대하여 괴롭힘 피해 근로자는 계약상 요구되는 의무의 위반, 즉 채무불이행을 이유로 민법 제390조에 의한 손해배상을 청구할 수 있다.

동시에 사용자의 괴롭힘 가해행위는 직접 괴롭힘을 가한 경우이든 다른 근로자들에게 괴롭힘을 하라고 지시한 경우이든 민법 제750조의 불법행위를 구성하게 된다. 사용자의 지시 정도나 행위 가담의 정도를 판단한 결과 교사나 사용자의 행위가 방조에 그친다고 하더라도 불법행위에 대한 교사나 방조가 성립할 수 있다. 불법행위의 교사자나 방조자는 민법

제760조 제3항에 의하여 공동행위자로 간주되므로, 사용자는 직접 가해행위자와 함께 공동불법행위자로서의 책임을 지게 된다. 그리고 비록 직접 가해 행위자의 행위가 책임이 조각되는 것으로 인정되어 형사처벌을 받지 않는 경우에도 교사나 방조를 행한 사용자나 관리자는 형법 제34조 제2항의 특수방조죄, 특수교사죄 등으로 가중처벌 될 수 있다. 또한, 그 행위가 사용자나 관리자가 마땅히 부담하여야 할 안전배려의무나 균등대우의무 등에 위반되는 행위인 것으로 인정된다면, 사용자는 피해 근로자에 대한 민법상 손해배상 책임을 부담하게 될 것이다. 피해 근로자에 대하여 안전배려의무 등을 부담하는 사용자는 사업체가 법인일 경우 법인 그 자체도 의무 부담자가 되며, 자연인인 대표이사나 사무집행 담당 이사 등도 그 의무를 함께 부담하게 된다. 따라서 많은 경우 안전배려의무 등을 위반한 사실이 불법행위를 구성하게 되면 행위자보다 상위의 사용자들이 함께 공동불법행위 책임을 부담하게 된다.[75]

② 형법상 책임

사용자가 특정 근로자를 괴롭히도록 다른 근로자들 또는 그 근로자의 상급자를 교사한 경우에는 실제로 행해진 괴롭힘 행위에 대한 형법 제31조의 교사범이 성립할 수 있다. 또한, 괴롭힘 가해행위를 당하고 있는 근로자가 있다는 사실을 인지하고 있으면서도 그대로 방치한 경우에는 괴롭힘 가해행위에 적용될 수 있는 형법상 각 범죄행위에 대한 형법 제32조의 방조범 성립이 인정될 수 있을 것이다. 교사범 또는 방조범에 해당하려면 직접 괴롭힘 행위를 하는 근로자들의 행위가 형법상 구성요건에 해당하고 위법한 행위여야 하므로, 직장에서의 괴롭힘 행위를 한 근로자들의 행위가 사회상규에 반하지 않는다고 판단되어 위법성이 조각된 경우에는 사용자를 교사범 또는 방조범으로 처벌할 수 없게 된다.

---

75) 서울중앙지판 2017. 1. 13, 2016가합538467. 항소 없이 종결.

⑵ 직위를 남용한 괴롭힘 가해행위의 경우

사용자는 자신이 경영하는 사업 또는 사업장 내에서 근로자의 근로제공과 관련한 지휘·명령권과 경영상 의사결정에 포함될 수 있는 근로자의 인사와 관련된 결정권 또는 전결권을 행사할 수 있다. 사용자가 자신의 그와 같은 권한을 정당하게 사용하여야 하는 의무를 부담하게 되는 근거는 앞에서 자세히 살펴보았다.[76] 사용자가 이와 같은 적법한 권한 행사를 가장하여 부당한 지휘·명령권 행사, 부당한 인사권 행사의 방법으로 특정한 근로자에 대한 괴롭힘 가해행위를 한 경우에도 이에 대한 책임을 져야할 것이다.

사용자가 특정 근로자에게 정당한 이유 없이 과도한 업무를 부과하거나 또는 전혀 업무를 부과하지 않거나, 본래의 채용 목적에 부합하지 않는 업무를 지시하거나, 연차유급휴가 사용 신청을 계속해서 반려하는 등 지휘·명령권을 부당하게 행사하는 방법으로 괴롭힘을 가할 수 있다. 이는 근로자의 근로제공을 통한 인격 실현의 기회를 박탈하는 것으로서 개정 근로기준법 제76조의2 위반이 되며, 그러한 행위에 대한 사용자의 고의·과실이 인정되는 한 민법 제750조 위반으로 인한 불법행위책임을 부담하게 된다.[77] 그러한 괴롭힘을 통해 근로자를 조직으로부터 배제하려고 의도했는지 아니면 그러한 의도 없이 괴롭힐 의사만 있었는지는 문제가 되지 않기 때문에 반드시 그러한 괴롭힘을 통해 대상 근로자가 스스로 사직하도록 만들려는 의도가 필요한 것은 아니다. 책임의 내용은 피해를 입은 근로자에 대한 손해배상으로서 위자료 등을 배상하고,[78] 적법한 근로제공이 가능하도록 원상회복을 하는 조치가 될 것이다. 종래의 판례는

---

76) 제3장 제2절 Ⅰ. 참조.

77) 대판 2010. 7. 29, 2007다42433; 대판 1996. 4. 23, 95다6823; 대판 1994. 2. 8, 92다893; 대판 1980. 1. 15, 79다1883 등.

78) 대판 1996. 4. 23, 95다6823; 대판 1994. 2. 8, 92다893 등.

그 근거를 근로계약관계에 기초하여 사용자가 부담하게 되는 신의칙으로부터 도출하고 있으나, 개정 근로기준법 제76조의2도 실정법상 근거가 될 수 있다.

사용자가 인사평가권을 남용하여 승진 누락, 성과급 지급 대상 배제, 강등 등의 수단으로 특정 근로자를 괴롭힐 수도 있다. 이를 가학적 인사관리라고 칭하기도 한다. 이때에는 그러한 인사처분을 하기 전후의 대상 근로자에 대한 사용자의 태도, 해당 처분이 있기 이전의 대상 근로자에 대한 평가결과, 해당 처분의 대상이 된 기간 동안의 근로자의 성과, 평상시의 인사 관행 등을 고려하여 해당 인사처분의 정당성을 판단하여야 한다. 인사처분이 정당하다면 괴롭힘이라고 보아서는 안 된다. 그러나 만약 객관적이고 공정한 평가 기준을 현저하게 위반하여[79] 근로기준법 제23조 제1항의 "정당한 이유"가 없는 인사처분이라고 판단되면[80] 그러한 처분은 사용자의 재량권을 남용한 것으로서[81] 무효가 되고 피해를 입은 직원은 법원을 통해 무효 여부를 다툴 수 있을 것이다. 이때 사용자는 부당한 인사평가와 그로 인한 인사조치의 결과 피해 근로자가 지급받지 못한 임금 차액, 미지급 성과급 등을 지급하여야 하고 그 외에 피해 근로자가 입은 정신적 손해가 있다면 위자료를 지급하여야 할 것이다.

3. 사용자의 회사에 대한 책임

사업체가 법인인 경우에 회사와 사용자가 동시에 사용자가 된다. 그리고 자연인인 사용자는 그 형식적 직함이 대표이사이건 전무이사이건 불문하고 사무집행과 관련해서는 법인인 사용자에 갈음하여 사무를 집행하

---

79) 수원지판 2013. 1. 19, 2012나6377.

80) 징벌 이외의 불이익한 인사조치에 대하여 근로기준법 제23조 제1항을 적용하는 근거에 대해서는 박종희, '저성과자에 대한 합리적인 인사관리방안과 관련한 법률상 쟁점 검토',「고려법학(제75호)」, 2014, 346쪽 이하 참조.

81) 대판 2015. 6. 24, 2013다22195(수원지판 2013. 1. 19, 2012나6377 상고심 판결).

고 감독하는 권한을 위임받은 자의 지위에 있다. 대표이사 등이 법인인 사업체에 대하여 부담하는 책임과 의무의 내용은 임원복무 규정이나 대표이사와 법인 간에 맺은 계약의 내용에 따라 달라지지만, 기본적으로는 민법 제681조에 규정된 선량한 관리자의 주의로써 위임사무를 처리해야 할 의무를 부담한다. 선량한 관리자의 주의의무를 부담하는 대표이사 등이 소속 직원에 대해 개인적인 적대행위를 통해 괴롭힘 가해행위를 하거나 그러한 괴롭힘 행위를 부하직원들에게 지시한 경우, 부당한 인사권 남용을 통해 특정 근로자를 괴롭힌 경우에 그로 인해 소속 회사에 손해가 발생했다면 개정 근로기준법 제76조의2와 근로계약상 의무를 위반한 것으로 회사에 대하여 손해를 배상할 책임을 부담하게 된다.

괴롭힘 피해 근로자에 대한 관계에서 대표이사 등과 법인인 회사는 부진정연대채무를 부담하는 공동불법행위자의 지위에 있지만, 대표이사 등과 법인인 회사 사이의 내부관계에서는 회사가 가해 행위자인 대표이사 등에게 자신이 피해 근로자에게 배상한 손해액에 대하여 과실 비율에 따라 구상권을 행사할 수 있다. 그 외에 대표이사 등의 행위로 인해 회사가 입게 된 손해에 대한 배상청구권도 가지게 된다. 대표이사 등의 행위가 불법행위를 구성하는 경우에는 법인인 회사에 대하여 민법 제750조의 불법행위에 기한 손해배상 책임을 부담할 수도 있다. 회사가 상법상 회사인 경우 대표이사는 상법 제399조와 제401조에 의한 손해배상책임을 부담하게 되며 이 책임은 위의 민법상 책임과 경합하게 된다.

다만 대표이사 등이 법인인 회사와 근로자 사이의 근로계약관계에 대한 제3자로서 제3자에 의한 채권침해에서의 제3자가 될 수는 없다고 보아야 한다. 대표이사 등은 근로계약 체결의 당사자로서의 지위를 동시에 지니고 있기 때문이다.

Ⅱ. 사용자가 괴롭힘 행위자가 아닌 경우

사용자가 괴롭힘 행위자가 아닌 경우 사용자에게 피해 근로자의 손해를 배상하도록 책임을 부과할 수 있는지가 문제된다. 개정 근로기준법은 여기에 대해서는 전혀 규정하고 있지 않다. 이 문제와 관련해서는 사용자가 근로자에 대한 안전배려의무를 위반한 것을 이유로 한 손해배상책임, 사용자의 안전배려의무 위반으로 인한 이행보조자책임, 민법 제756조에 규정된 사용자의 배상책임 등이 검토되어야 한다.

1. 안전배려의무 위반으로 인한 책임

사용자가 자기의 귀책사유로 안전배려의무를 위반하여 직장에서의 괴롭힘 행위의 발생을 방지하지 못하거나, 이미 발생한 괴롭힘 행위를 중지시키지 못한 경우, 피해자의 구제와 보호를 위한 적절한 조치를 취하지 못한 경우에는 사용자는 피해 근로자에 대하여 안전배려의무 위반으로 인한 민법 제390조의 채무불이행책임을 부담한다. 괴롭힘 피해 근로자가 사용자에게 안전배려의무 위반으로 인한 채무불이행책임을 물을 수 있는 요건과 파견근로관계에서 사용사업주에 대한 적용 가능성에 대해서는 앞에서 설명한 것을 참조하기 바란다.[82] 사용자의 안전배려의무 위반으로 인하여 노무급부를 계속할 수 없을 정도로 급박한 위험이 현존하게 된 때에는 근로자는 작업을 중지할 수 있으며,[83] 사용자의 안전배려의무 위반으로 인해 발생한 손해의 배상을 청구할 수 있고, 사용자에게 적절한 조치를 강구할 것을 청구하거나, 안전배려의무에 위반하는 행위의 중지 또는 개선을 청구할 수 있다.[84]

---

82) 제3장 제2절 Ⅰ. 1. ⑴ ② 참조.

83) 김형배, 「채권각론」, 1997, 578쪽; 송오식, '사용자의 안전배려의무', 「전남대 법률행정논총(제23집 제1호)」, 2003, 157쪽; 이은영, '산업재해와 안전의무', 「인권과 정의(제181호)」, 1991, 27쪽.

84) 임종률 「노동법」, 2018, 356쪽.

2. 사용자의 이행보조자책임

사용자가 안전배려의무나 균등대우의무의 이행을 위하여 특별히 이행보조자를 둔 경우에 그 이행보조자의 행위로 인해 다른 근로자에 대하여 안전배려의무를 위반하는 결과가 발생한 때에는 민법 제391조에 따라 사용자가 이행보조자책임을 부담하게 되고, 민법 제390조에 따라 손해배상책임을 부담하게 된다.[85] 그러나 부장, 과장, 팀장 등 관리자나 동료 근로자가 특정 근로자에 대하여 괴롭힘을 가한 경우에도 사용자에게 이행보조자책임을 물을 수 있을 것인지 문제된다.

(1) 가해 행위자가 관리자인 경우 이행보조자책임

이행보조자란 채무자가 자신의 의사에 의하여 그의 채무이행의 보조자로서 사용하는 자를 말한다.[86] 근로계약도 이행보조자와 채무자 사이의 이행보조행위의 기초가 될 수 있다. 부장, 과장, 팀장, 본부장 등 명칭을 불문하고 기업에서 특정 부서 관리자의 직책을 맡고 있는 근로자는 사용자와의 근로계약의 내용으로서 조직체계상 자신의 통제 하에 있는 근로자를 관리·감독할 지위와 권한을 갖고 있다. 특히 조직의 규모가 클수록 개별 근로자에 대한 지시권이나 통제권을 사용자가 직접 행사하기보다는 관리자를 통하여서 하는 경우가 더 일반적인 모습이다. 기업의 관리자는 자신이 관리·감독하는 근로자들과의 관계에서는 안전배려의무 등 사용자가 부담하는 의무의 이행보조자로 볼 수 있다. 피해 근로자의 상급자인 관리자가 피해 근로자에 대하여 직접 괴롭힘 행위를 하거나, 다른 근로자들의 괴롭힘을 방치하거나 가담한 경우에는 사용자에게 안전배려의무 위반의 이행보조자책임을 인정할 수 있다고 하여야 한다.[87]

---

85) 하경효, 「노동법사례연습」, 2006, 262쪽.

86) 이은영, 「채권총론」, 2006, 254쪽.

87) 전주지판 2002. 3. 22, 2000가합7461은 근로관계에 관한 사건은 아니지만, 캐디는 골프 경기자의 경기에 관한 보조자로서 골프용구의 운반에 종사하고 경기자의 요구에 따르면서 목적으로 한 지점까지의 거리나 해당 코스의 경계선에 관하여 조언을 하

(2) 가해 행위자가 동료 근로자인 경우 이행보조자책임

직장에서 동료 근로자에 의해 발생하는 괴롭힘과 같이 제3의 근로자에 의해 근로자의 안전이 침해된 경우, 그 제3의 근로자를 동료 근로자에 대한 사용자의 안전배려의무에 있어서의 이행보조자로 볼 수 있는가 하는 문제이다. 관리자의 경우 사용자와의 관계에서 이행보조자로 볼 수 있는 권한과 의무가 있었다. 그러나 사용자와만 근로계약관계를 맺고 있는 근로자는 다른 동료 근로자와 근로계약을 포함하여 아무런 계약관계를 인정할 수 없다. 따라서 관리자의 경우와 달리 동료 근로자를 사용자의 안전배려의무나 균등대우의무의 이행보조자로 볼 수 있는가에 대하여 논란이 있다.

근로자는 사용자의 이행보조자의 지위에 있게 되므로 사업 또는 사업장의 다른 근로자에 의해 특정 근로자가 재해를 당하는 등 법익이 침해된 경우 사용자는 민법 제391조의 이행보조자책임을 부담하게 되고, 가해 근로자는 민법 제750조의 일반 불법행위책임을 지게 된다는 견해가 있다.[88] 이에 대하여 사용자가 안전배려의무 이행을 위하여 이행보조자를 둔 경우에는 그 이행보조자의 행위 때문에 재해가 발생한 때에는 이를 곧 사용자의 안전배려의무 불이행으로 볼 수 있으나, 동료 근로자는 안전배려의무와 관련한 이행보조자로 볼 수는 없으므로 동료 근로자에 의한 침해에 대해서 사용자는 원칙적으로 민법 제391조의 채무불이행책임을 부담하지 않는다고 하는 반대 견해가 제기되고 있다.[89]

는 등 경기에 관하여 경기자에게 충고를 하는 자이고, 골프장 경영자의 피용자 또는 이행보조자로서 경기자에게 위험이 생길 우려가 있는 경기가 행해지려고 하고 있는 때에는 그 안전을 확보해야 할 입장에 있다고 보아, 골프장 이용객에 대하여 캐디가 사용자의 이행보조자로서 안전배려의무를 부담한다고 보았다.

88) 김형배, 「노동법」, 2018, 570쪽; 임종률 「노동법」, 2018, 505쪽; Shih-Hao Liu, 「Arbeits -rechtliche Discriminierung durch Arbeitnehmer」, 2001, 80쪽.

89) 김영문, '직장 내에서의 음해행위(mobbing)에 대한 법적 구제수단', 「법조(통권 498호)」, 1998, 150쪽; 하경효, 「노동법사례연습」, 2006, 262쪽.

근로자는 사용자에 대하여 근로제공 의무와 근로계약에 수반하는 부수적 의무를 부담하지만, 이 의무가 사용자가 근로자에 대하여 부담하는 안전배려의무와 같은 것이라고 할 수는 없다. 사용자가 특정 근로자를 지명하여 특별히 안전배려의무의 이행보조자로 지정한 경우, 특정 근로자가 관리자의 직위를 가지고 있는 경우 등을 제외한다면 모든 근로자가 일반적으로 사용자가 사용자로서 부담하는 안전배려의무의 이행을 보조하는 자라고 볼 수는 없다. 따라서 근로자들이 동료 근로자들에 대하여 일반적으로 안전배려의무의 이행보조자가 될 수 있다고 보는 견해는 수긍할 수 없으며, 동료 근로자들의 괴롭힘 행위에 대하여 사용자에게 민법 제391조의 이행보조자책임을 적용할 수도 없다고 생각된다.[90] 다만 사용자가 이행보조자로서의 책임은 지지 않는다고 하더라도 민법 제756조 제3항의 사용자책임을 물을 가능성은 남아 있다.

3. 민법 제756조의 사용자책임

(1) 사용자책임의 의의 및 인정 근거

① 사용자책임의 의의

민법 제756조 제1항은 "타인을 사용하여 어느 사무에 종사하게 한 자는 피용자가 그 사무집행에 관하여 제삼자에게 가한 손해를 배상할 책임이 있다."라고 규정하고 있다. 이를 사용자책임이라고 한다. 민법 제756조 제2항에 따라 사업주에 갈음하여 그 사무를 감독하는 자, 즉 관리자도 사용자책임을 부담하게 된다. 관리자가 책임을 지는 경우에도 사용자는 자신에게 선임·감독상의 과실이 없음을 입증하지 못하는 한 배상책임을 부담하며, 사업주와 관리자가 부담하는 채무는 부진정연대채무의 관계에 있다.[91]

---

90) 김영문, '직장 내에서의 음해행위(mobbing)에 대한 법적 구제수단', 「법조(통권 498호)」, 1998, 150쪽; 하경효, 「노동법사례연습」, 2006, 262쪽; 水谷英夫, 「職場のいじめ：「パワハラ」と法」, 2006, 209쪽.

91) 김형배, 「노동법」, 2018, 336쪽; 대판 1963. 6. 24, 69다441.

② 사용자책임의 인정 근거

사용자책임이 인정되는 근거에 대해서는, 사용자책임이란 마땅히 피용자가 부담하여야 할 배상의무를 사용자가 마치 연대보증인처럼 대신 변제해 주는 기능을 하는 것이라고 보는 대위책임설과[92] 사용자는 피해자에 대한 관계에서 당연히 자신이 부담하여야 할 배상책임을 부담하는 것이므로, 사용자의 과책은 피용자의 선임·감독을 제대로 다 했음을 입증하지 못한 때에 추정되는 것이며 사용자는 피용자의 가해행위에 대하여 자신이 행한 불법행위인 것처럼 책임을 부담하게 되는 것이라고 설명하는 과실책임설[93]의 대립이 있다. 대위책임설에 따르면 사용자의 배상의무는 피용자가 민법 제750조의 불법행위책임을 부담하는 경우에만 발생한다. 이에 대하여 고유책임설에 따르면 근로자의 가해행위가 반드시 민법 제750조의 불법행위에 해당하지 않는 경우에도 사용자책임이 인정될 수 있다.

사용자는 근로자의 근로제공을 통하여 자신의 활동 범위를 확장함으로써 이에 상응하는 유·무형의 이익을 얻으면서 동시에 이로 인한 위험도 확대하고 있으므로, 자신이 고용한 근로자의 행위로 인하여 손해가 발생한 때에는 손해의 공평·타당한 귀속이라는 차원에서 사용자에게 법적 책임을 추궁할 수 있도록 하여야 한다는 점에서[94] 고유책임설이 타당하다고 생각된다. 직장에서의 괴롭힘에 있어서도 가해 근로자들의 행위가 불법행위를 구성하지 않는 경우에도 피해 근로자에게는 신체적·심리적 안전과 건강 이상이 초래되고 정상적인 근로제공이 어렵게 되며 인격권이 침해되는 손해가 발생할 수 있다. 이러한 손해에 대해, 해당 사업 또는 사업장에서 발생하는 괴롭힘을 예방 내지 방지하기 위한 적절한 조치를

92) 곽윤직, 「채권각론」, 2000, 511쪽; 대판 1992. 2. 23, 91다43657; 대판 1989. 8. 11, 81다298.

93) 김형배, 「민법학연구」, 1989, 537쪽; 이은영, 「채권각론」, 2000, 853쪽.

94) 양창수·권영준, 「권리의 변동과 구제」, 2015, 677쪽 이하.

취하지 못한 사용자에게 책임이 없다고 할 수는 없다. 그러므로 피용자의 행위가 민법 제750조의 불법행위에 해당하지 않는 경우에도 사용자의 책임을 인정할 수 있는 고유책임설을 따르는 것이 타당할 것이다. 사용자의 책임은 불법행위를 행한 근로자와의 대내적인 관계에서도 부담부분을 가진 부진정연대채무가 된다.

⑵ 사용자책임의 인정 가능성

① 사용자책임의 인정요건

사용자책임이 인정되기 위해서는 우선 사용자와 근로자 사이에 사무감독관계, 즉 사용관계가 있어야 한다. 그리고 근로자의 불법행위책임을 발생시킬 정도의 가해행위가 있어야 하며, 그 가해행위에 사무집행 관련성이 인정되어야 한다. 마지막으로 사용자가 선임·감독상의 주의의무를 다하지 못하였다는 사실이 인정되어야 한다. 직장에서 괴롭힘이 발생한 경우 가해 행위자와 사용자 사이에는 근로계약관계가 존재하므로 사무감독관계를 인정하는 것은 비교적 쉽고, 괴롭힘 행위가 행해진 것이 명백한 경우 가해행위의 존재도 인정될 수 있다. 그러나 괴롭힘 행위가 사무집행에 관련된 행위인지에 대해서는 별도의 검토가 필요하다. 일반적으로는 타인을 괴롭히는 행위가 근로계약상 근로자의 근로제공과 관련된 행위라고 하기 어렵기 때문이다.

② 사무집행 관련성 인정 여부의 판단기준

사용자책임의 인정요건 중 사용자와의 근로계약관계에 있는 가해 행위자의 가해행위가 사무집행 관련성이 있는가를 판단하는 기준에 대하여 대부분 학설과 판례[95]는 외형이론을 적용한다. 외형이론은 "피용자가 그 사무집행에 관하여"라는 민법 제756조 제1항 규정의 의미를 "피용자의

95) 대판 2000. 2. 11, 99다47297; 대판 2003. 1. 10, 2000다34426; 대판 2003. 12. 26, 2003다49542 등.

행위가 객관적으로 사무집행의 외형을 갖는 경우"로 파악하는 것이다.[96] 판례에 따르면, 외형상 객관적 사무집행에 관련된 것인지 여부는 "피용자의 본래의 직무와 불법행위와의 관련 정도 및 사용자에게 손해 발생에 대한 위험 창출과 방지조치 결여의 책임이 어느 정도 있는지를 고려하여 판단하여야 한다."고 한다.[97] 외형이론에 따를 경우에도 거래 상대방이 피용자의 행위가 사무집행에 해당하지 않음을 알았거나 중과실로 알지 못한 경우에는 사용자책임이 성립하지 않는다고 한다.[98]

③ 외형이론을 적용한 판례에 따를 경우의 결론

외형이론에 따라 사무집행 관련성을 판단한다고 하지만, 이 이론을 적용한 판례의 결론이 반드시 일관성을 보이는 것은 아니다. 판례는 회사 생산현장 청소 등의 업무로서 파지와 고철을 수집하여 정리하는 업무를 담당하던 근로자가 고철을 수집하러 온 사람에게 농약을 음료수로 오인하고 건네주어 사망하게 한 사례,[99] 택시회사의 운전기사가 승객을 강간한 사례,[100] 호텔의 종업원이 고객에 대하여 사해행위를 한 사례[101] 등에 대해서는 피용자의 본래 사무집행 행위는 아니라 할지라도 외형상 객관적으로 그 사무집행행위와 밀접하게 관련된 행위라고 보았다. 하지만 국립대학교 교수가 조교를 성회롱한 사례[102]에서는 본래의 직무범위에 속하지도 않고 외관상으로도 그의 직무권한 내의 행위와 밀접하여 직무권한 내의 행위로 보이는 경우로 볼 수 없다고 판단하고 있다. 택시 운전기

96) 김형배, 「민법학강의」, 2006, 1400쪽.
97) 대판 2000. 2. 11, 99다47297; 대판 2003. 12. 26, 2003다49542 등.
98) 대판 1983. 6. 28, 83다카217; 대판 2003. 1. 10, 2000다34426; 대판 2003. 2. 11, 2002다62029 등.
99) 대판 1997. 10. 10, 97다16572.
100) 대판 1991. 1. 11, 90다8954.
101) 대판 2000. 2. 11, 99다47297.
102) 대판 1998. 2. 10, 95다39533.

사의 사무집행 범위에 강간이 포함되지 않으며, 호텔 종업원의 사무집행 범위에 사해행위도 포함되지 않는다는 것이 분명하지만 외형상 사무집행 관련성이 있다고 인정하기도 하면서, 대학교수의 사무집행 범위에 성희롱 행위가 포함되지 않는다고 하는 것은 비록 대학 당국과 교수와의 관계의 특수성을 고려한 것이라 하더라도 일관성이 있는 결론이라고 보기는 어렵다.

판례의 태도에 비추어 보았을 때, 직장에서 발생한 괴롭힘 행위에 대하여 어떠한 경우에 외형상 객관적으로 사무집행 관련성이 인정된다고 볼 수 있는지는 정확하게 판단하기 어렵다. 근로자의 사무집행 범위에 동료 근로자에 대한 괴롭힘 행위가 포함된다고 보기도 어렵고, 폭행·협박을 가하거나 함께 이야기 나누는 것을 거부하는 등의 행위가 직무 수행행위의 외관을 가지고 있다고 보기는 어려울 수도 있다. 그러나 다른 한편으로는 직장에서의 괴롭힘은 매우 은밀하게 이루어지는 경우가 많고 피해자로서도 이를 공개적으로 문제 삼지 못하는 경우가 많다는 점에서 성적 괴롭힘, 즉 성희롱과 유사한 면이 있으므로, 국립대학교 조교 성희롱 사건에서와 마찬가지로 사무집행 관련성을 부정해야 한다는 결론에 이를 가능성이 있다.

직장에서의 괴롭힘이 대개는 직장에서 근로시간 중에 발생하는 빈도가 많다는 점, 자신의 직무를 수행하는 과정에서 정보교류를 차단하거나, 특정인을 업무수행에서 배제하는 등의 형태로 이루어지는 경우가 많다는 점, 사용자에 의한 괴롭힘의 경우 업무지시를 내리는 외형을 갖추어 부당한 업무를 부여하거나 특정 근로자를 업무에서 배제하는 방법으로 이루어지는 경우가 많다는 점 등을 고려하면 직장에서 발생하는 괴롭힘 행위 중에는 외형상 객관적으로 사무집행 관련성이 인정된다고 볼 수 있는 행위 유형들이 존재하기는 한다.[103] 그러나 퇴근시간 이후에 인터넷 기반

103) Shih-Hao Liu, 「Arbeitsrechtliche Discriminierung durch Arbeitnehmer」, 2001, 88쪽.

의 단체 대화방에서 특정 근로자를 향하여 업무와 관련된 사항이 아닌 평소의 말투나 복장, 표정 등을 이유로 한 비난이 지속적으로 가해지는 경우나 특정 근로자의 SNS 계정에 계속해서 욕설 댓글을 남기는 경우 등의 가해행위에 대해서는 판례의 외형이론을 적용하면 민법 제756조의 사용자책임을 인정하기 어렵다. 민법 등 일반법상의 규정과 법리들을 적용하여 직접 괴롭힘 가해 행위자가 아닌 사용자가 져야 하는 책임을 규명하려고 할 때의 한계가 명백히 드러나는 지점이라고 할 수 있다.

④ 사용자책임의 내용과 구상관계

동료 근로자에 의한 직장에서의 괴롭힘 행위 중 민법 제756조의 사용자책임을 인정하는 데에 필요하다고 인정되는 요건들을 충족하는 사례에 대해서는 사용자가 직장에서 발생하는 괴롭힘 행위를 충분히 알 수 있었음에도 감독상의 주의의무를 다하지 못하여 이를 알지 못하고 방치한 경우에 민법 제756조의 사용자책임을 지게 된다.[104] 사용자에게 사용자책임이 발생하고, 괴롭힘을 행한 가해 행위자의 행위도 민법 제750조의 불법행위의 요건을 갖추고 있다면, 각각 사용자책임과 불법행위책임을 부담하게 되며, 사용자의 사용자책임과 가해 행위자의 불법행위책임은 부진정연대책임 관계에 있다고 볼 수 있다.[105] 사용자가 피해 근로자에게 손해를 배상한 경우 사용자는 가해 행위자에 대하여 민법 제756조 제3항에 따른 구상권을 행사할 수 있다. 구상권의 범위는 원칙적으로 사용자의 배려의무 이행 정도 등 사정을 고려하여 손해의 공평한 분담이라는

---

104) Elizabeth Gillow·Martin Hopkins·Audrey Williams, 「Harassment at Work」, 2003, 155쪽 이하. 영국의 1975년 성차별금지법(SDA 1975), 2003년도에 개정된 1976년 인종법(RRA 1976), 1995년 장애인 차별금지법(DDA 1975) 등의 법률들은 직장 내 괴롭힘을 당한 피해 근로자를 보호하기 위한 적절한 조치를 취하지 못하거나 근로자들이 재해를 당하도록 방치한 사용자에 대하여 민사상 손해배상 책임을 인정하고 있다.

105) 곽윤직, 「채권각론」, 2000, 511쪽; 임종률, 「노동법」, 2008, 476쪽.

견지에서 신의칙상 상당하다고 인정되는 한도 내로 제한되어야 한다고 하는데,[106] 가해 행위자의 괴롭힘 행위가 의도적으로 사용자의 지휘·감독을 배제하고 행해지면 구상권 제한 가능성도 그만큼 줄어들 수 있다고 생각된다.

직장에서의 괴롭힘 행위가 사용자의 지휘·감독을 피해서 고도로 은밀하게 행해져 사용자가 주의를 기울였어도 그 사실을 알 수 없었던 경우에는 민법 제756조 제1항 제2문에 의해 사용자의 책임이 면제될 가능성이 있다. 대법원 판례도 국립대 교수의 조교 성희롱 사건에서 "가해자의 성희롱 행위가 은밀하고 개인적으로 이루어지고 피해자도 이를 공개하지 아니하여 사용자로서는 이를 알거나 알 수 있었다고 보이지도 아니하므로 사용자가 피해자에 대하여 근로계약상의 보호의무를 다하지 아니하였다고 볼 수 없다."라고 판시하여 은밀한 가해행위의 경우 사용자에 대한 면책을 인정한 사례가 있다.[107]

(3) 소결

민법 제756조에 의한 사용자책임은 직장에서의 괴롭힘으로 인해 피해 근로자에게 발생한 손해를 가해 행위자뿐만 아니라 사용자도 배상하도록 하여 괴롭힘 피해자 보호를 두텁게 할 수 있는 장점이 있다. 하지만 사용자책임을 인정하기 위한 요건인 외형이론을 적용하면 직장에서의 괴롭힘 행위 가운데 직장 밖에서 은밀하게 이루어지는 행위들에 대해서는 사용자책임 성립을 인정하기 어렵다. 현재로서는 민법 제756조의 사용자책임 규정은 직장에서의 괴롭힘 피해자 보호를 위해 충분한 방안이라고 하기는 어렵다. 입법자들이 민법 제756조를 입법할 당시에는 "피용자가 그 사무집행에 관하여 제삼자에게 가한 손해"의 의미에 업무수행 과정이 아

---

106) 대판 1996. 4. 9, 95다52611; 대판 1994. 12. 13, 94다17246 등.
107) 대판 1998. 2. 10, 95다39533.

닌 시점과 장소에서 다른 피용자의 정신적 완전성을 침해하는 행위를 하는 것을 상정하지 못했기 때문으로 생각된다. 사무집행 관련성 인정요건을 더욱 세밀하게 발전시켜서 외형이론의 한계를 극복하거나 아니면 직장에서의 괴롭힘의 경우에 사용자책임을 규율할 수 있는 별도의 새로운 입법을 고려해야 하는 시점이라고 생각한다.

4. 단체협약·취업규칙 위반 책임

(1) 사용자의 단체협약·취업규칙 준수의무

단체협약 또는 취업규칙에 사용자의 괴롭힘 방지 의무, 피해 근로자 구제 조치 의무 등이 규정되어 있다면 사용자는 그 규정을 준수하여야 한다. 근로기준법 제5조는 "근로자와 사용자는 각자가 단체협약, 취업규칙과 근로계약을 지키고 성실하게 이행할 의무가 있다."라고 하여 근로자와 사용자 모두에게 단체협약과 취업규칙 준수의무를 부과하고 있다. 개정 근로기준법 제93조 제11호는 취업규칙의 필요적 기재사항으로 "직장 내 괴롭힘의 예방 및 발생 시 조치 등에 관한 사항"을 추가하고 있다. 단체협약에 직장에서의 괴롭힘 방지와 사후 조치에 관한 내용이 규정되어 있다면 이 규정은 근로자의 노동조합 및 노동관계조정법 제33조 제1항의 "그 밖의 근로자의 대우에 관한 기준"에 해당하므로 단체협약의 규범적 부분에 해당한다고 볼 수 있다.

(2) 사용자의 단체협약 위반 책임의 내용

사용자가 단체협약상 직장에서의 괴롭힘 방지 의무에 위반하여 괴롭힘 발생을 방지하지 못하였거나 피해자 보호와 구제를 위한 적절한 조치를 취하지 않은 경우 사용자는 단체협약 위반으로 인한 책임을 진다. 그 책임의 내용은 손해배상 책임과 이행책임일 것이다. 단체협약의 규범적 부분은 노동조합 및 노동관계조정법 제33조에 의해 근로계약의 내용에 포함되므로 조합원인 근로자는 직접 사용자에 대하여 청구권을 취득한다. 사용자가 단체협약 중 규범적 부분에 위반한 경우 이는 조합원인 근로자에 대한 채무불이행이 되고, 근로자는 사용자에 대하여 이행을 청구하거나 미이행에 따른 손해배상을 청구할 수 있다.108) 조합원 개개인이 청구권을 행사하는 것으로는 그 실현을 기대할 수 없는 경우에는 조합원 외에 노동조합도 단체협약 중 규범적 부분 위반을 이유로 사용자에 대하여 손해배상 청구는 물론 이행청구도 할 수 있다.109) 노동조합도 단체협약 체결 당사자이기 때문이다. 직장에서의 괴롭힘은 가해자가 다수인 경우가 많고 그 가해자들도 사용자의 근로자이기 때문에 피해 근로자 개인의 청구만으로는 사용자의 적극적인 조치를 기대할 수 없는 경우가 많을 것이다. 따라서 노동조합의 청구를 인정할 실익이 있다. 다만, 가해 행위자들도 그 노동조합의 조합원일 경우 모든 노동조합이 이 문제에 효과적으로 대처할 수는 없을 것이다.

단체협약상 직장에서의 괴롭힘 예방 및 사후조치 규정은 노동조합 및 노동관계조정법 제92조 제2호 각 목에 명시된 행위에 해당하지는 않는 것으로 보인다. 따라서 사용자가 단체협약 위반으로 인한 처벌을 받는 것은 아니다.

5. 직장에서의 괴롭힘으로 인한 업무상 재해 인정 가능성

직장에서의 괴롭힘으로 인하여 피해 근로자가 상병을 얻게 된 경우에 이를 업무상 재해로 인정할 수 있을 것인지가 문제된다. 개정 산업재해보상보험법 제37조 제1항 제2호 다목은 "근로기준법 제76조의2에 따른 직장 내 괴롭힘, 고객의 폭언 등 업무상 정신적 스트레스가 원인이 되어 발생한 질병"을 업무상 재해로 인정하도록 규정하고 있다. 그러나 괴롭힘은

---

108) 김형배, 「노동법」, 2009, 762쪽; 임종률, 「노동법」, 2008, 148쪽.

109) 박홍규, 「노동단체법, 2002, 292쪽; 임종률, 「노동법」, 2008, 148쪽; 菅野和夫, 「勞働法」, 2008, 561쪽.

직장 내에서뿐만 아니라 직장 밖에서 행해질 수도 있다. 괴롭히는 행위가 업무수행과 관련하여 행해질 수도 있지만, 그와 관련 없는 사적인 영역에서 행해질 수도 있다. 업무수행성과 업무기인성을 인정하기가 매우 곤란한 사안도 얼마든지 있을 수 있다. 따라서 개정 산업재해보상보험법 제37조 제1항 제2호 다목의 규정에도 불구하고, 같은 조 제1항 본문의 단서에 따라 상당인과관계(相當因果關係)가 인정되어야 최종적으로 업무상 재해로 인정될 수 있다.

업무상 재해로 인정되는 경우에도 해당 부상 또는 질병이 3일 이내의 요양으로 치유될 수 있으면 산업재해보상보험법 제40조 제3항에 따라 요양급여가 지급되지 않는다. 이 경우에는 사용자가 직접 근로기준법에 따른 재해보상 책임을 부담한다. 3일을 초과하는 요양으로 치유될 수 있는 경우에는 사용자의 재해보상 책임을 근로복지공단이 부담한다.

아래에서는 업무상 재해의 인정요건을 중심으로 직장에서의 괴롭힘으로 인한 상병이 업무상 재해로 인정될 수 있는지에 대해 검토한다.

⑴ 업무상 재해 인정요건 충족 여부 : 업무상 사유

① 업무수행성과 업무기인성의 개념

산업재해보상보험법[110] 제5조 제1호는 "업무상의 재해"란 업무상의 사유에 따른 근로자의 부상·질병·장해 또는 사망을 말한다."라고 규정하고 있다. 여기에서 말하는 "업무상의 사유"란 업무와 재해발생 사이의 인과관계가 있어야 한다는 뜻이다.[111] 산업재해보상보험법 제37조 제1항은 업무와 재해 사이에 상당인과관계가 없는 경우에는 업무상 재해로 보지 않는다고 한다. 판례는 이 조항들에 기초하여 업무상 재해를 "업무수행 중 그 업무에 기인하여 발생한 근로자의 부상·질병·신체장애 또는 사

---

110) 법률 제15665호, 2018. 12. 13. 시행.

111) 김형배, 「노동법」, 2018, 527쪽 이하; 대판 2011. 6. 9, 2011두3944 등.

망을 뜻하는 것"이라고 한다.[112] "업무상 사유"는 '업무수행성'과 '업무기인성'의 기준에 대한 충족 여부로 판단한다.[113] 일반적으로 업무수행성이란 근로자가 사용자의 지배 또는 관리 아래 업무를 수행하는 것을 말하고, 업무기인성이란 재해가 업무수행에 기인하여 발생하는 것, 즉 업무수행과 재해 발생 사이에 인과관계가 있는 것을 말한다.[114] 업무기인성에서의 '업무'는 업무수행을 말하고 '기인성'은 업무상의 행동 및 이와 관련된 작업조건 또는 작업환경과 재해 사이의 상당한 인과관계를 뜻한다.[115] 판례는 업무와 재해 발생 사이의 인과관계에 대하여 "이를 주장하는 측에서 증명하여야 하지만, 반드시 의학적·자연과학적으로 명백히 증명되어야 하는 것이 아니며 규범적 관점에서 상당인과관계가 인정되는 경우에는 그 증명이 있다고 보아야 한다."고 한다.[116]

② 업무수행성과 업무기인성의 관계

원칙적으로 업무수행성과 업무기인성이 모두 인정되면 업무상 재해로 인정될 수 있다. 그러나 업무수행성과 업무기인성이 반드시 모두 인정되어야만 업무상 재해로 볼 수 있는 것은 아니며, 사안에 따라서는 둘 중 하나만 인정되어도 업무상 재해로 볼 수 있는 경우도 있다. 이는 획일적으로 결정할 수 없으며 각종 업무의 성질과 유해성 등을 고려하여 탄력적으로 해석해야 한다는 것이 일반적인 견해다.[117] 종래에는 대체로 업무수행성이 인정되면 업무기인성은 추정된다고 보는 견해가 있었다.[118] 그러나 곧바로 추정된다고 보기보다는 단계별로 검토하는 것이 타당하다. 업

112) 대판 2011. 6. 9, 2011두3944.
113) 김형배,「노동법」, 2018, 528쪽; 임종률,「노동법」, 2018, 484쪽.
114) 김형배,「노동법」, 2018, 529쪽; 임종률,「노동법」, 2018, 484쪽.
115) 김형배,「노동법」, 2018, 529쪽.
116) 대판 2017. 5. 31, 2016두58840.
117) 김형배,「노동법」, 2018, 528쪽.
118) 김유성,「노동법 I」, 2005, 223쪽.

무수행성이 인정되지 않으면 업무기인성도 인정될 수 없다. 하지만 업무수행성이 인정돼도 업무기인성이 인정되지 않는 경우가 있다. 평소 미워하던 동료 직원을 공장에서 갑자기 폭행하는 경우와 같은 근로자 사이의 사적인 폭행행위가 대표적인 예이다.[119] 업무수행과 전혀 상관없이 특정 근로자가 다른 근로자에게 가하는 괴롭힘의 경우에도 업무기인성이 인정되기는 어렵다. 그러므로 업무수행성이 있는지 먼저 검토하고 업무수행성이 인정되는 경우에 업무기인성도 인정될 수 있는지를 판단하여 업무상 재해 성립 여부를 결정하여야 한다.[120]

작업장 밖에서 업무시간 외에 발생한 과로사이지만, 업무상의 과로나 스트레스가 기존 질병의 원인과 겹쳐서 잠재적 질병을 발현 또는 악화시킨 경우와 질병의 진행 속도를 급격하게 악화시킨 경우에는 업무수행성 입증이 어렵다 하더라도 업무와 질병 사이의 상당인과관계가 증명된 것으로 보아야 한다.[121] 이때 인과관계의 유무는 사회 평균인이 아니라 해당 근로자의 건강과 신체조건을 기준으로 판단하여야 한다.[122] 대법원 판례도 마찬가지로 판단하고 있다.[123]

③ 자살 또는 자상과 업무상 사유

직장에서의 괴롭힘을 견디지 못하고 피해 근로자가 스스로 목숨을 끊거나 자상(自傷)을 한 경우에 자살 또는 자상한 피해자가 업무상 재해를 인정받을 수 있을 것인가의 문제이다. 문제가 되는 이유는 괴롭힘 가해행위와 그로 인한 죽음과 상해 사이에 피해자의 의지에 의한 행위가 개입돼

---

119) 김형배, 「노동법」, 2018, 529쪽.

120) 김형배, 「노동법」, 2018, 529쪽 이하; 임종률, 「노동법」, 2018, 484쪽.

121) 김형배, 「노동법」, 2018, 534쪽 이하; 임종률, 「노동법」, 2018, 490쪽.

122) 김형배, 「노동법」, 2018, 534쪽 이하; 임종률, 「노동법」, 2018, 490쪽.

123) 대판 2017. 11. 14, 2016두1066; 대판 2017. 8. 29. 2015두3867; 대판 2008. 2. 28, 2006두17965; 대판 2004. 9. 3, 2003두12912; 대판 1993. 3. 12, 92누17471; 대판 1992. 9. 25, 92누11299 등.

있기 때문이다.

상사로부터 업무를 이유로 인격적인 모독을 받고 참지 못한 근로자가 자살하여 사망했다면 그 근로자가 사망한 직접적인 원인은 인격적인 모독이 아니라 근로자 스스로의 자살행위이다.[124] 인격적인 모독 행위로부터 시작된 인과관계가 피해자의 사망으로 이어지지 못하고 피해자 스스로의 개입으로 인해 단절되었다. 산업재해보상보험법 제37조 제2항은 "근로자의 고의·자해행위나 범죄행위 또는 그것이 원인이 되어 발생한 부상·질병·장해 또는 사망은 업무상의 재해로 보지 않는다."라고 하여 업무상 부상·질병·장해 또는 사망의 직접적인 원인이 피해자 스스로의 고의나 자해행위 등으로 초래된 경우 인과관계를 부정하고 업무상 재해로 인정하지 않는다.

그러나 근로자가 자해행위를 하거나 자살한 것이 그 근로자의 고의 또는 스스로의 의지가 아닌 경우에는 위에서 단절되었던 인과관계가 복원되어[125] 인격적인 모독 행위가 자상이나 자살의 원인이 된다고 보아야 한다. 산업재해보상보험법 제37조 제2항 단서는 "다만, 그 부상·질병·장해 또는 사망이 정상적인 인식능력 등이 뚜렷하게 저하된 상태에서 한 행위로 발생한 경우로서 대통령령으로 정하는 사유가 있으면 업무상의 재해로 본다."라고 하여 비정상적인 정신상태에서 행해진 자상이나 자살에 대하여 예외를 인정하고 있다.[126] 이 단서 조항에서 말하는 대통령령인 산업재해보상보험법 시행령 제36조는 본법 제37조 제2항 단서에서 위임한 "대통령령으로 정하는 사유"를 "업무상의 사유로 발생한 정신질환으로 치료를 받았거나 받고 있는 사람이 정신적 이상 상태에서 자해행

124) 양승엽, '업무상 재해로서 자살의 인정요건과 유형별 고찰', 「노동법연구(제42호)」, 2017, 223쪽.

125) 양승엽, '업무상 재해로서 자살의 인정요건과 유형별 고찰', 「노동법연구(제42호)」, 2017, 223쪽.

126) 김형배, 「노동법」, 2018, 546쪽.

위를 한 경우", "업무상의 재해로 요양 중인 사람이 그 업무상의 재해로 인한 정신적 이상 상태에서 자해행위를 한 경우", "그 밖에 업무상의 사유로 인한 정신적 이상 상태에서 자해행위를 하였다는 것이 의학적으로 인정되는 경우" 중 어느 하나에 해당하는 경우로 규정하고 있다. 이 시행령 조항의 해석과 관련하여 판례는 극심한 업무 스트레스로 우울증을 겪다가 근로자가 자살한 사건에서 "우울증으로 인하여 정상적인 인식능력이나 행위선택능력, 정신적 억제력이 현저히 저하되어 합리적인 판단을 기대할 수 없을 정도의 상황에 처하여 자살에 이르게 된 것으로 추단되므로, 업무와 사망 사이에 상당인과관계를 인정할 수 있다."[127]고, 하면서 "업무상 스트레스라는 객관적 요인 외에 이를 받아들이는 망인의 내성적인 성격 등 개인적인 취약성이 자살을 결의하게 된 데에 일부 영향을 미쳤을 가능성이 있고, 한편 자살 직전에 환각, 망상, 와해한 언행 등의 정신병적 증상을 보인 바 없다고 하여 달리 볼 것은 아니다."라고 한다. 판례는 근로자가 자살을 선택한 원인이 업무상 스트레스에만 존재하는 것이 아니고 근로자의 성격이나 개인적인 취약성 등 다른 원인이 겹쳐서 상황을 악화시키거나 자살한 근로자의 자살 실행 의지를 강화했다면 인과관계의 존재를 인정하는 것으로 보인다. 판례의 이러한 태도를 "공동원인설"이라고 칭하기도 한다.[128]

직장에서의 괴롭힘으로 인해 피해 근로자가 자살이나 자상을 한 경우에도, 괴롭힘 행위가 피해 근로자의 정신적 이상상태를 초래했다는 사실이 객관적으로 입증될 수 있다면 산업재해보상보험법 시행령 제36조에 따라서 업무상 재해로 인정될 수 있다. 입증책임은 보험급여를 청구하는

---

127) 대판 2017. 5. 31, 2016두58840.

128) 방준식, '과로자살에 관한 법이론적 검토 -대법원 판례를 중심으로', 「노동법논총(제29집)」, 2013. 109쪽; 양승엽, '업무상 재해로서 자살의 인정요건과 유형별 고찰', 「노동법연구(제42호)」, 2017, 239쪽.

근로자나 그 유가족이 부담한다.[129] 그러나 정신적 이상상태의 원인을 피해 근로자 측에서 객관적으로 입증하는 것은 매우 어려운 일이다. 그러한 이유로 근로자 측은 업무상 재해와 관련된 증거를 모으는 데에 한계가 있으며 더욱이 근로자가 자살하여 사망한 경우 증거수집이 더욱 곤란하다는 이유로 입증책임을 전환하거나 완화하여야 한다는 주장이 있다.[130] 프랑스의 경우 사회보장법전 L 411-1조를 근거로 근로시간과 근로장소 내의 사고는 그것이 업무와 전혀 무관하다는 것을 사용자와 건강보험공단이 증명하지 못하는 한 업무상 재해로 인정한다고 한다.[131] 우리 판례도 업무상 질병으로 요양 중인 근로자가 자살한 사건에서 "그 인과관계는 반드시 의학적·자연과학적으로 명백히 입증하여야만 하는 것이 아니고 제반 사정을 고려하여 업무와 질병 또는 사망 사이에 상당인과관계가 있다고 추단되는 경우에도 그 입증이 있다고 보아야 할 것이다."[132]라고 하여 인과관계 입증책임을 완화해주고 있다. 하지만, 더욱 확실한 제도적 뒷받침이 필요하다고 생각된다.

[관련판례]

따돌림으로 인한 스트레스를 받던 근로자가 분신자살한 사례
-서울행판 2009. 6. 11, 2008구합20482[133])-

[판결의 주요 내용] 근로자가 업무로 인하여 질병이 발생하거나 악화되고, 그러한 질병으로 인하여 심신상실 내지 정신착란의 상태 또는 정상

---

129) 대판 1999. 4. 23, 97누16459; 대판 1998. 4. 24, 98두3303; 대판 1990. 10. 23, 88누5037 등.

130) 양승엽, '업무상 재해로서 자살의 인정요건과 유형별 고찰', 「노동법연구(제42호)」, 2017, 244쪽.

131) 양승엽, '업무상 재해로서 자살의 인정요건과 유형별 고찰', 「노동법연구(제42호)」, 2017, 244쪽.

132) 대판 1993. 12. 14, 93누9392.

133) 서울고판 2010. 4. 1, 2009누19832(항소기각); 대판 2010. 6. 24, 2010두7390(심

적인 인식능력이나 행위선택능력, 정신적 억제력이 현저히 저하된 정신장애 상태에 빠져 자살에 이르게 된 것이라고 추단할 수 있는 때에는 업무와 사망 사이에 상당인과관계가 있다고 할 수 있을 것이지만(대판 1993. 12. 14, 93누13797; 대판 1999. 6. 8, 99두3331 등 참조), 자살은 본질적으로 자유로운 의사에 따른 것이므로 근로자가 업무를 수행하는 과정에서 받은 스트레스로 말미암아 우울증이 발생하였고 그 우울증이 자살의 동기 내지 원인과 무관하지 않다는 사정만으로 곧 업무와 자살 사이에 상당인과관계가 있다고 함부로 추단해서는 안 되며, 자살자의 나이와 성행 및 직위, 업무로 인한 스트레스가 자살자에게 가한 긴장도 내지 중압감의 정도와 지속시간, 자살자의 신체적·정신적 상황과 자살자를 둘러싼 주위상황, 우울증의 발병과 자살행위의 시기 기타 자살에 이르게 된 경위, 기존 정신질환의 유무 및 가족력 등에 비추어 그 자살이 사회 평균인의 입장에서 보아 도저히 감수하거나 극복할 수 없을 정도의 업무상 스트레스와 그로 인한 우울증에 기인한 것이 아닌 한 상당인과관계를 인정할 수 없다(대판 2008. 3. 13, 2007두2029 참조).

인정사실에 의하면, 망인이 간부급 현장근로자로서 회사의 지시에 따라 상당수의 근로자들을 노동조합에서 탈퇴시켰는데, 전격적인 단체협약 체결 이후 회사로부터 망인의 행위에 대한 정당성을 인정받지 못하고, 노동조합으로부터 공격을 받는 과정에서 자신의 입지를 잃고 그로 인해 극심한 심적 고통을 겪었으며, 그로 인해 불면증에 시달리고, 자괴감에 빠지는 등 우울증을 앓고 있었다고는 보인다. 그러나 당시 회사의 지시로 노조와해작업에 가담했던 간부급 근로자들은 망인 외에도 5명이 더 있었고 이들과 망인은 같은 처지였으므로, 망인이 사회 평균인의 입장에서 보아 감수하고 극복하기 어려울 정도의 고립감을 느꼈을 것으로 단정하기는 어려운 점, 분신 당일까지의 망인의 행적 및 언동에 비추어 보면 망인이 우울증의 극단적인 증세로서 심신상실 내지 정신착란 상태에까지 도달하였다고 보기 어려운 점 등에 비추어 보면 망인이 우울증으로 인한 정신병적 이상상태에

리불속행기각).

서 정상적인 인식능력 내지 행위선택능력을 잃어 자살에 이르렀다고는 단정하기 어렵다(오히려 분신 당일의 경위에 비추어 볼 때 망인은 회식 자리에서 소외 회사로부터 배신당했다고 느껴 격분한 상태에서, 자신에게 부당한 지시를 내리고도 이후 그에 대해 전혀 책임지지 않으려는 소외 회사의 처우가 부당함을 주장하기 위해 스스로의 의지에 따라 자살을 선택하였을 수 있다).

[사실관계] 작업반 반장으로 근무하던 근로자 L은 다른 간부급 근로자 5명과 함께 2006. 12. 회사로부터 "필요한 경비는 회사에서 지원해주겠다. 근로자들을 설득하여 노조에서 탈퇴하도록 유도하라."라는 지시를 받았다. 근로자 L은 위 지시에 따라 2006. 12.경부터 2007. 3. 중순까지 조합원들을 개별적으로 만나 설득하거나, 야간근무조 편성 시 조합원들을 제외하여 불이익을 주는 등의 방법으로 근로자들의 노조 탈퇴를 유도했고, 이에 2007. 3.경에는 근로자 L이 소속된 작업반에서 약 23명이던 조합원이 6명에 불과하게 되었다.

그러나 단체교섭이 원만하게 진행되어 2007. 4. 17.에 유니온숍 조항이 포함된 단체협약이 체결되었고, 회사의 노사관계는 급격히 우호적으로 바뀌었다. 이후 노동조합은 근로자 L을 포함해 노조 탈퇴를 적극적으로 독려했던 직원들의 징계와 자진사퇴를 요구하는 등 공격했고, 애초 그와 같은 행위를 지시했던 회사 측에서 오히려 노조 측에 우호적인 태도를 보이자 근로자 L은 심한 배신감과 패배감을 느끼게 되었다. 그 무렵 근로자 L은 식사를 잘하지 못하고, 소화불량과 불면증에 시달렸다. 또, 처나 친구들에게 자주 하소연을 했다. 근로자 L은 뒷목 당김, 두통, 소화불량 등의 증세로 2007. 5. 17. 모 한의원에서 침과 물리치료 시술을 받고 15일분의 한약을 지었으며, 5. 18.에도 한의원에서 시술을 받았다.

근로자 L은 자신의 작업반에 소속된 조합원 A를 야간근무조에 편성하라는 지시를 받고도 계속해서 이행하고 있지 않던 중 2007. 5. 18. C 차장으로부터 이에 대해 질책을 받고 억울해하던 상태에서 회식에 참여했는데, 그곳에서 노조위원장과 관리이사가 화기애애하게 술을 마시는 모습을 보고 격분하였다. 근로자 L은 회식자리가 끝난 뒤 21:30경 회사 총무과 사무실로 들어가 준비해 온 아세톤을 사무실 바닥에 뿌리고 다른 직원들을 내보낸 후에 라이터를 켜 분신하였다. 근로자 L은 병원으로 옮겨졌으나 2007. 5. 23. 화염 화상으로 인한 패혈증 쇼크로 사망하였다. 당시 근로자 L은 술을 마신 상태였으나 만취 상태는 아니었는데, 사업주 등 임원들이 와야 한다고 고함을 지르며 흥분상태에 있었다.

근로자 L의 배우자(원고)는 근로복지공단에 근로자 L의 사망으로 인한 유족급여 및 장의비의 지급을 청구하였는데, 근로복지공단은 2008. 2. 22. 근로자 L의 사망이 산업재해보상보험법 및 같은 법 시행규칙에 정한 업무상 재해가 아니라는 이유로 그 지급 거부 처분을 하였다.

(2) 직장에서의 괴롭힘과 인과관계

① 업무수행성과 업무기인성 요구 완화

직장에서의 괴롭힘으로 인해 피해 근로자가 상병을 얻게 되거나 자살한 경우, 다른 근로자들의 괴롭힘 행위가 업무를 수행하는 행위에 해당한다고 보기 어렵고 괴롭힘 행위가 발생하는 장소가 식당, 통근버스, 퇴근 후 회식자리 등 직장 내외에 걸쳐 매우 다양하므로 엄격한 의미에서의 업무수행성은 인정하기 어렵다. 그러나 직장에서의 괴롭힘으로 인해 상병이 발생한 경우 업무수행성을 엄격하게 요구하지 않고, 과로사 사안의 경우와 같이 업무와 질병 발생 사이에 규범적 관점에서 상당인과관계가 인정되는 것으로 충분하다고 본다면[134] 직장에서의 괴롭힘 행위로 인해 발생한 상병을 업무상 재해로 볼 여지도 충분히 있다. 직장에서의 괴롭힘이 직장 안의 인간관계 또는 직무수행에 내재하거나 통상 수반하는 위험이 현실화된 것으로 볼 수 있다면 업무상 재해로 인정할 수 있는 것이다.[135] 근로자가 직장에서 동료 근로자들로부터 집단적인 괴롭힘을 당해

134) 대판 2017. 5. 31, 2016두58840.
135) 대판 2011. 7. 28, 2008다12408.

우울증이 발생하거나 우울증이 악화되어 자살한 경우, 괴롭힘에 수반되는 신체적 공격행위로 인해 상해를 입게 된 경우, 질병이 발생하거나 악화된 경우라면 업무상 재해를 인정하기 위한 인과관계를 충족한다고 볼 수 있을 것이다.

그러나 업무상 재해의 인정요건인 업무수행성과 업무기인성을 완화하여 직장에서의 괴롭힘으로 인해 발생한 재해를 업무상 재해로 인정하는 우회적인 방법보다는 산업안전보건법을 개정하여 직장에서의 괴롭힘으로 인해 발생한 재해 등 업무수행성과 업무기인성 요건을 직접 충족하지는 못하지만 업무상 재해로 인정할 필요가 있는 사항들을 업무상 재해로 간주하는 규정을 두는 것이 가장 확실한 해결책이라고 생각된다. 캐나다 브리티시컬럼비아주의 1993년 직업 보건 및 안전 규정은 근로자가 재해를 입을 우려가 있다는 합리적인 우려를 갖게 하는 육체적 폭력, 폭언, 위협적인 행동 등을 직장 내 폭력으로 규정하면서 그로 인한 부상을 보상의 대상이 되는 업무상 재해로 인정하고 있다고 한다.[136] 이 규정은 사업 또는 사업장 전 영역에서 폭력 위험을 평가하고 만약 그러한 위험이 확인되면 이에 대한 적절한 정책과 절차를 개발하고 작업환경을 개선하여 그 위험을 제거할 의무를 사용자에게 부과하고 있으며, 이와 유사한 규정은 서스캐처원주를 비롯한 여러 주에서 채택되고 있다고 한다. 개정 산업재해보상보험법은 제37조 제1항 제2호 다목에 "근로기준법 제76조의2에 따른 직장 내 괴롭힘, 고객의 폭언 등 업무상 정신적 스트레스가 원인이 되어 발생한 질병"을 추가하고 있다. 이 규정은 "직장 내 괴롭힘, 고객의 폭언"을 명시하여 직장 밖의 제3자에 의한 침해까지 포섭하면서 그로 인한 스트레스가 원인이 되어 발생한 부상, 질병, 장해, 사망 등을 상당인과관계가 인정되는 경우에 업무상 재해로 인정하는 것으로서, 직장에서의

136) Duncan Chappell·Vittorio Di Martino, 「Violence at Work」, 2006, 149쪽 이하.

괴롭힘으로 인해 발생하는 재해의 특성을 정확하게 파악한 입법 시도라고 판단되지만, 상당인과관계 입증책임을 완화하는 단계까지 나아가지는 못한 것으로 평가할 수 있다.

② 판례의 태도

법원은 직장에서 괴롭힘을 당해 이에 항의하는 과정에서 다른 부서로 전보된 근로자가 부당전보구제신청을 하여 노동위원회에 출석하여 조사관의 조사에 응하던 중 졸도하여 적응장애·우울장애 등으로 치료를 받은 사안에서 "집단 따돌림 등 업무상 사유로 인하여 받은 스트레스가 복합하여 발병하였음을 추인할 수 있으므로 업무상 재해이다."[137]라고 하여 괴롭힘으로 인한 스트레스로 발병한 상병에 대하여 업무상 재해를 인정했다. 이러한 판례는 개정 산업재해보상보험법이 시행되기 이전의 사건에서 내려진 결론이라는 점에 주목해야 한다.

또 다른 사건에서 법원은 업무 과다로 인한 스트레스에 시달리던 근로자가 그로 인해 우울증이 심해지고 우울증이 심각해진 상황에서 자신의 손목을 자해하고 약물을 과다 복용하는 등 자살을 시도하다가 저산소증 뇌손상을 입어 실명하게 된 사안에서 "업무를 처리하면서 극심한 과로와 스트레스를 겪게 되어, 그와 같은 과로와 스트레스가 심리·환경적인 요인으로 작용하여 원고의 우울증을 유발하였다고 추단함이 상당하다. (중략) 원고가 우울증의 심화로 정신병적 증상이 발현됨으로써 정상적인 인식능력이나 행위선택능력 또는 정신적 억제력이 현저히 저하된 상태에서 2002. 8. 20. 다시 자살을 기도하다가 저산소증 뇌손상을 입어 이 사건 각 상병이 발생하였다고 할 것이다."라고 하여 업무상 재해를 인정하였다.[138] 참고로 이 사안에서 원고인 근로자는 자신이 부서에서 "집단 따돌

---

137) 서울행판 2002. 8. 14, 2000구34224. 이 사건의 원고는 앞에서 설명한 'LG전자 사건(대판 2004. 2. 27, 2003두13601)의 근로자 J와 동일인이다.

138) 서울행판 2005. 10. 28, 2004구단377. 이 사건은 LG증권(현 우리투자증권)사례로

림"을 당했다고 주장하나 사안을 자세히 살펴보면 괴롭힘을 당했다는 원고인 근로자의 주장은 수긍이 가지 않는다.139) 이 사건에서 법원은 상급자는 물론 부서 내의 동료 근로자들이 업무를 분담하거나 대신 처리하고, 원고인 근로자가 업무를 끝낼 때까지 기다렸다가 함께 퇴근하는 등 시종 도와주고 격려해 주려는 태도를 유지했음을 인정하고 있다. 이 사건은 직장에서의 괴롭힘 사건이 아니라 개인적 능력을 초과하는 과중한 업무 부담에 따른 우울증 악화인 것으로 보인다.

[관련판례]

직장에서 따돌림과 불평등한 대우를 받는다고 생각하던 중 원치 않는 부서로 전보발령이 나자 자살한 사례
-대판 2004. 3. 11, 2004두60-

[판결의 주요 내용] 망인이 비록 스스로 동료 사원들로부터 집단 따돌림을 당하고, 직장상사들로부터 불평등한 대우를 받고 있다는 생각을 하며 지내던 중, 자신이 원치 않는 부서로 전보 발령이 나자, 이상 행동을 보이다가 목을 매어 자살을 하기는 하였으나, 망인은 소외 회사에 입사한 후 끊임없이 동료 사원들과 사소한 문제로 마찰을 일으키고 작업 현장을 자주 이탈하는 등 불성실하게 근무를 하여 여러 차례 그 근무 부서가 변경되었으며, 이에 따라 동료 사원들이나 직장상사들과의 관계가 자연스럽게 소원하여졌는데, 망인 스스로는 그것을 동료 사원들의 집단 따돌림이나 직장상사들의 불평등한 대우 탓이라고 여겼던 것으로 보이는 점, 그러나 소외 회사의 사원들이 고의적으로 망인을 따돌렸다거나, 직장상사들이 망인에 대하여 업무상 부당하게 불평등한 대우를 하였다고 보기는 어려운 점, 그런데 망인은 자신이 원하지 않는 부서로 또 다시 전보 발령이 나자, 그 원인이 된 자신의 잘못을 인식하지 못한 채, 자신이 집단 따돌림이나 부당한 대우를 받고 있다고 오해한 나머지, 극도의 좌절감, 흥분, 우울감 등의 증

알려진 사안이며 대법원에서 최종 확정되었다(대판 2006. 10. 27, 2006두11743).

139) 서울행판 2005. 10. 28, 2004구단377 사실관계 참조.

세를 보이면서 난폭하고 비정상적인 행동을 하다가 자살을 하기에 이른 점, 망인은 사망 전 우울증 등의 정신장해로 정신과 치료를 받거나 치료약을 복용한 적이 없었던 점 등 이 사건 변론에 나타난 제반 사정을 종합하여 보면, 망인이 업무상의 스트레스로 인하여 우울증이 발병하거나 심화되어 정신병적 증상이 발현됨으로써 정상적인 인식능력이나 행위선택능력 또는 정신적 억제력이 현저히 저하된 상태에서 자살에 이르렀다는 점에 관하여, 이에 부합하는 증거와 증언 및 정신요양원장에 대한 사실조회결과 부분은 각 믿기 어려우며, 달리 이를 인정할 만한 증거가 없다.

[사실관계] 근로자 L은 CDMA 단말기 후가공 공정에서 근무했는데, 같은 공정에서 근무하는 사원들과 사소한 문제로 자주 큰소리를 내며 다투고, 퇴근시간에 회사의 통근버스에서 내리는 사원을 붙잡고 다투기도 하였으며, 다른 사원들과 마찰이 있을 때마다 그 어머니 등 가족이 회사에 전화를 걸어 욕설을 하는 등 동료 직원들과 융화되지 못했다. 회사는 2000. 4. 10. 근로자 L을 MP3 다운로드 공정으로 전보했다가, 4. 22. MP3 포장 공정으로 다시 전보했다.

근로자 L은 전보된 이후에도 동료 근로자가 자신을 쳐다보았다는 이유로 화장실로 데려가 싸움을 하는 등 일주일에 한 번 꼴로 다른 사원들과 사소한 시비 끝에 말다툼하여 사원들과 계속적으로 불편한 관계를 유지했다. 이에 회사에서는 6. 12. 근로자 L을 PCS 단말기 조립 공정으로 전보했다가, 6. 28. PCS 조정 공정으로 다시 전보했다. 그러나 근로자 L은 이후에도 동료 근로자와 싸움을 하고, 매일 실시되는 조회에 항상 지각하면서, 이를 탓하는 동료 근로자에게 시비를 걸기도 했다. 같은 생산라인에 근무하는 나이 어린 사원이 자신을 "언니"라고 부르지 않는다는 이유로 화를 내며 소리를 지르고, 회사 옥상에서 흡연하다가 마주치자 심한 욕설을 하여 서로 다투기도 했다. 또한, 근로자 L은 8. 14.경 회사 동료 근로자 K가 자신에게 빌려 갔던 식권을 갚았는지 아닌지를 두고 다툰 후 매일 밤이나 새벽에 근로자 K에게 전화를 걸어 심한 욕설을 하면서 다른 사원들과 어울리면 좋지 않다는 등의 이야기를 하였다. 이를 견디다 못한 근로자 K는 경찰에 신고하기도 하고 회사를 퇴직할 생각까지 했다. 근로자 L은 그 무렵 회사의 통근버스 운전기사 C가 교통체증이 심한 관계로 근로자 L을 목적지 50m 전방에서 하차시켰다는 이유로 새벽에 운전기사 C의 집에 전화를 걸어 심한 욕설을 하거나 아무 말도 하지 않은 채 끊기를 반복하기도 했다. 그 밖에 근로자 L은 근무시간 중에 수시로 작업 현장을 이탈하여 옥상에서 흡연을 하여 제품 생산에 지장을 주는 적이 많았으며, 담뱃불로 팔뚝에 화상을 내고 이를 다른 사원들에게 보이면서 겁을 주기도 했다

근로자 L은 7. 24.부터 8. 5.까지 하계휴가를 다녀온 후 8. 18. 정상적인 결제를 받아 월차휴가를 다녀오는 등 비교적 자유롭게 연·월차 휴가를 사용했다. 근로자 L은 9. 22. 자신이 동료 직원들로부터 부당하게 집단 따돌림을 당하고 있을 뿐만 아니라 직장상사들이 월차휴가신청을 받아주지 않는 등 불평등하게 대우하고 있다는 취지의 진정서를 회사 고충처리위원회에 제출했다. 이에 근로자 L이 속한 생산2팀의 팀장 K는 9. 1. 근로자 L을 면담하고 그 고충사항을 상담했다. 회사에서는 근로자 L이 다른 사원들과 계속적으로 마찰을 일으키고 자주 작업현장을 이탈하여 제품 생산에 지장을 주는 일이 잦게 되자 9. 4. 근로자 L을 9. 6.자로 회사 PCS 포장 공정으로 전보 발령을 냈다. 이에 근로자 L은 9. 4. 팀장 K에게 위 발령에 대하여 항의를 한 후 9. 5. 출근하지 않고 자택의 자기 방에서 문을 걸어 잠근 채 식사도 하지 않고 책상을 치면서 소리를 지르거나 통곡을 하는 등의 행동을 하다가, 9. 6. 회사에 들러 팀장 K에게 정당한 사유 없이 전보 발령을 내었으므로 사직하겠다는 내용의 사직서를 제출하는 한편, 동료 사원들이 자신을 집단적으로 따돌리고, 직장상사들이 휴가를 제대로 사용하지 못하도록 하는 등 불평등한 대우를 하며, 자신이 낸 진정서도 제때 처리해 주지 않고, 부당하게 전보 발령을 냈다는 내용의 진정서를 작성하기도 했다.

그 후 근로자 L은 계속 출근을 하지 않다가, 9. 8. 아버지(원고) 등의 권유로 출근을 하여 팀장 K에게 다른 부서로 옮겨달라고 부탁을 했다가 거절당하자, 자택의 자기 방에서 식음을 전폐한 채 소리를 지르거나 통곡을 하고 방안에 대·소변을 그대로 배설하는 등 이상 행동을 보이다가, 9. 10. 자택 옥상에서 난간에 목을 매어 자살했다. 근로자 L은 우울증 등의 정신장해로 인하여 정신과 치료를 받거나 치료약을 복용한 적이 없었다.

근로자 L의 아버지인 (원고)는 근로자 L의 사망이 업무상의 재해에 해당한다고 주장하면서 유족급여 및 장의비 지급을 청구하였으나, 근로복지공단은 2001. 1. 26. 이 업무상의 스트레스로 인하여 자살을 했다고 보기 어려워 근로자 L의 사망과 업무 사이에 상당인과관계를 인정할 수 없다는 이유로 이를 거부하는 처분을 했다.

[관련판례]

상급자와의 불화로 인해 스트레스를 받던 근로자가 고객으로부터 욕설과 모욕을 들은 후 자살한 사례
-대판 2016.1.28, 2014두 5262-

[판결의 주요 내용] 갑작스런 담당 사무의 변경 및 변경된 사무로 인한 자존심 손상, 업무에 있어서의 상사와의 마찰, 그리고 심한 모욕감과 수치심을 유발하는 사건에 직면하여 극심한 업무상의 스트레스를 받은 경우, 망인에게 우울증으로 치료를 받은 구체적인 병력이 없거나 망인의 성격 등 개인적인 취약성이 자살을 결심하게 된 데 일부 영향을 미쳤다 하더라도, 망인이 자살 직전 극심한 업무상의 스트레스와 정신적인 고통으로 인하여 우울증세 등이 발현·악화되어 정상적인 인식능력이나 행위선택능력, 정신적 억제력이 현저히 저하되어 합리적인 판단을 기대할 수 없을 정도의 상황에 빠지게 되었고, 그러한 상태에서 자살에 이르게 된 것으로 추단될 여지가 충분하므로, 망인의 업무와 사망 사이에 상당인과관계를 인정할 수 있다. 업무와 재해 발생 사이의 인과관계는 반드시 의학적·자연과학적으로 명백히 증명되어야 하는 것은 아니며 규범적 관점에서 상당인과관계가 인정되는 경우에는 그 증명이 있다고 보아야 한다.

[사실관계] 근로자 C는 1995. 1. 1. 음식 및 숙박업을 하는 경주 소재 K콘도(2008. 3. 26. 타 회사에 인수되어 D리조트로 개칭)에 입사하여 근무하던 중 2009. 1. 1. 관리직인 총무팀장으로 승진하였다. 그러나 2009. 5. 13. 팀원이 없는 객실 인스펙터 팀장으로 발령받은 후 고정된 사무실이나 개인 책상 없이 리조트 내 500여 개의 객실 청소 상태 점검, 시설물 하자, 수리 대상 여부 등을 파악하는 업무를 수행해왔다. 2008. 11.경 본사에

서 상급자로 부총지배인이 발령받아 온 후 근로자 C는 부총지배인과 업무에 관해 종종 의견 충돌이 있었다. 근로자 C는 2010. 8. 1. 고객 대응업무 지원 중 고객으로부터 욕설과 모욕을 들었다. 이후 2010. 8. 4. 0시경(추정) 근로자 C는 빈 객실에서 목을 매어 자살했다. 근로자 C의 배우자(원고)는 근로복지공단에 유족급여 및 장의비를 청구하였으나 근로복지공단은 "망인이 생명과 바꿀 수 있을 정도의 불가항력적인 스트레스의 상태라고 보기 힘들며, 과거 업무적인 사유로 인하여 정신과 진료를 받은 적이 없는 점 등으로 보아 업무상의 사유로 인한 정신적 이상 상태에서 자살하였다고 보기 어려워 망인의 사망을 업무상 재해로 인정할 수 없다."라고 보아 원고의 청구를 기각하였다. 이에 원고는 부지급결정처분의 취소를 구하는 행정소송을 제기하였으나 지방법원과 고등법원에서 각각 기각되었다.

(3) 괴롭힘 가해 행위자에 대한 구상권

직장에서의 괴롭힘으로 인해 피해 근로자가 업무상 재해를 인정받은 경우에도 사용자가 산업재해보상보험에 가입되어 있고 피해 근로자가 보험급여를 받을 수 있다면 산업재해보상보험법 제80조 제1항에 따라 사용자는 근로기준법 제78조 이하의 재해보상 책임을 면한다.

산업재해보상보험금을 지급하는 근로복지공단이 보험금을 지급한 이후에 재해 발생에 책임이 있는 제3자에게 구상권을 행사할 수 있도록 규정하고 있는 산업재해보상보험법 제87조 제1항의 해석과 관련해서 동료 근로자를 제3자의 범위에 포함시킬 수 있는가가 논란이 되고 있다. 동료 근로자의 불법행위로 다른 근로자가 재해를 입었으면 피해 근로자에게 보험금을 지급한 근로복지공단이 가해 근로자에게 구상권을 행사할 수 있는가 하는 문제이다. 산업재해보상보험법 제87조 제1항은 "공단은 제3자의 행위에 따른 재해로 보험급여를 지급한 경우에는 그 급여액의 한도 안에서 급여를 받은 자의 제3자에 대한 손해배상청구권을 대위한다."라고 규정하고 있다. 재해를 입은 근로자를 보호하고 사업장에서의 부주의와 재해의 발생을 조장하게 된다는 이유로 동료 근로자를 제3자의 범위에 포함시켜야 한다는 견해[140)]가 있다. 반면에 산업재해보상보험법 제87조 제1항 단서의 해석과 근로자책임 제한의 원칙 등을 이유로 동료 근로자는 제3자의 범위에 포함되지 않는다고 하는 반대 견해[141)]도 있다. 대법원 판례는 동료 근로자의 가해행위는 사업에 수반되는 위험이며, 산재보험의 사회보험 내지 책임보험적 성격과 산업재해보상보험법 제87조 제1항 단서 등을 고려할 때 동료 근로자는 구상권 행사의 상대방인 제3자에서 제외된다는 태도를 분명히 밝히고 있다.[142)] 이 문제를 이해하기 위한 핵심은 산업재해보상보험법 제87조 제1항의 성격에 대한 이해에 있다고 하면서 이 조항은 가해 근로자의 책임법적 면제를 규정한 것이 아니라 단지 구상관계에서의 특칙을 규정한 것으로 보아야 한다는 견해가 있다.[143)] 이 견해에 따르면 만약 이 조항이 가해 근로자의 책임법적 면책을 규정한 것으로 본다면 가해 근로자에 대한 근로복지공단의 구상권뿐만 아니라 가해 근로자에 대한 사용자 또는 피해 근로자의 손해배상 청구도 허용되지 않는다는 결론에 이르게 된다고 한다. 가해 근로자의 책임법적 면제를 긍정하는 것은 근로자가 업무를 수행하는 과정에서 타인에게 손해를 입힌 경우에도 그 손해가 근로자의 과실로 인해 발생한 경우에만 근로자의 책임이 제한되는 것일 뿐 고의 또는 중과실인 경우에는 책임제한이 인정될 수 없다[144)]는 점에서 타당하다고 할 수 없다. 산업재해보상보험법

---

140) 김유성, 「한국사회보장법론」, 2002, 334쪽.

141) 박종희 외 2인, 「산재보상의 민사배상책임 개선방안」, 2005, 82쪽; 결과에 있어서 같은 견해는 김영문, '산업재해보상보험법상의 구상권', 「노동법학(제10호)」, 2000, 212쪽.

142) 대판 2004. 12. 24, 2003다33691.

143) 박지순, '동료 근로자의 가해행위로 인한 업무상 재해와 산업재해보상보험법상의 구상권', 「노동법학(제22호)」, 2006. 374쪽.

144) 이종복, '위험작업에 종사하는 근로자의 책임제한', 「사법관계와 자율」, 1993, 282쪽.

제87조 제1항을 사회보험법상의 구상관계에 관한 특칙으로 제한적으로 이해한다면, 이 조항은 단지 산업재해보상보험법상 보험가입자인 사용자 사이의 이해관계 충돌을 방지하는 데에 그 목적이 있을 뿐이고 가해 근로자에 대한 책임법적 면제를 목적으로 하는 규정은 아니라고 보아야 한다고 한다.[145] 이렇게 본다면 사업장에서 고의 또는 중과실로 동료 근로자에게 가해행위를 한 가해 행위자는 여전히 사용자 및 피해 근로자에 대하여 손해배상책임을 부담하게 되고 산업재해보상보험법 제87조 제1항의 제3자에 포함되어야 한다는 결론에 이르게 된다.[146] 가해 행위자가 거래관계에 있는 기업의 사용자나 근로자인 경우 또는 고객인 경우에는 근로복지공단이 구상권을 행사할 수 있는 제3자로 인정하는 데에 문제가 없다.

6. 부작위범의 책임

직장에서 근로자들 사이에 괴롭힘 행위가 일어나고 있는 것을 알면서도 이를 방치한 경우 사용자는 부작위범이 될 수도 있다. 부작위범이 되기 위해서는 사용자가 보증인 지위를 갖고 있어야 하고,[147] 사용자가 직장에서의 괴롭힘을 방지하지 않은 행위가 직접 괴롭힘 행위를 한 것과 같은 정도의 행위양태와 동가치성 내지 상응성이 있다고 평가될 수 있어야 한다.[148] 사용자는 자신이 경영하는 사업 또는 사업장에서 위험발생 방지의무가 포함된 안전배려의무를 부담하는 보증인적 지위에 있다. 따라서 사용자가 자신의 사업 또는 사업장에서의 괴롭힘 행위를 적극적으로 인식하고 그로 인한 위험 발생 가능성을 예견할 수 있었다면 괴롭힘

---

145) 박지순, '동료 근로자의 가해행위로 인한 업무상 재해와 산업재해보상보험법상의 구상권', 「노동법학(제22호)」, 2006. 382쪽.

146) 김형배, 「노동법」, 2018, 572쪽.

147) 김일수·서보학, 「새로 쓴 형법총론」, 2005, 490쪽; 배종대, 「형법총론」, 2006, 637쪽; 이재상·장영민·강동범, 「형법총론」, 2015, 124쪽; 임 웅, 「형법총론」, 2018, 583쪽.

148) 대판 2002. 1. 22, 2001도2254; 대판 1996. 9. 6, 95도2551; 대판 1992. 2. 11, 91도2951.

행위의 발생을 저지해야 하는 의무를 부담한다. 사용자가 그러한 의무를 게을리하여 위험의 발생을 저지하지 않고 오히려 이를 방치하는 태도를 보여 괴롭힘 행위가 아무런 통제 없이 자행되었고 그로 인해 형법상 구성요건에 해당하는 가해행위에 이르게 된 경우에는 괴롭힘 행위의 결과 발생하게 된 범죄행위의 부작위범으로 처벌될 수 있다.

Ⅲ. 입법 필요성

이상에서 설명한 직장에서의 괴롭힘에 대하여 사용자에게 인정되는 법률적 책임의 내용과 근거들은 개정 근로기준법과 개정 산업재해보상보험법을 포함하여 국내 현행 법률들 중에서 적용 가능한 조항들을 최대한 발견하여 직장에서의 괴롭힘 행위에 대하여 적용한 결과이다. 그러나 이러한 단편적 규율은 직장에서의 괴롭힘이라는 현대사회의 특수한 법익침해 행위를 규율하기에는 여전히 충분하다고 할 수 없다. 가해 행위자에 대한 적절한 책임 부과와 피해 근로자에 대한 최대한의 보호, 사업장에 미치는 피해의 최소화를 위해 직장에서의 괴롭힘을 규율할 수 있는 단행법률을 입법하는 방안을 고려하여야 할 필요가 있다.

제5장

직장에서의 괴롭힘을 규율하기 위한 입법

제5장

직장에서의 괴롭힘을 규율하기 위한 입법

제1절 이 장의 주요 내용과 검토 방법

직장에서의 괴롭힘에 대한 적극적 입법 사례는 주로 유럽 여러 나라에서 찾아볼 수 있다.[1] 유럽 각국이 다른 나라들에 비해 일찍부터 직장에서의 괴롭힘을 규율하기 위한 법률을 정비하면서 이 분야에서 앞서나갈 수 있었던 것은, 비록 나라별로 차이는 있으나, 과거 해외 식민지로부터 식민지 주민이 활발히 유입되었고, 외국의 산업인력과 이주민이 오랜 시간 동안 꾸준히 유입되어 이미 다인종 사회로 이전한 역사적·사회적 배경 아래, 자본주의 사회의 고도화에 따른 개인주의의 만연으로 인해 근로자 개인 간의 갈등과 소외의 문제가 일찍부터 중요한 사회문제로 대두되었기 때문으로 보인다. 다인종 사회의 인종 간 차별 문제는 직장에서 근로자들 사이의 갈등과 차별의 중요한 요인이 되는데, 오랜 기간 단일 민족국가를 유지해오다가 급격한 속도로 이주민이 유입된 경우에 더 큰 문제로 부각되기도 한다. 개인주의의 만연으로 인한 근로자들의 갈등과 소외의 경험은 동일한 인종에 속하는 근로자들 사이에서도 집단적인 괴롭힘 행위가 발생하는 원인이 되고 있다. 1980년 후반부터 스웨덴 출신의 Leymann 교수가 직장에서의 괴롭힘에 대한 선구적 연구를 진행하여 이를 체계적으로 정리한 저술을 발표하게 된 배경도 당시 스웨덴 사회가

---

1) 유럽 각국의 직장에서의 괴롭힘에 대한 입법 동향을 비교적 자세히 소개한 자료로는, Vittorio Di Martino·Helge Hoel·Carly L. Cooper, 「Preventing violence and harassment in the workplace」, EU, 2003; 水谷英夫, 「職場のいじめ：「パワハラ」と法」, 2006; 한국노동연구원, 「국제노동브리프(Vol.12 No.9」, 2014. 9. 등이 있다.

직면하고 있던 여러 가지 사회적 상황과 무관하지 않다. Leymann 교수는 스웨덴뿐만 아니라 독일어권 국가에서도 활발한 학문적 연구와 홍보 활동을 전개했고, 그것이 직장에서의 괴롭힘 문제에 관한 관심이 일찍부터 유럽 여러 나라로 확산된 계기가 되었다.[2)]

직장에서의 괴롭힘에 대한 대응 입법의 형식을 보면 우리나라와 같이 관련된 개개의 법률들을 개정하여 필요한 조문을 배치한 경우도 있고 직장에서의 괴롭힘을 방지하기 위한 단일 법령을 마련한 국가도 있다. 이 장에서는 법률을 통해 직장에서의 괴롭힘을 직접 금지하고 피해 근로자를 보호하는 대책을 마련한 주요 국가들의 각 법률의 내용을 입법 형식을 기준으로 나누어서 검토하고, 이를 바탕으로 우리나라에서 직장에서의 괴롭힘을 규율하기 위한 법률을 정비할 때에 어떠한 사항을 어떤 방법으로 담을 수 있을지에 대해 정리해 보고자 한다.

제2절 직장에서의 괴롭힘을 규율하기 위한 외국의 입법례

Ⅰ. 단일 법령을 통해 직장에서의 괴롭힘을 규율하는 나라

직장에서의 괴롭힘 문제를 규율하기 위해 단행 법률 내에 종합적인 규율을 시도하고 있는 입법례로는 스웨덴, 벨기에, 네덜란드, 프랑스 등을 들 수 있다. 물론 이 나라들도 단일 법령 하나로 직장에서의 괴롭힘을 규율하는 것은 아니다. 특히 네덜란드의 노동환경법이나 프랑스 노동법전은 직장에서의 괴롭힘만을 규율하기 위한 법률이라고 할 수도 없다. 하지만 직장에서의 괴롭힘에 관하여 직접 명시한 조문을 설치하고 있으며, 비교적 단일한 체계 내에서 이 문제를 규율하고 있다는 점에서 하나의 범주로 묶어서 설명하였다.

---

2) Maarit Vartia, 'EU의 직장내 괴롭힘', 「국제노동브리프(Vol.12. No.9)」, 2014. 9, 4쪽.

1. 스웨덴

(1) 입법의 배경과 형식

직장에서의 괴롭힘에 관한 선구적인 연구를 진행한 Leymann은 스웨덴 출신이며 스웨덴을 비롯한 독일어권 국가에서 활발한 학문적 연구와 홍보활동을 전개했다. 스웨덴은 오랫동안 인종적 동질성이 높은 국가를 유지해오다가, 해외 이민자 비율이 1970년대의 6.7%에서 2010년대에 이르러서는 19.1%까지 증가하는 것을 경험하면서 차별 및 괴롭힘과 관련된 이슈가 사회적 문제로 대두되었다.[3] 이러한 사회 분위기 속에서 Leymann의 연구가 큰 반향을 불러일으킨 것으로 보인다. 그 결과 스웨덴은 비교적 이른 시기에 직장에서의 괴롭힘에 대해 사회적 관심을 가질 수 있었으며, 그러한 사회적 공감대를 바탕으로 법령을 제정하여 집단 괴롭힘에 대한 규제를 시도하였다.

스웨덴 정부는, 1993년 1월 14일 채택되어 1993년 7월 1일부터 효력이 발생된 작업환경에 존재하는 폭력과 협박을 방지하기 위한 조치에 관한 조례(AFS 1993:2)[4]와 1993년 9월 21일에 채택되어 1994년 3월 31일에 효력이 발생된 직장에서의 괴롭힘에 대한 조치에 관한 조례(AFS 1993:17)[5]를 통해 직장에서의 집단 괴롭힘을 정의하고 그러한 행위가 발생한 경우 사용자가 취하여야 할 다양한 조치에 관하여 규정하였다.[6] 직장에서의 괴롭힘에 대하여 특별 법령을 제정해 규율하기 시작한 최초의 사례이다.[7]

---

3) Per Norberg, 「Country report Non-discrimination, Sweden(EC)」, 2017, 5쪽.

4) www.av.se/globalassets/filer/publikationer/foreskrifter/engelska/violence-and-menaces-in-the-working-environment-provisions-afs1993-2.pdf

5) www.av.se/globalassets/filer/publikationer/foreskrifter/engelska/victimization-at-work-provisions-1993-17.pdf

6) Vittorio Di Martino/Helge Hoel/Carly L. Cooper, 「Preventing violence and harassment in the workplace」, EU, 2003, 50쪽.

7) 서유정·박윤희, '국내외 직장 괴롭힘 관련 법령 및 정책 분석', 「비서학 논총(제26권 제1호)」, 2017, 190쪽.

⑵ 입법의 주요 내용

① 직장에서의 괴롭힘에 대한 조치에 관한 조례(AFS 1993:17)

직장에서의 괴롭힘에 대한 조치에 관한 조례는 직장에서의 괴롭힘을 규율하기 위한 기본법령이라고 할 수 있다. 이 조례는 3개의 장 6개의 조항으로 구성되어 있다. 제1조의 [적용범위와 정의]를 보면 직장에서의 괴롭힘을 "근로자 개인을 표적으로 하여 공격적 수단에 의해 집중하여 행해지는 비난 또는 명백하게 부정적인 행동으로서 대상 근로자를 직장 공동체에서 배제하는 결과를 가져오는 행위"라고 정의하고 있으며, 제2조와 제3조에서는 사용자에 대하여 직장에서의 괴롭힘을 방지할 수 있는 다양한 활동과 계획을 수립할 의무를 부과하면서 괴롭힘 행위(victimization)가 받아들여지지 않는다는 점을 분명히 해야 한다고 규정하고 있다. 그리고 제6조는 "피해 근로자는 신속한 도움과 지원을 받아야 하고, 사용자는 그것에 대하여 특별한 조치를 취할 의무를 진다."라고 규정하고 있다.

② 작업환경에 존재하는 폭력과 협박을 방지하기 위한 조치에 관한 조례(AFS 1993:2)

작업환경에 존재하는 폭력과 협박을 방지하기 위한 조치에 관한 조례는 사업장 내에 존재하는 폭행·협박 등을 방지하는 일반적인 내용을 담고 있는 정부 조례이다. 이 조례에서 말하는 폭력과 협박은 직장에서의 괴롭힘에 국한되지 않는 일반적인 폭력과 협박이다.

조례 제2조는 "사용자는 작업 중에 존재할 수 있는 폭력의 위험이나 위협에 대하여 조사하고 그 조사에 따른 조치를 취해야 한다."고 규정하고 있으며, 제3조는 "작업은 폭력의 위험과 위협이 가능한 한 방지된 상황에서 이루어져야 한다."고 규정하고 있다. 제6조에서는 "폭력이나 위협으로 인해 피해를 당한 근로자에 대해서는 정신적 육체적 피해를 회복할 수 있는 적절한 도움과 지원이 제공되어야 하고, 사용자는 이를 위한 특별한 조치를 취해야 한다."고 규정하여 피해 근로자의 복귀를 위한 사용자의 조치 의무를 규정하고 있다.

⑶ 스웨덴의 입법에 대한 평가

정부 차원에서 구체적 법령을 제정하여 직장에서의 괴롭힘에 대처하는 스웨덴의 위와 같은 노력에도 불구하고, 직장에서 집단 괴롭힘을 당한 피해 근로자를 치료하고 복귀를 지원하기 위한 의료시스템이 충분히 정비되어 있지 못하고, 지원 예산이 부족하여 충분한 성과를 보고 있지는 못한 것으로 평가하는 견해가 있다.[8] 2010년에 진행된 조사에서도 스웨덴의 이 조례들이 규정 내용이 모호하고, 노동조합의 호응 확보가 부진하며, 정부의 근로감독이 제대로 이루어지지 못하고 있으며, 사용자의 사후조치 및 관리를 강제하는 데에 어려움이 있어서 성공적이지 못하다는 결론을 내렸다고 한다.[9] 그러나 이와 같은 비판은 스웨덴 내부에서의 비판이라는 점에 주의해야 한다. 스웨덴의 의료와 복지 제도는 세계 최고 수준이다. 스웨덴 내부에서 직장에서의 괴롭힘과 관련된 규범적 대응 체계를 더 효율적으로 보완하려는 움직임이 있다는 것으로 해석하는 것이 바람직하다. 스웨덴의 위의 두 가지 조례는 비록 의회에 의해서 제정된 법률은 아니지만, 직장에서의 괴롭힘에 대응하기 위한 최초의 특별 법령으로서 이후 유럽의 여러 나라의 직장에서의 괴롭힘 대응 입법에 영향을 미쳤다. 내용에 있어서도 우리 개정 근로기준법과 달리 사용자의 방지조치 의무와 피해 근로자의 구제수단이 명시되어 있다는 점도 매우 중요한 의미를 지닌다.

---

8) 水谷英夫,「職場のいじめ：「パワハラ」と法」, 2006, 79쪽.

9) Margaretha Strandmark K, '스웨덴의 직장내 괴롭힘:예방 및 대처 방안',「국제노동브리프(Vol.12. No.9)」, 2014. 9, 23쪽.

2. 벨기에

⑴ 입법의 배경과 형식

벨기에서는 프랑스 입법의 영향을 받아 직장에서의 괴롭힘을 방지하고 피해 근로자를 보호하기 위한 입법을 추진하게 되었다고 한다.[10] 벨기에는 1996년 8월 4일 법률인 직장에서의 근로자의 복지에 관한 법률을 2002년 6월 11일에 직장에 있어서 폭력, 정신적 괴롭힘 또는 성적 괴롭힘으로부터의 보호에 관한 법률을 제정하면서 수정하였다.[11] 이 법률은 직장에서의 괴롭힘을 포함한 직장 내 폭력을 방지하기 위한 기본법이라고 할 수 있다.

⑵ 직장에 있어서 폭력, 정신적 괴롭힘 또는 성적 괴롭힘으로부터의 보호에 관한 법률의 주요 내용

① 주요 개념

이 법률은 근로제공 과정에서의 폭력을 "근로제공 장소에서 정신적 또는 육체적으로 협박이나 공격을 당하고 있는 사실상의 모든 상태"로, 정신적 괴롭힘은 "기업 시설의 내부 또는 외부에서, 근로제공 시에 근로자의 인격이나 육체적 혹은 심리적 안전의 완전성을 해치는 것을 목적으로 하거나 또는 그러한 결과를 가져와 고용상태를 위험하게 하는, 특히 말, 협박, 행위, 몸짓 또는 일방적인 문서로서 표현되는 위협적이고 적대적이며 품위를 폄하하는, 모욕적이거나 공격적인 환경을 초래하는 모든 성질의 행위로서 일정 기간 반복적으로 행해지는 행위"라고 정의하고 있다.[12] 가해자의 괴롭힘 행위에 의도나 목적을 요구하지 않으며 단지 특정 행위가 타인을 괴롭히는 결과를 가져오기만 하면 이 법의 보호 대상이

---

10) Vittorio Di Martino·Helge Hoel·Carly L. Cooper, 「Preventing violence and harassment in the workplace」, EU, 2003, 51쪽.

11) Duncan Chappell·Vittorio Di Martino, 「Violence at Work」, 2006, 157쪽.

12) 大和田敢太, 'ベルギーにおける労働でのいじめ·ハラスメント禁止法(2007年1月10日法)', 「労働法律旬報」 No. 1695, 海外労働事情83ベルギ, 2009. 5, 43쪽.

되는 직장에서의 괴롭힘으로 보는 것은 주목할 만하다.

② 적용범위

이 법률의 적용범위는 개정 전 법률인 1996년 직장에서의 근로자의 복지에 관한 법률 제2조가 준용되는데, 근로자뿐만 아니라 공무원이나 노역에 종사하는 피구금자, 직업훈련생, 연수원생, 학생, 하도급 또는 파견근로자 등도 근로자로 간주된다. 또한, 해당 사업장의 근로자는 아니지만 근로제공 과정에서 불가피하게 근로자와 접촉하게 되는 고객, 납품업자, 외부 기업의 근로자 등도 보호 대상 근로자에 포함되는 것으로 규정하고 있다. 다만 가정에서 근로를 제공하는 자나 구금시설에서 노역에 종사하는 자는 폭력이나 괴롭힘이 발생한 경우 소송 등 일정한 조치를 취할 수는 있으나, 상담자와의 상담 등 예방조치를 요구할 수는 없다는 제한을 두고 있다.[13]

③ 규율 방법

직장에 있어서 폭력, 정신적 괴롭힘 또는 성적 괴롭힘으로부터의 보호에 관한 법률은 특히 제32조에서 직장에서의 괴롭힘, 성희롱, 신체적인 폭력, 언어에 의한 폭력 등을 포괄하는 광범위한 직장 내 폭력행위를 금지하고,[14] 제32조의2에서 사용자와 근로자에게 폭력, 정신적 괴롭힘, 성적 괴롭힘 행위를 하지 못하도록 의무를 부과하고 있다. 이 법률은 또한, 사업장 내 폭력을 줄이기 위해 사용자가 사업장 내에서 취해야 할 조치를 폭넓게 규정하고 있다. 사용자는 기업 내에 '노사합동 보호위원회'(CPPT)를 구성하고,[15] 근로자들의 작업환경을 개선해야 한다. 피해 근로자가

---

13) 大和田敢太, 'ベルギーにおける労働でのいじめ·ハラスメント禁止法(2007年1月10日法)', 「勞働法律旬報」 No. 1695, 海外勞働事情83ベルギ, 2009. 5, 44쪽.

14) Duncan Chappell·Vittorio Di Martino, 「Violence at Work」, 2006, 157쪽.

15) 大和田敢太, 'ベルギーにおける労働でのいじめ·ハラスメント禁止法(2007年1月10日法)', 「勞働法律旬報」 No. 1695, 海外勞働事情83ベルギ, 2009. 5, 45쪽.

적절한 도움을 받을 수 있도록 지원체계를 수립해야 하는데, 특히 상담자와 전문가를 배치하여야 한다.

사용자의 의무로서 주목할 만한 것은 사용자와 근로자 이외의 제3자에 의해서 발생하는 위험 요인을 분석하는 장부를 갖추도록 하는 것이다. 제3자에 의한 괴롭힘에 대해서도 특별한 배려를 하고 있는 것이다. 또한, 사용자는 직장에서 폭력행위가 발생한 경우 공정하게 조사하고, 직장 내 폭력에 대한 정보를 제공하며 그에 대한 교육을 실시할 의무를 부담한다. 직장 내 폭력의 피해 근로자는 그의 선택에 따라 직장 내 상담자, 전문가, 법원으로부터 권한을 부여받은 사업장 감독자 중 원하는 사람의 조력을 받을 수 있도록 제도화하고 있다.[16] 사용자는 직장에서의 괴롭힘으로부터 구제를 신청한 근로자나 구제절차에서 증언을 한 근로자 등을 해고할 수 없다.[17] 이상과 같은 사업장 내에서의 구제조치를 통해서 구제를 받지 못한 피해 근로자나 제3자는 민사소송을 제기하거나 노동법원에 제소할 수 있고, 노동복지 감독관청 등에 구제를 신청할 수도 있다.[18]

(3) 벨기에의 입법에 대한 평가

벨기에의 보호 입법의 특징은 직장에서의 괴롭힘을 독자적 규제 대상으로 하여 직장에서의 집단 괴롭힘으로부터 근로자를 보호하기 위한 별도의 단행 법률을 제정하였다는 것과 그 보호의 범위와 수단이 매우 다양하고 체계적이라는 점이다. 특히 보호 대상을 근로자뿐만 아니라 학생이나 자원봉사자, 고객, 납품업자, 외부 기업의 근로자 등 제3자로까지 확대하고 있으며,[19] 제3자에 의한 괴롭힘까지도 규율 대상으로 삼고 있다

---

16) Duncan Chappell·Vittorio Di Martino, 「Violence at Work」, 2006, 157쪽.

17) 大和田敢太, ‘ベルギーにおける労働でのいじめ·ハラスメント禁止法(2007年1月10日法)’, 「労働法律旬報」 No. 1695, 海外労働事情83ベルギ, 2009. 5, 45쪽.

18) 大和田敢太, ‘ベルギーにおける労働でのいじめ·ハラスメント禁止法(2007年1月10日法)’, 「労働法律旬報」 No. 1695, 海外労働事情83ベルギ, 2009. 5, 45쪽.

19) 水谷英夫, 「職場のいじめ：「パワハラ」と法」, 2006, 90쪽; 大和田敢太, ‘ベルギーにお

는 점은 직장에서의 괴롭힘으로 인해 피해를 당하는 사람과 가해 행위자의 범위가 점차 넓어지고 있는 상황을 고려할 때 매우 중요한 사례라고 생각된다. 우리의 개정 근로기준법이 괴롭힘 피해자의 범위를 근로기준법상 근로자에 한정하고 있는 것과 대비되는 부분이다.

3. 네덜란드

(1) 입법의 배경과 형식

네덜란드는 1980년에 제정된 노동환경법(Arbeidsomstandighedenwet)을 통해 직장에서의 폭력의 문제를 규율하고 있다. 이 법률은 1994년, 1998년에 각각 개정되었는데, 1994년 개정 법률은 사용자에게 직장에서의 성희롱, 정신적 공격행위, 폭력 등으로부터 근로자를 보호하여야 하는 의무를 부과하였고,[20] 1998년 개정 법률은 유럽연합의 직장에서의 건강과 안전에 관한 지침(89/391/EEC)에 따라 직장에서의 괴롭힘 문제에 대응하기 위한 더욱 자세한 내용을 담게 되었다.[21] 유럽연합의 직장에서의 건강과 안전에 관한 지침(89/391/EEC)은 사업장 안전보건과 관련하여 사업장에 존재하는 모든 유형의 위험을 해결하여야 하는 사용자의 일반적 의무를 명시하고 있다.[22]

(2) 노동환경법의 주요 내용

네덜란드 노동환경법 제4조는 "사용자는 사업장에서 근로자를 성적 괴롭힘, 적대행위, 폭력 등으로부터 보호하기 위한 방침을 마련해야 한다."고 규정하여 사용자의 근로자 보호조치 의무를 분명히 하고 있다.[23]

ける労働でのいじめ・ハラスメント禁止法(2007年1月10日法)', 「労働法律旬報」 No. 1695, 海外労働事情83ベルギ, 2009. 5, 42쪽.

20) Vittorio Di Martino·Helge Hoel·Carly L. Cooper, 「Preventing violence and harassment in the workplace」, EU, 2003, 51쪽.

21) Duncan Chappell·Vittorio Di Martino, 「Violence at Work」, 2006, 154쪽.

22) Maarit Vartia, 'EU의 직장내 괴롭힘', 「국제노동브리프(Vol.12. No.9)」, 2014. 9, 9쪽.

23) Duncan Chappell·Vittorio Di Martino, 「Violence at Work」, 2006, 155쪽.

또한, 가혹행위, 폭력행위, 집단 괴롭힘, 인종차별 등 직장에서 금지되는 괴롭힘의 유형을 50여 가지로 분류하고 있으며, 가해자의 범위를 동료 근로자뿐만 아니라 고객, 환자, 공중 등 제3자에게까지 확대하고 있다.[24)]

⑶ 네덜란드의 입법에 대한 평가

네덜란드는 노동환경법을 지속적으로 개정하여 직장에서의 괴롭힘을 비롯한 성희롱 및 적대적 행위에 대해 더욱 효율적으로 대응할 수 있도록 제도를 정비해 왔다. 네덜란드의 입법은 직장에서의 괴롭힘의 유형을 세분하여 규정하고 있다는 점과 가해자의 범위를 동료 근로자나 사용자가 아닌 제3자에게까지 확대하고 있다는 점이 중요한 특색이라고 할 수 있을 것이다. 다만 직장에서의 괴롭힘의 일반적 성립요건을 규정하지 않고 행위의 유형을 50여 가지로 나열하는 입법 방식이 타당한 것인지에 대해서는 의문이 있다. 입법기술상 새로운 행위 유형이 나타날 때마다 이를 법률을 개정하여 나열하는 것은 비효율적이기 때문이다. 그러나 다른 한편으로는 추상적인 정의 조항을 두는 것에 비해서 해석적 논란을 감소시킬 수 있다는 장점을 가진다.

4. 프랑스

⑴ 입법의 배경과 형식

프랑스에서도 이른바 "harcèlement moral"이라고 하여 소위 "정신적 괴롭힘"이 오래전부터 중요한 사회문제로 대두되었고, 이에 대한 입법 필요성이 일찍부터 검토되어 왔다. 그러나 직장에서의 괴롭힘을 금지하거나 해결할 수 있는 일반법이 존재하지 않았기 때문에 기존 노동법전의 관련 규정을 통해 직장에서의 괴롭힘을 규율할 수 있었을 뿐이었다.[25)]

---

24) Vittorio Di Martino·Helge Hoel·Carly L. Cooper, 「Preventing violence and harassment in the workplace」, EU, 2003, 51쪽.

25) 水谷英夫, 「職場のいじめ：「パワハラ」と法」, 2006, 87쪽.

여기서 관련 규정이란 사용자는 근로자의 건강과 안전을 지키기 위해 필요한 조치를 강구하여야 한다고 규정된 조항(구법 L. 230-2조)이나, 근로자가 사용자의 성적 괴롭힘을 거부하였다는 것을 이유로 징계를 당하거나 해고되어서는 안 된다고 규정한 조항(구법 L. 122-46조) 등이었다.

그러나 위의 규정들만으로 직장에서의 괴롭힘에 대처하기 어렵다는 인식이 확산되자 프랑스 정부는 오랜 기간 동안의 신중한 논의를 거쳐 사회현대화법안을 의회에 제출하였고, 2002년 1월 17일 사회현대화법률(Loi de modernisation sociale)[26]이 제정되었다. 사회현대화법률에 따라 노동법전(Code du travail)[27] L. 1152-1조 이하에 집단 괴롭힘을 금지하는 규정들이 도입되었고, 형법전(Code pénal)[28] 222-33-2조에도 그에 대한 벌칙규정이 설치되었다.[29]

⑵ 노동법전과 형법전의 괴롭힘 관련 주요 내용

① 직장에서의 괴롭힘의 정의

노동법전 L. 1152-1조는 "어떠한 근로자도 자신의 권리와 존엄을 훼손당하거나, 신체적 또는 정신적 건강을 손상당하거나 또는 장래에 그 직

---

26) www.legifrance.gouv.fr/affichTexte.do?cidTexte=JORFTEXT000000408905&dateTexte=&categorieLien=id

27) https://www.legifrance.gouv.fr/affichCode.do?cidTexte=LEGITEXT000006072050

28) https://www.legifrance.gouv.fr/affichCode.do?cidTexte=LEGITEXT000006070719

29) 水谷英夫, 「職場のいじめ：「パワハラ」と法」, 2006, 88쪽. 水谷英夫는 프랑스의 사회현대화법률이 제정된 배경에 대해 흥미로운 설명을 더하고 있다. 정부 보조에 의하여 로렌느(Lorraine) 지방에 진출한 한국 기업인 대우 공장에서 사용자가 출산 휴가나 병가를 사용한 근로자를 하루 종일 독실에 가두거나 특별히 일을 주지 않는다든지, 담배꽁초를 줍게 하는 등의 굴욕적인 일을 시킨 것이 원인이 되어 쟁의행위가 발생했다고 한다. 이 사건이 계기가 되어 1999년에 프랑스 공산당이 「정신적 괴롭힘 방지법안」을 제출했고 여론의 지지를 바탕으로 그 내용이 사회현대화법률에 삽입된 것이라고 한다.

업을 수행하는 것을 위협당할 우려가 있으며, 근로조건의 악화를 목적으로 하거나 그러한 결과를 가져오는 반복적인 정신적 괴롭힘을 당해서는 안 된다."라고 규정하고 있다. 본격적인 정의 규정은 아니지만, 이 규정으로부터 프랑스 법이 직장에서의 괴롭힘 개념을 어떻게 전제하고 있는지 확인할 수 있다. 개념 규정이 지나치게 모호하다는 점이 초기에 지적되었으나 현재는 판결례가 다수 축적되면서 그 개념의 법적 윤곽이 뚜렷해지고 있다고 한다.[30] 이 개념과 관련하여 주목하여야 할 것은 첫째, "근로조건의 악화를 목적으로" 하는 행위가 있었을 경우 실제로 근로조건이 악화되는 결과가 발생하였을 것을 요구하지 않는다는 점, 둘째, 보호의 대상이 "근로자"로 명시되어 있다는 점, 셋째, 괴롭힘 가해자의 범위가 한정되어 있지 않기 때문에 근로자, 사용자는 물론 사업장에서 관계를 맺고 있는 모든 주체가 가해자의 범위에 들어갈 수 있는 것으로 해석될 수 있다는 점 등이다.

프랑스 노동법전 L. 1152-1조에서 사용된 용어인 "근로조건 악화(une dégradation des conditions de travail)"에서 말하는 '근로조건'은 일반적으로 우리나라에서 언급되는 임금, 근로시간, 휴일, 휴가 등의 근로조건을 뜻하는 것은 아니다. 직장에서의 괴롭힘 행위로 인해 악화되는 것을 뜻하므로 넓은 의미의 근로제공 환경과 근로자의 심리상태에 영향을 주는 모든 요인들을 포괄하는 개념으로 사용된 것이라고 보는 것이 합리적이다. 우리 개정 근로기준법 제76조의2에서 사용된 용어인 "근무환경 악화"와 유사한 표현이라고 이해하면 될 것이다.

② 직장에서의 괴롭힘 예방

노동법전 L. 1321-2조 제2호는 취업규칙(règlement)에 노동법전에 규정된 직장에서의 괴롭힘과 성적 괴롭힘에 관한 사항이 기재되어야 한다

30) 조임영, '직장내 괴롭힘과 프랑스 노동법', 「노동법논총(제25집)」, 2012, 10쪽.

고 규정하고 있다. 우리식 표현을 차용하면 취업규칙의 필요적 기재사항이라고 보는 것이다. 우리 개정 근로기준법 제93조 제11호와 같은 취지의 규정이다. 그리고 노동법전 L. 1152-4조는 사용자에게 L. 1152-1조에서 규정하고 있는 괴롭힘 행위를 예방하는 데 필요한 모든 조치를 취할 의무를 부과하고 있다.

노동법전 L. 4612-1조, 4612-2조, 4612-3조, L. 4624-1조, L. 2313-2조 등은 보건·안전·근로조건위원회(CHSCT), 노동의(醫), 종업원대표 등에게도 작업장에서 근로자들의 신체적, 정신적 건강에 대한 보호의무를 부담하도록 하고 있다. 이러한 규정들에 따라 보건·안전·근로조건위원회는 위험 요인들을 분석하고 사용자에게 의견을 제시할 수 있으며, 노동의(醫)도 근로자의 연령, 체력, 신체적·정신적 능력 등을 관찰한 이후에 그에 따른 조치들을 사용자에게 제안할 수 있다.

③ 직장에서의 괴롭힘에 대한 조치

프랑스 노동법전 L. 2313-2조는 종업원대표에게 직장에서의 괴롭힘을 확인한 경우 지체 없이 사용자에게 그 문제를 제기하여야 하고, 이 경우 사용자는 종업원대표와 공동으로 조사하여 상황을 개선하기 위해 필요한 조치를 취해야 한다고 규정하고 있다. 사용자가 아무런 조치를 취하지 않을 경우 종업원대표는 피해 근로자에게 통보하고 노동법원에 제소할 수 있으며, 피해 근로자가 직접 노동법원에 제소할 수도 있다. 노동법원은 괴롭힘을 중단시키기에 적절한 조치를 명령할 수 있고 그 결정에 수반되는 벌금을 부과할 수 있다.[31)]

노동법전 L. 1152-2조는 근로자가 "그러한 행위를 거부한 것을 이유로 또는 이에 위반되는 행위를 증언 혹은 진술한 것을 이유로 하여 징계를 당하거나 해고되거나 특히 보수, (직업)훈련, 편성, 배치, 인사고과, 승

---

31) 조임영, '직장내 괴롭힘과 프랑스 노동법', 「노동법논총(제25집)」, 2012, 26쪽.

진, 배치전환 또는 계약갱신에 있어서 간접적 또는 직접적인 차별조치를 받아서는 안 된다."고 규정하여[32] 괴롭힘 피해 근로자가 괴롭힘 행위를 거부하거나 구제를 신청한 것을 이유로 불이익을 당하지 않도록 하고 있다. L. 1152-3조에 의하면 근로자가 직장에서 자신에게 가해지는 괴롭힘을 거부한 것을 이유로 당한 근로계약의 해지, 그 밖에 위 규정에 반하는 행위는 무효가 된다. 그리고 L. 1152-5조는 위의 조항에서 금지되는 괴롭힘 행위를 행한 근로자에 대해서 사용자가 징계처분을 하여야 한다는 징계 의무를 규정하고 있다. 우리 개정 근로기준법 제76조의3은 입법 당시에 프랑스 노동법전 L. 1152-1조 이하의 내용을 참조한 것으로 보인다.

④ 입증책임의 조정

노동법전 L. 1154-1조는 직장에서의 괴롭힘을 당한 피해 근로자가 소송을 제기하였을 경우의 증거 제출 절차를 규정하고 있다. 소송을 제기하는 괴롭힘의 피해 근로자는 우선 자신이 괴롭힘을 당했다는 것을 추정할 수 있는 증언, 진단서, 복무수첩 등의 자료를 제출하여야 한다. 이에 대하여 피고인 가해 행위자는 그러한 자료를 통해 존재가 추정되는 행위들이 직장에서의 괴롭힘을 구성하지 않고 객관적으로 정당한 행위라는 것을 입증하여야 한다.[33] 이를 두고 입증책임이 가해 근로자에게 전환되었다고 평가하는 견해가 있으나,[34] 입증책임이 가해 행위자에게 완전히 전환되었다고 보기보다는 입증책임을 피해 근로자에게만 완전히 부담시키는 것은 부당하다는 입법자의 판단에 의해 피해 근로자와 가해 행위자 사이

---

32) Vittorio Di Martino·Helge Hoel·Carly L. Cooper, 「Preventing violence and harassment in the workplace」, EU, 2003, 51쪽.

33) 조임영, '프랑스 노동법상 '정신적 괴롭힘'의 금지', 서울대 노동법연구회, 2008년 상반기 발표자료, 2009, 9쪽; 水谷英夫, 「職場のいじめ : 「パワハラ」と法」, 2006, 89쪽.

34) 水谷英夫, 「職場のいじめ : 「パワハラ」と法」, 2006, 89쪽.

에 입증책임을 완화하거나 적절히 조정하는 것이라고 보아야 한다고 하는 반론이 있다.[35)]

⑤ 노동조합의 소송 수행과 사전 조정제도

노동법전 L. 1154-2조는 피해 근로자의 구제절차를 촉진하기 위해 관계 당사자의 사전 서면 동의가 있을 경우 해당 기업의 대표적인 노동조합이 소를 제기할 수 있도록 하고 있다. 관계 당사자인 피해 근로자 등은 언제든지 소송에 참여할 수 있고, 소송을 종료시킬 수도 있다. 직장에서의 괴롭힘을 당한 피해 근로자는 L. 1152-6조에 의해 소송을 제기하지 않고 가해 근로자와의 조정을 신청할 수도 있다. 노동조합이 피해 근로자 대신 소송을 제기할 수 있도록 한 것은 피해 근로자에 대한 효과적인 구제를 위하여, 그리고 노동조합의 적극적인 개입을 촉진한다는 점에서 매우 중요한 의미가 있는 규정이다.[36)] 직장에서 괴롭힘을 당한 피해 근로자와 가해자가 소송 대신 조정을 신청할 수 있도록 한 것은 분쟁을 신속히 해결하고 당사자들이 직장에 원활하게 복귀할 수 있도록 하는 효과를 기대할 수 있을 것으로 보인다.

⑶ 프랑스 「형법전」의 처벌 규정

직장에서 동료 근로자에 대하여 괴롭힘 가해행위를 한 근로자에 대해서는 노동법전 L. 1155-1조로부터 1155-3조까지의 규정에 의하여 1년 이하의 금고와 3,750유로의 벌금형이 규정되어 있다. 여기에 더하여 형법전 L. 222-33-2조도 직장에서의 괴롭힘 내지 가혹행위에 대해서 1년 이하의 금고 또는 15,000유로의 벌금형에 처하도록 규정하고 있다.

35) 조임영, '프랑스 노동법상 '정신적 괴롭힘'의 금지', 서울대 노동법연구회, 2008년 상반기 발표자료, 2008, 10쪽.

36) Duncan Chappell · Vittorio Di Martino, 「Violence at Work」, 2006, 157쪽.

(4) 법률에 대한 평가

프랑스의 직장에서의 괴롭힘에 대응하는 입법적 대응은 영국과 같은 차별금지법적 관점에서의 대응이 아니라 근로자의 정신적 건강의 보호라는 관점에서 노동법적으로 대응하고 있다는 데에 중요한 특징이 있다고 보인다. 특히 보호의 대상이 "근로자"로 한정되어 있어서 일반적인 괴롭힘 전반이 아니라 근로자에 대한 괴롭힘 문제를 특별히 규율하고 있다. 이 점은 우리 개정 근로기준법의 태도와 유사하다. 그리고 사용자, 종업원대표, 보건·안전·근로조건위원회, 노동의(醫), 노동조합, 괴롭힘 피해 당사자인 근로자 등 사업장의 모든 주체들이 각각 직장에서의 괴롭힘 발생을 예방하고, 피해 근로자를 구제·지원하며 사용자가 조치를 취하는 모든 단계에서 저마다의 역할을 수행하도록 중층적이고 조밀하게 보호 장치를 설계하고 있다는 점이 매우 인상적이다.

Ⅱ. 여러 법률을 통해 직장에서의 괴롭힘을 규율하는 나라

단행 법률이 아니라 직장에서의 괴롭힘에 적용될 수 있는 여러 법률들의 다양한 규정들을 통해 직장에서의 괴롭힘 문제를 규율하고 있는 나라로는 영국과 독일, 일본을 소개한다. 독일과 일본의 경우는 직장에서의 괴롭힘에 대한 직접적인 규율이 없어서 우리나라와 같이 노동 관련 법률, 민법, 형법 등 다양한 법률들과 법리들을 동원하여 직장에서의 괴롭힘에 대한 법적 규율을 시도하고 있다. 영국은 괴롭힘에 대하여 직접 규율하는 법률이 제정되어 있다는 점에서 독일이나 일본과는 구별되지만, 차별금지의 관점에서 평등법과 괴롭힘으로부터의 보호에 관한 법률을 중심으로 여러 관련 법률들이 중첩적으로 적용되는 구조를 가지고 있기 때문에 이 부분에서 설명하기로 한다.

1. 영국

(1) 입법의 배경과 형식

영국에서 직장에서의 괴롭힘에 대한 법적 규제는 전통적인 보통법(common law)에 따른 불법행위소송에 의하여 이루어져 왔다.[37] 직장에서의 괴롭힘은 보통 심리적 폭력이 중심적 요소가 됨에도 불구하고, 영국의 법원은 집단 괴롭힘은 생명·신체에 대한 구체적 침해의 우려가 있는 경우에만 불법행위를 구성한다고 하는 보수적인 태도를 유지했다.[38] 그리고 직무 스트레스로 인해 정신질환이 발생한 경우에 사용자의 배려의무 위반을 이유로 한 불법행위책임을 묻는 것이 불가능한 것은 아니지만, 법원을 통해 직장에서의 괴롭힘의 피해 근로자를 구제하는 것은 사실상 어려웠다.[39]. 왜냐하면, 법원이 정신적 손상이 발생할 것에 대한 사용자의 예측 가능성과, 사용자의 배려의무 불이행과 손해 발생 사이의 인과관계에 대한 근로자의 입증을 요구하고 있었기 때문이다.[40] 기존 보통법 체계 아래에서는 직장에서의 괴롭힘에 대한 효과적인 규율과 피해자 보호가 어렵다는 인식이 점차 확산되자 영국은 1970년대 이후 직장에서의 괴롭힘 문제를 입법을 통하여 규율하기 위한 시도를 하게 되었다.

영국에서 직장에서의 괴롭힘을 방지하거나 피해자를 구제하기 위한 내용을 담고 있는 법률로는 1974년의 직장안전보건법, 1996년의 고용권리법, 1997년의 괴롭힘으로부터의 보호에 관한 법률, 1975년의 성차별금지법, 2003년도에 개정된 1976년의 인종법, 1995년의 장애인 차별금지법 등을 들 수 있다. 다양한 법률들에 필요한 내용을 규정함으로써 직장

37) Elizabeth Gillow·Martin Hopkins·Audrey Williams, 「Harassment at work」, 2003, 84쪽.

38) 水谷英夫, 「職場のいじめ : 「パワハラ」と法」, 2006, 81쪽.

39) 水谷英夫, 「職場のいじめ : 「パワハラ」と法」, 2006, 81쪽.

40) 심재진, ‘영국에서의 직장내 괴롭힘 규제’, 「노동법논총(제25집)」, 2012, 49쪽 이하.

에서의 괴롭힘을 효과적으로 규율하고자 한 것이다. 그리고 다양한 차별 금지법은 2010년 평등법으로 통일된다.

(2) 각 법률의 주요 내용

① 직장안전보건법

1974년 직장안전보건법(Health and Safety at Work Act 1974)[41] 제2조 제1항은 “모든 사용자는 합리적으로 실행 가능한 모든 근로자의 직장에서의 건강, 안전 및 후생을 확보하기 위한 합리적으로 실행 가능한 모든 조치를 취해야 할 의무가 있다.”라고 규정하고 있으며, 이를 위반한 사용자에 대하여는 5000파운드 이하의 벌금이나 징역형의 선고가 가능하도록 하고 있다.[42] 이 법률은 제10조와 제11조에서 안전보건위원회(The Health and Safety Commission)와 안전보건국(The Health and Safety Executive)을 설립하도록 규정하여 직장에서의 괴롭힘 문제를 전담하게 하였으며, 제15조 이하에서 이 법률에 위반한 행위를 형사소추의 대상으로 규정하고 있다.[43] 영국 안전보건국은 사업장에서의 괴롭힘은 근로자들의 건강과 안전에 영향을 주는 사업장 내 스트레스의 요인이 된다고 파악하여 괴롭힘을 방지하기 위한 사업을 하고 있다고 한다.[44]

② 고용권리법

(가). 의제해고제도의 의의

1996년 고용권리법(Employment Rights Act 1996)[45] 제95조 제1항 제c

---

41) www.legislation.gov.uk/ukpga/1974/37

42) Elizabeth Gillow·Martin Hopkins·Audrey Williams, 「Harassment at work」, 2003, 162쪽.

43) Elizabeth Gillow·Martin Hopkins·Audrey Williams, 「Harassment at work」, 2003, 84쪽.

44) 심재진, ‘영국에서의 직장내 괴롭힘 규제’, 「노동법논총(제25집)」, 2012, 70쪽.

45) www.legislation.gov.uk/ukpga/1996/18/contents

호에 규정된 의제해고(constructive dismissal)제도도 직장에서의 괴롭힘을 방지하는 수단으로 기능한다.[46] 의제해고란 근로자의 의사표시로 근로계약관계가 종료되었다 하더라도 그것이 근로자의 진의에 의한 것이 아니라 사용자의 의도적인 퇴직 유도에 의한 경우에는 이를 해고로 간주하여 해고로서 갖추어야 하는 정당성을 검토하고 부당해고에 해당하는지 여부에 대한 심사를 통해 구제받을 수 있도록 하는 제도를 말한다.[47] 만약 사용자가 근로계약에서 정해진 근무 장소나 직무 내용을 일방적으로 변경한 경우, 정당한 권한 없이 정직 처분을 행한 경우, 안전문제에 관한 합리적인 고충의 제기를 무시한 경우, 관리직 사원을 부하 사원 앞에서 부당하게 모욕한 경우 등 사용자가 근로관계에 내포되어 있는 명시적·묵시적 의무에 위반하는 행위를 할 경우 근로자는 그러한 사용자의 행위를 이유로 예고 없이 계약을 종료시킬 수 있고 그것은 사용자에 의한 부당해고로 간주하는 것이다.[48] 직장에서의 괴롭힘으로 인해 피해 근로자가 어쩔 수 없이 사직하게 된 경우 이 근로자의 사직은 의제해고로 간주되어 이 법률에 따라 고용심판원(employment tribunal)에 부당해고 구제신청을 할 수 있다.[49] 고용심판원은 실제로 직장에서의 괴롭힘으로 인한 근로자의 사직을 의제해고로 인정하고 있다.[50]

---

46) Vittorio Di Martino·Helge Hoel·Carly L. Cooper, 「Preventing violence and harassment in the workplace」, EU, 2003, 54쪽.

47) 서명희, 「영국의 의제해고제도에 관한 연구」(고려대학교 석사학위 논문), 2007, 22쪽.

48) www.direct.gov.uk/en/Employment/Employees/RedundancyAndLeaving YourJob/DG_ 10026696

49) Elizabeth Gillow·Martin Hopkins·Audrey Williams, 「*Harassment at work*」, 2003, 85쪽.

50) 서명희, 「영국의 의제해고제도에 관한 연구」(고려대학교 석사학위 논문), 2007, 84쪽, 75쪽은 직장에서의 괴롭힘으로 인한 사직에 대해 의제해고가 적용된 대표적인 사례로 다음의 두 가지 사건을 들고 있다. 먼저 Wigen BC v. Davis 사건을 보면 (Wigen BC v. Davis [1979] IRLR 127, EAT.). 간호보조자로서 양로원에서 관리자의 직책을 가지고 있던 Davis는 양로원 원장 및 동료 간호보조자들과 갈등이

(나) 고용권리법을 통한 구제의 한계

어떤 근로자가 직장에서 집단적인 괴롭힘을 당하여 퇴사하게 된 경우 고용권리법에 규정된 의제해고제도를 통하여 일정한 구제를 받을 수 있는 것은 사실이다. 그러나 고용권리법 제108조, 제109조 등은 근속연수가 2년 미만이거나 정년(정년이 없을 때에는 65세) 이상인 근로자에게는 이 법률이 적용되지 않는 것으로 규정하고 있다. 따라서 근속연수가 2년 미만이거나 정년이 지난 근로자는 직장에서의 괴롭힘에 대한 보호의 범위에서 제외되는 한계가 있다.[51)]

(3) 괴롭힘으로부터의 보호에 관한 법률

① 법률의 주요 내용

영국에서는 직장에서의 괴롭힘을 규율하기 위한 개별적인 법률들 외에 직장에 한정되지 않는 괴롭힘을 당하지 않을 일반적인 권리를 규정한 법률도 제정·시행되고 있다. 1997년 괴롭힘으로부터의 보호에 관한 법률(Protection from Harassment Act 1997)[52)]이 그것이다. 이 법률은 직장에서의 괴롭힘을 방지하기 위한 것이 아니라 소위 스토킹 등을 포함하여 일반적으로 타인으로부터 괴롭힘을 당하지 않도록 보호하는 것을 목적으로 하는 법률이다. 직장에서의 괴롭힘에도 적용될 수 있다.[53)]

있었는데 그 갈등을 이유로 인사이동에서 불이익을 당하여 갈등 관계에 있던 간호보조자와 함께 같은 부서에서 일하도록 배치되었다. Davis는 새로 배치된 부서에서의 불화를 이유로 사직하였다. 법원은 사용자가 집단 괴롭힘 문제를 해결하지 못한 것은 사용자의 묵시적 의무를 위반한 것이라고 보아 의제해고를 인정하였다. Wilsons & Clyde Coal Co Ltd. v. English 사건에서는 사용자가 다른 근로자들의 직장에서의 괴롭힘에 대해 알았거나 알 수 있었을 경우에는 그에 대해 책임이 있으며, 사업장 내 안전의무의 불이행과 동일하다고 보아 의제해고를 인정하였다.

51) 水谷英夫,「職場のいじめ：「パワハラ」と法」, 2006, 82쪽.

52) www.legislation.gov.uk/ukpga/1997/40/contents

53) Elizabeth Gillow/Martin Hopkins/Audrey Williams,「Harassment at work」, 2003, 84쪽.

이 법률 제7조 제2항은 괴롭힘은 사람을 놀라게 하거나 고통스럽게 하는 것을 포함한다고 하여 이 법률이 전제하는 포괄적인 괴롭힘의 개념을 규정하고 있다. 같은 법 제8조 제1항은 모든 사람은 괴롭힘을 당하지 않을 권리를 가지므로, 모든 사람은 다른 사람을 괴롭히는 일련의 행위를 추구해서는 안 된다는 점을 선언하고 있다. 이 법률은 가해행위가 2회 이상 행해져야 하고, 피해자가 실제로 공포를 느껴야 하며, 가혹행위에 해당하는지에 대한 판단기준으로서 피해자의 주관적 기준이 아닌 일반인의 객관적 기준이 필요하다고 하는 등 괴롭힘의 성립요건을 세부적으로 규정하고 있다. 이 요건을 충족하는 행위는 형사처벌의 대상이 될 뿐만 아니라 같은 법 제3조 제1항에 따라 민사상 손해배상청구도 가능하다.

② 법률에 대한 평가

이 법률에 대해서는 요건이 지나치게 엄격하여 직장에서의 괴롭힘에 거의 적용되지 못하고 있다는 평가가 있다.[54] 그러나 어떤 행위가 괴롭힘에 해당하는지 분명히 하고, 괴롭힘이라고 보기 어려운 상황에서 무작정 괴롭힘으로 인한 피해를 당했다고 주장하면서 손해배상을 요구하는 사례 등 괴롭힘 구제제도를 남용하는 사례를 방지하기 위해서 괴롭힘의 성립요건을 엄격하게 할 필요가 있었다고 생각한다. 2회 이상의 가해행위, 일반인의 관점에서의 객관적인 가혹행위 판단 등의 요건은 괴롭힘의 개념이 추상적이라는 점에서 비롯되는 적용범위의 모호함을 해결하기 위한 것으로서, 괴롭힘 피해를 당했다고 주장하는 측에서는 입증 부담이 커지지만, 그것만으로 지나치게 엄격하다고 볼 것은 아니라고 생각된다. 이 법률은 직장에서의 괴롭힘에도 적용되고 있지만,[55] 일반적인 괴롭힘으

54) 水谷英夫,「職場のいじめ:「パワハラ」と法」, 2006, 85쪽.

55) 심재진, '영국에서의 직장내 괴롭힘 규제',「노동법논총(제25집)」, 2012, 56쪽 이하는 Veakins v Kier Islington [2009] EWCA Civ 1288; Mayrowski v Guy's and St Thomas's NHS Trust [2006] UKHL 34 등의 사건을 소개하고 있다.

로부터 국민 일반을 보호하기 위한 목적을 가지고 제정된 추상적 법률이기 때문에 추상성을 보완하기 위한 장치를 다수 도입하고 있다.

(4) **평등법**

① 개별적인 차별금지법

위의 법률들 외에 직장에서의 부당한 괴롭힘에 적용될 수 있는 개별적인 차별금지 법률들로는 1975년 성차별금지법(Sex Discrimination Act 1975),[56] 2003년도에 개정된 1976년 인종법(Race Relations Act 1976),[57] 1995년 장애인 차별금지법(Disability Discrimination Act 1995)[58] 등이 있었다. 이 법률들에 따라 구제받을 수 있는 직장에서의 괴롭힘은 각각의 법률이 금지하는 차별 영역에서 차별의 방법으로 괴롭힘이 가해진 경우였다. 이상의 차별금지에 관한 법률들은 유럽연합 입법지침들의[59] 내용을 영국 국내법에 수용하는 과정에서 각각 수정되었지만, 법체계의 복잡성과 혼란함을 해소하기 위해 2010년에 평등법(Equality Act 2010)[60]이 제정되면서 평등법으로 통합되었다.[61]

② 평등법 제정 배경

영국에서는 개별적인 차별금지법안들과 괴롭힘으로부터의 보호에 관한 법률만으로는 괴롭힘 규율과 피해자 구제에 여전히 미흡하다고 보고 1996년 이후 직장에서의 존엄에 대한 법안(Dignity at Work Bill)[62]이 입안되어 여러 차례 의회에 제출되었다. 이 법안은 직장에서의 괴롭힘을 판

56) www.legislation.gov.uk/ukpga/1975/65
57) www.legislation.gov.uk/ukpga/1976/74/enacted
58) www.legislation.gov.uk/ukpga/1995/50/contents
59) 2000/43/EG, 2000/78/EG, 2002/73/EG, 2004/113/EG 등.
60) www.legislation.gov.uk/ukpga/2010/15/contents
61) 전형배, 「영국노동법」, 2017, 69쪽 이하.
62) www.publications.parliament.uk/pa/ld200102/ldbills/031/2002031.pdf

단할 수 있는 요건을 규정하고 있었다.[63] 그러나 여러 가지 정치적 이유로 매번 부결되었다.[64] 그러던 중에 2010년에 평등법(Equality Act 2010)[65]이 제정되었다. 평등법은 여러 차별금지법을 통합하여 일반적인 차별금지법 체계를 갖추는 동시에 직장에서의 괴롭힘을 규율하는 법률로서의 의미를 가진다.

③ 법률의 주요 내용

영국 2010년 평등법 제26조는 괴롭힘(Harassment)의 종류를 3가지로 세분하여 매우 상세히 규정하고 있다. 개인적 성향에 의한 괴롭힘, 성적 괴롭힘, 성적 괴롭힘에 대한 반응을 이유로 한 괴롭힘 등이다. 이 법 제26조 제1항의 개인적 성향에 의한 괴롭힘은 제5항에 규정되어 있는 대상자(B)의 개인적 성향인 연령(age), 장애(disability), 성전환(gender reassignment), 인종(race), 종교나 신념(religion or belief), 성(sex), 성적 취향(sexual orientation)을 이유로 그와는 무관한 자(A)가 B의 존엄성을 침해하거나 B에 대한 위협적(intimidating), 적대적(hostile), 비하적(degrading), 굴욕적(humiliating) 또는 모욕적(offensive)인 환경을 조성하는 것을 말한다. 2010년 이전 각 차별금지법에 규정되어 있던 차별 금지사유를 종합적으로 열거한 듯하다. 괴롭힘 행위의 반복 여부를 규정하지는 않는다. 다음으로 제26조 제2항의 성적 괴롭힘은 가해자(A)가 원하지 않는 성적인 성격의 행위를 하면서 B의 존엄성을 침해하거나 B에 대하여 위협적, 적대적, 비하적, 굴욕적 또는 모욕적인 환경을 조성하는 것을 말한다. 우리가 통상 말하는 성희롱과 유사한 개념으로 이해된다. 마지막으로 같은 조 제3항의 성적 괴롭힘에 대한 반응을 이유로 한 괴롭힘은, 가해자(A) 또는 제3자가 성적 성향의 원치 않는 행위를 하

63) www.parliament.the-stationery-office.co.uk/pa/ld200102/ldbills/031/2002031.pdf

64) www.bullyoffline.org/action/dignity.htm

65) www.legislation.gov.uk/ukpga/2010/15/contents

거나 성전환 또는 성과 관련이 있을 때 그러한 행위가 대상자(B)에 대하여 위협적, 적대적, 비하적, 굴욕적 또는 모욕적인 환경을 조성하는 가운데 행해지고, B가 그러한 행동을 거부하거나 순응했다는 것을 이유로 A가 B를 비우호적으로 대우하는 경우의 괴롭힘을 말한다. B가 A 등의 행위로부터 괴롭힘을 받았는지 여부는 B의 인식, 제반 상황, 가해행위의 효력을 인정하는 것의 합리성 등을 고려하여 판단한다. 같은 법 제27조는 피해자가 괴롭힘에 대한 방어행위를 하거나 평등법상의 구제절차를 신청하거나 그것을 위해 증거를 제출하는 등의 행위를 했다는 것을 이류로 한 괴롭힘(Victimisation)을 금지하고 있다.

같은 법 제40조는 근로자와 취업을 위한 지원자에 대한 사용자의 괴롭힘을 금지하고 있고, 제41조는 원사업주(principal)가 외주업체 직원(contract worker)[66]을 차별하거나 괴롭혀서는 안 된다고 규정하여 직접 채용 근로자 이외의 자까지 보호 대상자로 포섭하고 있다. 그리고 이 법 제109조는 괴롭힘 피해 근로자의 보호를 두텁게 하기 위해 사용자와 원사업주의 책임을 확대하고 있다. 제109조 제1항과 제2항은 사용자가 행한 것이 아니더라도 어떤 근로자가 고용 중에 행한 모든 행위는 사용자가 수행한 것으로 간주되고, 원사업주의 대행자(agent)가 한 모든 행위는 원사업주의 행위로 간주된다. 그리고 같은 조 제3항은 그러한 행위를 사용자 또는 원사업주가 인지했거나 승인했는지 여부는 문제가 되지 않는다고 하여 무과실책임 원칙을 택하고 있다. 이 법 제110조 제1항은 제109조 제1항과 제2항에 의해 사용자나 원사업주가 책임을 지게 되는 경우에

66) contract worker에 대해 평등법 제41조 제7항은 다른 사람에게 고용되어 원사업주가 당사자인 계약의 이행을 위해 원사업주에게 공급된 사람을 말한다고 규정하고 있다. 영국의 contract worker는 우리나라의 원하도급 관계에서 수급업체(하청) 직원과도 파견근로자보호 등에 관한 법률에 규정된 파견근로자의 지위와도 정확히 일치하지 않는다. 대개는 단기 계약을 맺고 특정 영역의 작업을 수행하는 자로서 노무를 제공 받는 원사업주에게 소속된 직원이 아닌 자를 지칭한다. 원사업주가 작업지시를 하는 것은 불법이 아니다.

도 실제 행위를 한 근로자나 대행자도 책임진다고 규정하고 있다. 평등법 위반을 이유로 한 구제신청과 질의회시는 제120조에 따라 고용심판원이 담당한다. 고용심판원은 금전배상을 명할 수 있다.[67]

⑸ 영국의 입법에 대한 평가

영국의 직장에서의 괴롭힘에 대한 입법적 대응의 특징은 여러 법률에 따른 중층적 보호 방식을 택하고 있다는 점에 있다. 과거에도 제한적이기는 하지만 직장안전보건법상 사용자의 의무와 고용권리법상 의제해고제도를 통해 직장에서의 괴롭힘 문제를 어느 정도 규율할 수 있었다. 하지만 현재는 그에 더해 1997년 괴롭힘으로부터의 보호에 관한 법률, 2010년 평등법을 통해 괴롭힘을 방지하고 괴롭힘 피해 근로자를 보호하고 있다. 이 중 괴롭힘으로부터의 보호에 관한 법률은 인종, 성별, 성적 지향과 성적 취향 등 모든 영역에서의 괴롭힘에 대해 규율하고 있다. 평등법은 원칙적으로 각종 영역에서의 차별을 금지하는 것을 주요 내용으로 하지만 괴롭힘, 특히 직장에서의 괴롭힘 문제에 대해 규율하는 개별적인 규정을 가지고 있다. 평등법상 직장에서의 괴롭힘에 대한 사용자와 원사업주의 책임은 무과실책임이다. 영국은 스웨덴이나 벨기에 같은 나라들보다는 직장에서의 괴롭힘에 대한 입법적 대응이 상대적으로 늦었고 체계적으로 대응해왔다고 보기도 어렵다. 하지만 보호 절차와 범위가 이미 상당한 수준에 이르고 있다고 생각된다. 우리 개정 근로기준법이나 남녀고용평등과 일·가정 양립 지원에 관한 법률 등 관련 법률들과 비교해도 더욱 높은 수준의 규범적 보호체계를 완비하고 있는 것으로 생각된다. 이는 영국의 특유한 사회·문화적 배경 때문이기도 하겠지만, EU 회원국의 지위에 있었기 때문에 가능했다고 보인다. EU 회원국 탈퇴 이후의 행보도 지켜볼 필요가 있겠다.

---

67) 전형배, 「영국노동법」, 2017, 66쪽.

2. 독일

⑴ 입법의 배경과 형식

독일은 일찍부터 우리나라를 비롯한 터키 등 여러 나라로부터 외국 인력을 적극적으로 도입해 왔으며 만성적인 노동력 부족으로 인해 해외로부터 들어오는 취업자의 수가 계속해서 늘어나고 있다. 최근에는 난민 수용, 밀입국 등 비정상적인 경로를 통한 외국인의 유입도 늘어나는 추세다. 이러한 상황으로 인해 독일에서도 독일인 상호 간은 물론 인종과 언어를 이유로 한 근로자들 사이에서의 차별과 집단 괴롭힘이 중요한 사회문제로 대두될 수밖에 없었다.

독일은 직장에서의 괴롭힘 문제를 규율하기 위한 단행 법률도 없고 개별 노동관계 법률들에도 관련 규정을 가지고 있지 않다. 산업안전보건법과 경영조직법 등 개별 법률들에 배치되어 있는 여러 근로자 보호 규정들 중에서 해석상 직장에서의 괴롭힘 문제에 적용 가능한 규정들을 적용하여 직장에서의 괴롭힘 문제를 규율하고 있다.[68] 그 외에 민법상 사용자 책임 규정과 채무불이행 및 불법행위책임과 관련한 규정들도 직장에서의 괴롭힘으로 인해 피해를 당한 근로자 구제에 활용될 수 있는 규정들이다. 대상자의 개인적 특성을 이유 차별적 처우를 하는 방법으로 괴롭힘이 가해지는 경우에 대해서는 일반평등대우법을 통한 규율이 가능할 것이다.

⑵ 각 법률의 주요 내용

① 일반평등대우법

독일 일반평등대우법(Allgemeines Gleichbehandlungsgesetz : AGG)[69]은 앞서 영국에서 평등법 제정의 이유가 되었던 차별금지와 관련된 유럽

---

68) Vittorio Di Martino·Helge Hoel·Carly L. Cooper, 「Preventing violence and harassment in the workplace」, EU, 2003, 55쪽.

69) www.gesetze-im-internet.de/agg/BJNR189710006.html

연합 입법지침을 국내법에 수용하기 위해 2006년에 제정되어 2006년 8월 18일부터 발효되었다. 이 법은 제1조에서 인종, 성별, 종교 또는 세계관, 장애, 연령, 성적 정체성 등을 이유로 한 차별을 금지하는 것을 목적으로 한다고 밝히고 있다. 근로자와 견습생, 구직자, 공무원 등을 보호 대상으로 한다. 제15조에는 손해배상이 규정되어 있다. 사용자는 자신에게 귀책사유가 없는 경우에도 이행보조자인 타인의 잘못된 행동에 대하여 책임을 져야 한다. 책임의 내용으로는 재산적·정신적 손해배상의 청구가 가능하다고 한다.[70] 독일 연방노동법원은 일반평등대우법 제3조 제3항의 괴롭힘 개념을 준용하여 "관련인의 존엄성을 침해하고 위협, 적대, 멸시, 품위 손상 또는 모욕 등에 의해 인간의 존엄성을 침해하는 환경의 조성을 목적으로 또는 그러한 환경을 초래하는 바라지 않는 행동 양식"이라고 정의한다고 한다.[71]

② 산업안전보건법

독일의 산업안전보건법(Arbeitsschutzgesetz)[72] 제5조는 직장에서 근로자의 안전과 건강을 보장해야 하는 사용자의 책임을 규정하고 있다. 이 조항은 독일의 민법(Bürgerliches Gesetzbuch)[73] 제618조에 규정되어 있는 안전배려의무를 노동관계에서 구체화한 규정이다. 독일의 산업안전보건법 제5조를 직장에서의 괴롭힘으로부터 근로자를 보호하기 위한 본격적인 규정이라고 보기는 어렵지만, 근로자 보호를 위한 유용한 근거를 제공하는 조항이라고 할 수 있을 것이다.

---

70) 하경효, 「독일 일반평등대우법에 대한 평가와 시사점」, 2009, 5쪽 이하.

71) BAG Urteil vom 25. 10. 2007 - 8 AZR 593/06(오상호, '노동법에 있어서 독일의 모빙', 「법학논고(제37집)」, 2011, 341쪽 재인용).

72) www.gesetze-im-internet.de/arbschg/

73) www.gesetze-im-internet.de/bgb/BJNR001950896.html

③ 경영조직법

㈎ 사용자와 종업원협의회의 근로자 보호·감독 의무

독일 경영조직법(Betriebsverfassungsgesetz)[74] 제75조는 제1항에서 "사용자와 종업원협의회는 사업에서 근로를 제공하는 자가 정의와 평등의 원칙에 따라서 대우를 받는지에 관해 감독하여야" 한다고 하여 근로자가 부당한 대우나 차별적인 대우를 받지 않도록 사용자가 종업원협의회가 함께 감독할 의무를 부과하고 있다. 그리고 제2항에서는 "사용자와 종업원협의회는 사업에 고용된 근로자의 자유로운 인격적 발전을 보호하고 촉진하여야 한다."고 하여 근로자의 인격이 침해되지 않도록 할 사용자와 종업원협의회의 의무도 규정하고 있다. 이 규정에 근거하여 사용자와 종업원협의회는 직장에서 발생하는 근로자들 사이의 차별 문제, 괴롭힘 문제 등에 대해 감독의무와 보호의무를 각각 부담한다.[75]

㈏ 인사조치에 있어서의 종업원협의회의 거부권

경영조직법 제99조는 "인사 관련 조치가 예정된 지원자 또는 근로자가 인종차별적 또는 외국인에게 적대적인 행위와 같은 법률에 위반하는 행동 또는 제75조 제1항에 규정된 원칙에 대한 중대한 위반에 의하여 사업의 평온을 해할 것이라는 사실에 근거한 우려가 있는 경우"에는 종업원협의회가 사용자의 해당 근로자에 대한 채용, 직무분류, 전직에 대한 동의를 거부할 수 있도록 규정하고 있다. 이 규정에서 특별히 열거하는 것은 인종차별 행위이나 앞에 설명한 경영조직법 제75조에 규정된 원칙을 위반하는 근로자도 포함하고 있어 독일인 상호간의 차별적 행위나 적대행위 우려가 있는 경우에도 거부의 대상이 될 수 있을 것으로 보인다.[76]

---

74) www.gesetze-im-internet.de/betrvg/

75) Shih-Hao Liu, 「Arbeitsrechtliche Discriminierung durch Arbeitnehmer」, 2001, 63쪽 이하.

76) Vittorio Di Martino·Helge Hoel·Carly L. Cooper, 「Preventing violence and

㈐ 종업원협의회의 해고 또는 전직 요구권

독일 경영조직법 제104조는 "근로자가 인종차별적 또는 외국인에게 적대적인 행위와 같은 법률에 위반하는 행위 또는 제75조 제1항에 규정된 원칙의 중대한 위반에 의하여 사업의 평온을 반복적으로 심히 해하는 경우에, 종업원협의회는 해고 또는 전직을 사용자에게 요구할 수 있다." 라고 규정하여 인종차별적 행위 또는 동료 근로자들 사이에 적대적인 행위를 하는 근로자에 대하여 종업원협의회가 해고나 전직을 요구할 수 있도록 하고 있다.77)

㈑ 고충처리 관련 규정

독일의 경영조직법 제84조와 제85조는 "근로자가 사용자 또는 사업 내의 근로자로부터 불이익을 당하거나, 부당한 대우를 받거나 또는 기타의 방법으로 침해를 받았다고 느끼는 경우에, 모든 근로자는 사업 내의 해당 기관에 고충처리를 신청할 권한을 가진다."라고 규정하고 있으며, 근로자의 고충처리신청에 대해 사용자의 시정 의무와 종업원협의회의 시정을 위한 노력 의무를 각각 규정하고 있다.78)

⑶ 민법에 의한 직장에서의 괴롭힘 행위 규율

독일 민법 제241조 제2항은 채권관계에 있는 당사자는 계약의 내용에 따라 각 당사자에 대하여 상대방의 권리, 법익 및 이익을 배려할 의무를 부담시킬 수 있다고 규정하고 있다. 이 규정으로부터 사용자가 근로자를 차별이나 괴롭힘으로부터 보호해야 하는 의무를 부담한다는 근거를 도출할 수 있다. 또한, 소유권에 기한 방해배제청구권을 규정한 독일 민법 제

---

harassment in the workplace」, EU, 2003, 55쪽.

77) 하경효, '서독의 경영조직법의 역사와 내용'「노동문제논집(제7권)」, 1982, 195쪽.

78) Shih-Hao Liu, 「Arbeitsrechtliche Discriminierung durch Arbeitnehmer」, 2001, 174쪽.

1004조 제1항을 유추적용하여 일반적인 건강권과 인격권에 대한 침해에 대해 방해배제를 청구할 수 있다고 한다.[79] 직장에서의 괴롭힘이 피해 근로자의 건강이나 인격 침해로 인정될 수 있다면 피해 근로자는 가해 행위자에 대하여 그러한 행위의 중지를 요구할 수 있을 것이다. 괴롭힘 가해행위가 있을 경우 그로 인해 손해를 입은 근로자는 가해 행위자에 대하여 독일 민법 제823조 제1항에 근거하여 불법행위로 인한 손해배상 청구를 할 수 있다. 사용자가 직접 가해자인 경우에는 사용자를 상대로 독일 민법 제823조 제1항에 따라 불법행위로 인한 손해배상 청구를 할 수도 있고, 독일 민법 제241조 제2항과 제280조에 따라 계약상 보호의무 위반으로 인한 채무불이행을 이유로 한 손해배상 청구를 할 수 있을 것이다. 사용자가 직접 가해자가 아닌 경우에도 독일 민법 제831조 제1항의 사용자책임 규정에 따라 사용자에게 책임을 물을 수 있는 경우가 있다. 이때 사용자는 자신이 선량한 관리자로서의 주의를 다했다는 것을 입증하면 책임이 면제될 수도 있다.

⑷ 독일의 입법에 대한 평가

독일의 산업안전보건법과 경영조직법은 비록 직장에서의 괴롭힘을 규율하기 위한 본격적인 입법은 아니지만, 직장에서 발생하는 각종 괴롭힘 행위를 규제할 수 있는 많은 조항을 담고 있다. 특히 경영조직법이 직장에서의 괴롭힘에 관한 사용자와 종업원협의회의 의무를 다양하게 담고 있는 것은 특이한 모습이라고 생각한다. 사업장 내에서 괴롭힘을 당하고 있는 근로자 개인이 사용자를 상대로 이 문제를 해결해줄 것을 요구하기는 쉽지 않으며, 가해 행위자와 피해 근로자가 모두 조합원일 경우 노동조합의 적극적인 대처를 기대하기도 어렵다. 따라서 산별노조 체제인 독일에서 차별 등 괴롭힘을 금지하고 감독할 수 있는 권한과 의무를 사용자

79) 김희성, '독일법상 "직장내괴롭힘(MOBBING): 적대행위(BULLYING)"에 관한 연구',「경영법률(제22권 제2호)」, 2012, 361쪽.

와 종업원협의회에 함께 부여한 것이 더욱 특별한 의미를 갖는다고 보인다. 우리 개정 근로기준법이 직장에서의 괴롭힘에 대해 사용자에게만 신고할 수 있도록 규정한 것과 대비된다. 한편 독일의 2006년 일반평등대우법의 시행은 독일이 각종 사유로 인한 차별을 규율할 수 있는 통일된 단일 차별금지법을 갖게 된 것으로서 의미가 있다. 이 법률을 통해 괴롭힘의 모든 영역은 아니지만, 그동안 직접적으로 보호되지 못했던 광범위한 영역에서의 차별을 금지하고, 당사자의 책임규명과 피해자 보호 수단을 정립했다는 데에 큰 의미가 있다.

그러나 그 이외의 일반적인 직장에서의 괴롭힘에 대한 보호는 민법 등 일반 법률의 적용 가능한 조항들을 동원하여 규율하고 있다. 이러한 해결 방식만으로도 충분하다고 보는 시각도 있으나,[80] 직장에서의 괴롭힘이 매우 다양한 양상으로 확대되고 있는 것과 독일 내 거주자의 인종적 다양성이 매우 빠르게 확대되고 있다는 점 등을 고려하면 독일에서도 직장에서의 괴롭힘에 대한 단일 입법을 통한 대응이 필요할 것이라고 생각한다.

3. 일본

(1) 입법의 배경과 형식

일본에서는 일찍부터 'いじめ'(이지매)와 'パワハラ'(파와하라)가 심각한 사회문제로 대두되었다. 그러나 일본도 직장에서의 괴롭힘을 규율하는 직접적인 단일 법안을 가지고 있지 않다. 그 결과 이 문제에 대한 규범적 대응은 민사상 손해배상책임, 채무불이행책임 등의 문제로 다루거나 형법 구성요건에 해당할 경우 형법을 적용하는 방법으로 이루어지고 있다.[81] 직장에서의 괴롭힘을 본격적으로 규율하는 법률이 없으므로 직장

80) 김희성, '독일법상 "직장내괴롭힘(MOBBING): 적대행위(BULLYING)"에 관한 연구', 「경영법률(제22권 제2호)」, 2012, 384쪽 이하.

81) 노상헌, '일본의 직장 내 괴롭힘에 대한 법적 쟁점', 「노동법논총(제26집)」,

에서의 괴롭힘의 개념도 법원 판례에 의해 형성되고 있다. 일본 법원은 직장에서의 괴롭힘 중 특히 상사에 의한 괴롭힘(パワーハラスメント)을 "조직·상사가 직무권한을 사용하여 직무와 관계없는 사항 또는 직무의 적정한 범위를 초과하여 부하에게 유무형의 지속적인 압력을 가하고, 그러한 압력을 받은 근로자가 그것을 정신적 부담으로 느끼게 될 때에 성립하는 것을 말한다."라고 정의한다.[82] 그 외에 산재보험의 적용대상이 되는지, 성차별에 해당하지는 않는지 등이 문제가 되는데 논의의 방향은 우리나라에서의 논의와 거의 유사하다.

⑵ **각 법률의 주요 내용**

① 남녀고용기회균등법 및 육아·개호휴업법

남녀고용기회균등법 제11조, 제11조의2 및 육아·개호휴업법 제25조 등은 사업주에게 성적 괴롭힘과 임신, 출산 등으로 인한 괴롭힘을 방지하기 위한 고용관리상 필요한 조치를 강구하도록 의무를 부담시키고 있다.[83] 이 내용들은 사용자가 특정 근로자를 성적 괴롭힘의 방법으로 또는 임신이나 출산과 연관 지어 불이익하게 처우하는 방법으로 괴롭힐 때 이를 규제할 수 있는 근거규정이 될 수 있다.

② 형법

직장에서의 괴롭힘이 근로자에 대한 법익침해로서, 일본 형법 제208조에 따른 폭행죄, 제204조에 따른 상해죄, 제230조에 따른 명예훼손죄, 제231조에 따른 모욕죄, 제222조에 따른 협박죄 등의 구성요건에 해당하는 방법으로 가해진 경우 가해 행위자는 형법에 따라 형사처벌의 대상이 될 수 있다.

2012, 133쪽.

82) 根本 到, '職場のパワーハラスメントと人格權', 「人格·平等·家族責任」, 2017, 57쪽.

83) 박수경, '직장 내 괴롭힘의 쟁점과 과제-일본의 경험', 「직장내 괴롭힘의 쟁점과 과제 세미나 자료집」, 2018, 7쪽.

③ 노동자재해보상보험법과 노동안전위생법

직장에서의 괴롭힘으로 인해 피해 근로자가 정신적 충격을 받아 발생한 정신질환으로 인해 자살한 경우 등에는 노동자재해보상보험법에 따른 산재로 인정할 수 있을지가 문제가 된다. 괴롭힘 가해행위와 정신질환 사이에 인과관계가 인정된다면 업무상 재해로 인정받을 수 있다.[84)]

노동안전위생법 제66조의10은 상시 50명 이상의 근로자를 사용하는 사용자에게 근로자의 심리적 부담의 정도를 파악하기 위한 검사, 의사에 의한 면접지도 및 사후조치 등 스트레스 체크 의무를 부과하고 있다.[85)] 이 제도의 본래 목적이 직장에서의 괴롭힘으로부터 근로자를 보호하기 위한 제도는 아니다. 하지만 괴롭힘으로 인해 어려움을 겪고 있는 근로자를 발견하고 회복을 지원하기 위한 조치를 취하기에 매우 유용하게 활용될 수 있는 제도이다.

④ 노동계약법

일본 노동계약법 제5조는 '안전배려의무'를 명문으로 규정하고 있다. 우리나라에서 안전배려의무가 명시적으로 규정되지 않은 채 근로계약에 부수하는 보호의무로 인정되는 것과 차이가 있다. 사용자는 안전배려의무의 일환으로 자신이 고용하는 근로자가 직장에서 괴롭힘을 당하지 않도록 보호하고 괴롭힘이 가해졌을 때 가해 행위자에 대한 적절한 조치와 피해 근로자의 회복을 위한 노력을 기울일 의무를 부담한다. 사용자의 안전배려의무 위반은 근로계약상의 의무를 위배한 것으로 채무불이행책임

84) 根本 到, '職場のパワーハラスメントと人格權', 「人格·平等·家族責任」, 2017, 64쪽; 노상헌, '일본의 직장 내 괴롭힘에 대한 법적 쟁점', 「노동법논총(제26집)」, 2012, 142쪽 이하; 박수경, '일본에서의 직장 내 괴롭힘으로 인한 정신건강대책에 대한 연구', 「사회법연구(제34호)」, 2018, 152쪽 이하.

85) 박수경, '일본에서의 직장 내 괴롭힘으로 인한 정신건강대책에 대한 연구', 「사회법연구(제34호)」, 2018, 152쪽.

을 발생시킨다.[86]

⑶ 민법에 의한 직장에서의 괴롭힘 행위 규율

동료 근로자 등에 대하여 괴롭힘 가해행위를 한 자에 대해서는 일본 민법 제709조에 의해 불법행위에 기한 손해배상책임을 물을 수 있다. 불법행위책임이 성립하기 위해서는 가해 행위자에게 괴롭힘 가해행위에 대한 고의 또는 과실이 있어야 하고, 그 괴롭힘 가해행위로 인해 피해 근로자의 법익이 침해되어야 한다. 그리고 침해 행위와 손해 발생 사이에 인과관계가 존재하여야 한다.

사용자는 안전배려의무 외에, 근로계약에 부수하는 신의칙상 의무로서, 근로자에 대하여 물리적으로 양호한 직장환경을 정비하고, 동시에 정신적으로도 양호한 상태에서 취업할 수 있도록 직장환경을 정비할 의무, 즉 직장환경배려의무도 가지고 있다고 설명된다.[87] 사용자가 부담하는 직장환경배려의무는 근로자의 정상적인 근로제공을 어렵게 만드는 괴롭힘을 예방하고 괴롭힘이 발생한 경우의 조치 사항을 강구해야 하는 근거가 될 수 있다. 그리고 자신이 고용한 괴롭힘 가해 행위자의 가해행위가 일본 민법 제415조에 따른 채무불이행책임 또는 불법행위책임에 해당한다면 사용자는 일본 민법 제709조, 제715조 등에 따라 사용자책임을 부담하게 될 수 있다.

⑷ 일본의 입법에 대한 평가

일본은 직장에서의 괴롭힘에 대한 직접 입법이 없기 때문에 규범적 대응이 상대적으로 늦었다고 평가할 수도 있지만, 일본 사회는 일찍부터 사회적 문제로 제기되어온 ‘いじめ’(이지매), ‘パワハラ’(파와하라) 등의 문제

---

86) 노상헌, ‘일본의 직장 내 괴롭힘에 대한 법적 쟁점’, 「노동법논총(제26집)」, 2012, 138쪽 이하.

87) 박수경, ‘일본에서의 직장 내 괴롭힘으로 인한 정신건강대책에 대한 연구’, 「사회법연구(제34호)」, 2018, 151쪽.

에 대해 상당히 오랜 기간 신중한 준비를 해온 것으로 보인다. 2010년도 이후 직장에서의 괴롭힘에 대한 정부의 지침과 기준이 여러 차례 발표되었으며, 노사정과 전문가 각계의 의견을 수렴하고 대책을 마련하기 위한 회의도 지속적으로 개최되어 오고 있다. 특히 2017년 5월부터 논의가 이루어진 '직장의 괴롭힘 방지대책에 대한 검토회'는 많은 논의 끝에 2018년 3월 '직장의 괴롭힘 방지대책에 대한 검토회 보고서'를 발표했고 조만간 노동안전위생법 등 기존 법률들을 개정하는 방법으로 직장에서의 괴롭힘을 규율할 수 있는 입법을 추진할 예정이라고 한다.[88)]

우리와 비슷한 법체계를 가지고 있는 일본에서 직장에서의 괴롭힘 문제를 정면으로 규율하기 위한 입법이 추진될 것이라는 전망은 매우 흥미롭다. 일본에서 추진되는 입법의 결론이 우리나라 개정 근로기준법과 개정 산업재해보상보험법 및 개정 산업안전보건법의 내용과 어떤 점에서 같거나 다를지 비교하는 작업은 향후 우리 법률들의 개정 논의에 중요한 참고가 될 수 있으리라 생각한다.

Ⅲ. 외국의 입법례를 통해 얻을 수 있는 시사점

각국의 입법례를 보면 직장에서의 괴롭힘 가해 행위자에 대한 처벌에 중점을 두기보다는 피해 근로자의 구제와 복귀에 주된 관심을 두고 있다는 것을 알 수 있다. 또한, 이를 위해서 사용자와 노동조합 등 근로자대표 조직에 대해 직장에서의 괴롭힘 문제에 적극적으로 개입할 의무를 부과하고 피해 근로자의 구제절차를 구축하도록 하는 한편, 피해 근로자의 복귀를 지원할 수 있는 각종 절차를 마련하도록 하고 있다. 앞선 입법 경험을 가진 국가의 법률들이 가해 근로자에 대한 형사책임 부과를 통해 직장에서의 괴롭힘의 발생을 억제하는 수단을 택하기보다는, 적극적 예방과

---

88) 박수경, '직장 내 괴롭힘의 쟁점과 과제-일본의 경험', 「직장내 괴롭힘의 쟁점과 과제 세미나 자료집」, 2018, 13쪽 이하.

발생한 문제의 해결을 지향하고 있다는 것은 향후 우리가 관련 법률을 정비할 때에 가져야 할 중요한 관점을 제공해주고 있다고 볼 수 있다.

1. 배후 지원체계 구축의 중요성

스웨덴의 사례는 법령을 제정하여 직장에서의 괴롭힘을 규제하는 것도 중요하지만, 법률을 통한 금지와 구제절차를 뒷받침할 수 있는 피해근로자 복귀지원제도와 의료지원체제의 정비도 매우 중요하다는 점을 보여주고 있다. 직장에서 발생한 집단 괴롭힘에 의한 피해자라 하더라도 그 피해자의 신속하고 완전한 회복과 복귀를 도모하기 위해서는 법률과 의료지원을 비롯한 사회적 지원 시스템을 체계적으로 구축할 필요가 있다. 벨기에의 경우 각 사업장에 상담자를 배치하고, 전문가 및 법원의 조력을 받을 수 있는 절차와 권리를 법률에 명시하는 등 배후 지원체계 구축의 전형적이고 모범적인 모습을 보여주고 있다.

비록 제도적인 부분은 아닐 수 있지만, 스웨덴의 직장에서의 괴롭힘에 관한 법률들의 실효성에 대한 평가에서 볼 수 있듯이 정부가 법규의 집행과 사업장 계도 활동에 노력을 기울이고, 노동조합이 적극적 협조하지 않으면 법령과 제도를 아무리 정치하게 정비해도 충분한 효과를 기대하기 어렵다는 점도 확인할 수 있었다.

2. 집단 괴롭힘의 사회 전 영역으로의 확대

벨기에의 입법이 보호 대상을 근로자뿐만 아니라 학생이나 자원봉사자 등으로까지 확대하고 있는 것과 네덜란드와 프랑스가 가해자의 범위를 동료 근로자에 한정하지 않고 고객, 환자, 공중 등 제3자에게까지 확대하고 있는 것도 주의를 요하는 부분이다. 괴롭힘 문제가 학교나 직장의 범위를 넘어 점차 사회 전반의 인간관계에서 발생하는 일반현상이 되어 가고 있기 때문이다. 영국의 입법을 보면 이 점을 더욱 분명히 알 수 있는

데, 영국은 직장에서의 괴롭힘을 인간의 존엄성에 대한 침해로 보고 점차 규율 영역을 직장에서의 괴롭힘에서 일반적인 괴롭힘으로 확대해 가고 있다. 영국의 1997년 괴롭힘으로부터의 보호에 관한 법률과 2010년 평등법이 이러한 현상을 보여주는 대표적인 법률이라고 볼 수 있다. 영국 외에도 검토 대상이 된 대부분의 나라들은 규제 대상을 집단적인 괴롭힘에 한정하지 않고 직장에서 발생할 수 있는 각종 괴롭힘 행위들로 확대하고 있다. 이러한 사례들과 비교하면 우리나라에서의 직장에서의 괴롭힘에 대한 입법적 대응이 근로기준법을 중심으로 이루어진 점은 매우 아쉬운 부분이라고 지적하지 않을 수 없다.

3. 사용자에게 구제절차 정비의무 부과

벨기에는 사용자에게 작업환경 개선과 지원체계 수립, 상담자 배치, 공정한 조사 등의 의무를 부과하고 피해 근로자에 대한 여러 가지 지원 장치를 마련하여 피해 근로자가 선택할 수 있도록 하고 있다. 프랑스도 손해에 대한 입증책임을 적절히 조정하여 피해 근로자의 구제를 용이하게 하고 있고, 사용자에 대해서는 직장에서의 괴롭힘 예방 의무, 가해 행위자에 대한 징계 및 해고 의무를 부과하는 한편, 피해 근로자에 대한 불이익취급 금지의무를 규정하여 피해 근로자의 실효성 있는 구제가 가능하게 하고 있다. 이러한 법제도적 배려는 피해 근로자가 구제를 요청하는 데에 가질 수 있는 부담을 줄여주고 자신이 피해를 당한 사실을 숨기지 않고 공개하도록 촉진하여, 피해 근로자가 신속하게 구제받을 수 있도록 하는 효과가 있을 것으로 보인다.

사용자로서도 자신이 경영하는 사업 또는 사업장에서 발생한 괴롭힘 문제가 곧바로 외부화되는 것보다는 괴롭힘 문제에 신속하게 대응하고 사업장 내의 상황에 부합하는 해결방법을 모색해야 할 필요가 있다. 사용자에 대한 신고절차 마련, 사용자에 대한 구제절차 정비 의무 부과는 사용자에게도 반드시 필요한 조치라고 생각된다.

4. 근로자대표조직에 대한 의무 부과

독일의 경영조직법이 사용자와 함께 종업원협의회에 대해서도 직장에서의 괴롭힘을 감독하고 이를 바로잡을 의무를 부여하고 있는 것도 주목해야 할 것이다. 직장에서의 괴롭힘이 발생한 경우 피해 근로자를 지원하고 사용자의 적극적 문제해결 노력을 촉구할 수 있는 조직이 바로 근로자대표조직이라는 점에서 직원협의회, 노동조합 등이 그러한 활동을 할 수 있는 근거를 마련하고, 노동조합이 직장에서의 괴롭힘 문제에 개입하도록 의무를 지우는 규정이 반드시 필요하기 때문이다. 한편으로는 앞서 언급한 바와 마찬가지로 노동조합은 괴롭힘 가해자와 피해자가 모두 조합원일 경우 문제해결에 적극적으로 개입하지 않으려 할 가능성도 있다. 피해 근로자의 신체에 직접적인 가해행위가 이루어지지 않는 무형적인 괴롭힘 행위 가해자인 경우 성적 괴롭힘 사건과 달리 가해자에 대한 사회적 비난이 상대적으로 약하고 가해 행위자 스스로의 죄의식도 미약한 경우가 많다. 이것이 조합원 사이의 문제에 노동조합이 적극적으로 개입하는 것을 주저하게 만드는 원인이 될 수도 있다. 따라서 직장에서 괴롭힘 문제가 발생했을 경우에 노동조합 등 사내에 존재하는 근로자 조직이 적극적으로 당사자 보호와 사건 해결을 위해 노력하도록 의무를 부과할 수 있는 규범적 근거를 만들 필요가 있다고 생각된다.

5. 인종 문제의 대두

네덜란드와 독일, 영국 등의 법률들이 인종에 따른 차별과 괴롭힘 문제를 비중 있게 다루고 있는 것도 주목하여야 할 것이다. 우리나라도 외국 인력의 유입이 급격하게 증가하여 이미 다인종 사회로 진입하고 있다고 보는 시각이 설득력을 얻고 있다. 외국 인력이 영세규모 사업장 노동력의 상당부분을 담당하고 있는 상황이다. 향후 직장에서의 인종차별 문제가 우리나라에서도 직장에서의 괴롭힘의 더욱 중요하고 빈번한 원인 중 하나로 대두될 것이 틀림없다. 이에 대한 본격적인 논의와 입법적 대응이 필요한 시점이 되었다.

제3절 직장에서의 괴롭힘을 규율하기 위한 입법의 내용과 형식

해외에서의 관련 입법 현황을 검토한 결과를 토대로 우리나라에서도 직장에서의 괴롭힘을 규율하기 위한 독립된 단행 법률을 제정할 필요가 있는지, 개정 근로기준법, 개정 산업재해보상보험법 등의 내용이 충분한지, 개선이 필요한 부분은 없는지 등을 검토하려 한다.

Ⅰ. 노동법적 규율에 있어서의 몇 가지 문제

1. 전통 법체계를 활용한 규율의 한계

근대의 노동법은 18~19세기의 산업혁명 시기를 지나면서 사용자에게 경제적·인격적으로 종속되어 근로를 제공하는 근로자를 보호하기 위한 목적을 가지고 형성된 공장 노동법이다. 현재 우리나라의 노동법도 앞선 시기에 형성된 기본 골격과 이념을 대부분 그대로 유지하고 있다. 기본적으로 근로계약관계가 존재하는 사용자와 근로자 사이에서 사용자로부터 근로자를 보호하는 것을 목적으로 하기 때문에 전적으로 근로자와 사용자 사이의 문제만을 규율한다는 관점을 가지고 있다.

과거 인구 전체 중의 일부분만이 사용자에게 종속된 근로자의 신분을 가지고 있었던 것에 반해, 이제 근로자는 부분계층이 아니라 사회 구성원의 대부분을 차지하는 일반 대중을 지칭하는 개념으로 확대되었다.[89] 개

---

89) 하경효, '노동법의 기능과 법체계적 귀속', 「사회변동과 사법질서」(김형배교수정년기념논문집), 2000, 235쪽.

별 근로자에게도 직장에서 근로를 제공하는 행위는 단순한 생계유지의 수단을 넘어서 근로자 자신의 존엄성을 보존하는 행위인 동시에 그 근로자의 사회적 지위를 표현하고 사회 또는 타인과의 지속적인 교류를 보장하는 수단이 되었다.[90] 근로자 계층의 비중이 확대되고, 삶에서 차지하는 직업 활동의 비중이 늘어남에 따라 사람의 삶 중에 노동법의 적용을 필요로 하는 영역도 점차 확대되고 있다. 사용자와 근로자, 근로자와 근로자는 사업장 안에서만 교류하고 관계를 맺는 것이 아니라 사업장 밖, 온라인상의 공간 등 삶의 전 영역에서 근로시간 중에 한정되지 않는 하루 대부분의 시간 동안 점점 더 밀접하게 연결되고 있다. 연결되지 않을 권리에 대한 논의도 이러한 상황에서 근로자들의 삶을 보호하기 위한 필요에서 시작된 것이다.[91] 사용자에 비하여 불리한 지위에 있는 근로자에 대한 개별법적 또는 집단법적 보호 필요성이라는 전통적 이념이 여전히 노동법의 핵심적 목표이어야 한다는 점은 부인할 수 없다.[92] 그러나 노동법이 전제하는 근로자상은 시대에 맞게 변화하여야 하며[93] 노동법이 보호하여야 하는 법익의 종류와 범위, 보호의 방법 등 모든 부분에 대한 수정이 불가피한 시점에 이르렀다.

직장에서 벌어지는 각종 집단 괴롭힘 행위의 많은 부분이 동료 근로자 사이에서 발생하고 있다. 고객으로부터의 괴롭힘 등 근로계약관계가 존재하지 않는 제3자로부터 또는 제3자를 향한 괴롭힘도 직장에서의 괴롭힘의 중요한 부분을 차지하고 있다. 따라서 사용자와 근로자 사이의 관계

---

90) Dominique Schnapper, 「Contra la fin du travail」, 1997(김교신 역, 「노동의 종말에 반하여」, 2001), 18쪽 이하.

91) 연결되지 않을 권리에 대한 자세한 설명은 박지순, '4차 산업혁명과 노동법의 과제', 「강원법학(제54권)」, 2018, 174쪽 이하 참조.

92) 하경효, '노동법의 기능과 법체계적 귀속', 「사회변동과 사법질서」(김형배교수정년기념논문집), 2000, 235쪽.

93) 이에 대하여 자세한 사항은 하경효, '노사관계환경의 변화와 노사자율질서의 발전방향', 「노동의 미래와 신질서」, 2003, 247쪽 이하 참조.

를 전제로 하고 있는 노동법의 전통적 관점을 유지한다면, 직장에서의 괴롭힘 문제 중 상당 부분에 대해서는 노동법이 개입할 여지가 없다는 결론 내릴 수밖에 없다. 개정 근로기준법 제76조의2가 근로자에게 다른 근로자에게 괴롭히는 행위를 해서는 안 된다는 금지의무 규정한 것은 매우 중요한 의미가 있다. 하지만 여전히 '근로기준법'이라는 틀에 갇혀서 괴롭힘을 금지하는 범위를 제3자로까지는 확대하지 못하고 있다. 이 문제를 제대로 규율하기 위해서는 노동법의 관심이 근로자와 사용자 사이의 관계에서 근로자와 근로자 사이의 관계, 근로자와 제3자 사이에 관한 문제까지로 넓어져야 할 필요가 있다. 노동법이 사용자로부터 근로자를 보호하는 법영역이라는 관점에서, 노동력을 제공하는 과정에서 그 노동력을 제공하는 주체를 보호하는 법영역이라는 관점으로 시야를 넓혀야 할 때가 되었다. 이러한 관점의 확대가 선행되어야 근로자들 사이에서 발생하는 괴롭힘의 문제가 규범의 틀 안에서 체계적으로 파악되고 해결될 수 있을 것이다.

2. 타 법영역과의 적용의 중첩

앞에서 직장에서의 괴롭힘 행위의 유형 중 일부는 형법상 범죄 구성요건에 해당하게 된다는 점을 설명한 바 있다. 직장에서 발생하는 괴롭힘 행위 중에는 형법상 범죄 구성요건에 해당하는 행위가 있을 수 있고, 형법상 범죄 구성요건에는 해당하지 않지만, 사업장 내 질서와 생산성 유지, 근로자 보호 필요성 등에 의해 반드시 직장에서의 괴롭힘으로 파악되고 통제되어야 하는 행위도 있을 수 있다. 형법의 적용을 받지 않는 직장에서의 괴롭힘은 오히려 문제가 되지 않으나, 형법의 적용을 받는 영역의 행위를 굳이 직장에서의 괴롭힘으로 인정해야 할 필요가 있는지 하는 문제가 제기될 수도 있다.[94]

---

94) 성희롱과 관련하여 형사상 범죄에 해당하는 행위를 성희롱의 개념에서 배제하여

직장에서의 괴롭힘의 가해 근로자들이 형법에 의해 처벌을 받는다고 해도 그것만으로 피해 근로자의 침해된 인격이 완전히 회복된다고 보기 어려우며, 그러한 사건이 발생함으로 인해 훼손된 사업장 질서가 회복되기를 기대하기도 어렵다. 직장에서의 괴롭힘 행위를 전체적인 관점에서 체계적으로 파악하기도 어려워진다. 또한, 형법에 의해 처벌되는 행위를 직장에서의 괴롭힘 행위에서 배제할 경우 그러한 행위에 대한 노동법 또는 노사관계에서의 합당한 처분이 내려지기 어렵게 될 수도 있다.[95] 여기에서 합당한 처분이란 사용자가 가해 근로자를 징계하거나 해고하는 것, 적절한 배치전환이나 업무 조정 등을 통해 적절한 재발 방지대책을 강구하는 것 등을 들 수 있다. 형법에 의해 처벌받는 행위를 저지른 근로자에 대하여 사용자가 반드시 징계하거나 해고를 해야 하는 것은 아니기 때문이다. 형법의 적용 영역과 노동법의 적용 영역이 일부 중첩된다 하더라도 각 법영역의 고유한 기능을 고려하면 그러한 중첩이 문제가 있다고 볼 것은 아니다. 그러므로 적용개정 근로기준법 제76조의2와 제76조의3 등이 "직장 내 괴롭힘"의 개념과 사업장 내에서의 처리절차, 처리 의무 등을 규정하고 있는 것은 충분히 그 필요성을 인정할 수 있다. 개정 근로기준법 제76조의2에 규정된 정의에 포섭되는 행위를 한 근로자에게는 근로기준법에 따른 처분이 이루어지는 동시에, 해당 괴롭힘 가해행위가 형법상 범죄 구성요건에 해당하는 행위인 경우에는 형법 및 특별형법에 따른 처벌도 가능할 것이다.

3. 괴롭힘을 규율하는 별도 입법 필요성

직장에서 발생하는 집단 괴롭힘에 대한 사용자의 적극적인 대응을 요구하고 피해자의 적절한 구제를 보장하기 위해서는 직접적으로 직장에서

야 하는가의 여부가 논의되고 있다. 이달휴, '제3자의 성희롱과 책임', 「노동법학(제16호)」, 2003, 163쪽 이하.

95) 이달휴, '제3자의 성희롱과 책임', 「노동법학(제16호)」, 2003, 164쪽.

의 괴롭힘을 규정하고 그에 대한 각 노동관계 당사자들의 책임과 의무를 법률로써 구체화하는 것이 가장 효과적인 방법이다. 서구의 여러 나라들은 직장에서의 괴롭힘을 규율하기 위한 법령들을 제정하여 적극적으로 이 문제에 대처하고 있다. 이러한 나라들의 입법례를 보면 직장에서의 괴롭힘만을 규율한 특별 법령을 제정하기도 하고, 노동 관련 법규에 관련 규정들을 신설하는 방법을 택하기도 했다.

우리나라도 2018년 12월에 근로기준법과 산업재해보상보험법 등을 개정하여 "직장 내 괴롭힘"에 대한 본격적인 입법이 이루어졌다. 관련 입법이 전혀 없었던 상황과 비교하면 엄청난 진전이라고 할 수 있겠지만 근로기준법 등 기존의 전통적 노동관련 법률의 개정을 통한 직장에서의 괴롭힘 규율은 충분한 입법이라고 평가하기는 어렵다. 단지 우리 사회에서 직장에서의 괴롭힘에 대한 입법적 대응이 시작됐다는 '첫 시작'으로서의 의미가 있다고 생각된다.

Ⅱ. 입법의 형식

입법의 형식은 단일 법률을 제정하는 형식이 될 수도 있고, 아니면 관련 있는 각각의 법률에 필요한 조문들을 배치하는 개별 법률의 개정 형식이 될 수도 있을 것이다. 사업장에서 집단 괴롭힘을 예방하고 방지하기 위한 적절한 조치의무를 사용자에게 부과하고, 피해 근로자에 대한 적극적인 보호장치를 마련하며, 사업장 구성원 사이의 갈등을 예방하고 해소할 수 있는 내용을 적절히 담고 있다면 어떠한 입법 형식을 택할 것인가 하는 문제가 결정적인 중요성을 갖는 것은 아니다.

근로기준법 등 관련 노동법규들을 정비하여 직장에서의 괴롭힘 문제에 대처할 수도 있을 것이다. 2018년 12월의 개정 근로기준법, 개정 산업재해보상보험법이 택한 방식이다. 근로기준법, 노동조합 및 노동관계조정법, 산업안전보건법, 산업재해보상보험법 등 관련 법률들에 필요한 조항을 추가하여 규율하는 방법도 각 법률들이 마련하고 있는 기존의 제도들을 유기적으로 활용하여 직장 괴롭힘 문제에 접근할 수 있기 때문에 효율성의 관점에서 장점이 있을 수 있다.

그러나 아직 우리 노동법 체계가 전통적 공장 노동법의 틀을 벗어나지 못하고 있는 상황에서 기존 노동법 체계에 직장에서의 괴롭힘을 규율하는 조항들을 녹여 넣는 것은 바람직하지 않다고 생각된다. 사용자의 책임과 의무의 과잉을 초래하고, 보호 대상을 근로계약관계를 맺고 있는 근로자로 제한하는 결과를 가져올 수 있기 때문이다. 전혀 새로운 관점을 가진 새로운 별도의 단행 법률을 제정하여 직장에서의 괴롭힘 문제에 체계적이고 일관된 규율을 도모하는 것이 타당하다고 생각한다.[96)]

아래에서는 단행 법률을 제정하는 경우와 기존 법률들을 개정하는 방법 모두에 대한 필수적 규정 필요 사항들을 정리해 보고자 한다.

Ⅲ. 필수적 규정 필요 사항

1. 직장에서의 괴롭힘에 대한 일반적 규정 사항

직장에서의 괴롭힘에 대응하기 위한 법률에는 기본적으로 어떠한 행위가 직장에서의 괴롭힘에 해당하는가 하는 정의와, 사용자 또는 동료 근로자가 그러한 행위를 하는 것을 금지하는 일반규정이 필요하다.

개정 근로기준법은 제76조의2를 신설하여 정의와 금지의무를 규정하고, 제76조의3을 신설하여 신고의무와 처리 절차를, 제93조 제11호를 신설하여 직장에서의 괴롭힘 방지에 대한 내용을 취업규칙의 필요적 기재사항으로 하는 방법을 택했다. 기존의 법률들을 개정해 나가는 것이 향

96) 이준희, 「직장 내 집단 괴롭힘(mobbing)에 대한 연구」(고려대 석사학위 논문), 2009, 133쪽에서 기존 노동 관련 법률들을 개정하는 방법으로 대응해야 한다고 보았던 견해는 철회한다.

후의 일관된 입법 방침이라면, 직장에서의 괴롭힘의 정의와, 처리 절차를 조금 더 보완하고 세부적인 절차와 조치사항까지 규정하도록 하는 보완 입법이 이루어져야 하리라 생각된다. 또한, 일반적 규정 사항으로서 안전배려의무와 균등대우의무의 근거조항을 민법이나 근로기준법에 명시하는 방안도 고려하여야 할 것이다.

2. 근로자 보호 규정

집단 괴롭힘 피해 근로자가 문제를 제기하거나 고충처리를 요구할 수 있는 권리, 외부 수사기관이나 행정관청에 신고할 수 있는 권리 등을 선언할 필요가 있다. 그러한 신고를 하거나, 사용자에게 처리를 요구한 경우에, 그것을 이유로 가해 행위자들이 피해 근로자에게 보복을 가하는 것을 금지하고 제재하는 규정을 두어야 한다. 이러한 불이익 취급 금지 규정은 개정 근로기준법 제76조의3 제6항에 간략하게 규정이 마련되었다. 하지만 법률상 명시적으로 권리를 인정하는 조치는 우리가 보통 생각하는 것보다 훨씬 큰 당사자 보호 효과가 있다. 동시에 특정 근로자가 허위로 괴롭힘을 당하고 있다고 주장하거나 신고하는 행위로부터 가해 행위자로 지목된 근로자들을 보호하기 위한 장치도 필요할 것이다.[97] 사용자가 피해 신고를 접수한 경우 신중한 조사를 완료하기 이전까지는 잠정적인 격리나 보호조치를 할 수 있도록 하되, 가해 행위자에 대한 영구적인 징계나 배치전환, 해고 조치 등을 할 수 없도록 보류하도록 하고 처리 결과를 사용자가 공지하도록 의무를 부과하는 방안도 반드시 규정되어야 하는 사항이다. 이 내용도 개정 근로기준법 제76조의3 제2항 이하에 근거규정이 마련되어 있다. 그 외에 사실관계가 규명될 때까지 신고된 사항에 대해 비밀을 유지하는 방안도 마련되어야 한다.

---

97) The MORE Perfect Anti Bullying Law, Bully Police USA(www.bullypolice.org/The PerfectLaw2006.pdf)

기존 법률을 개정하는 방안을 생각할 경우에는, 고충처리위원회와 관련된 규정이 근로자참여 및 협력증진에 관한 법률에 규정되어 있으므로 이 법률을 개정하는 방안을 고려하여야 한다. 근로자참여 및 협력증진에 관한 법률의 해당 부분에 직장에서의 괴롭힘을 당한 근로자가 괴롭힘을 이유로 고충처리를 신청하고 적절한 처리를 받을 수 있도록 하는 규정을 마련하는 방안이다. 한편 노동위원회법 등에도 사용자의 괴롭힘 행위로 인해 부당한 인사발령이나 징계, 전보, 해고 등을 당한 근로자가 구제를 신청할 수 있는 근거를 마련하고, 나아가 동료 근로자로부터 직장에서의 괴롭힘을 당한 근로자가 사용자로부터 적절한 조치를 받지 못한 경우 노동위원회에 구제를 신청할 수 있도록 하는 내용을 규정할 필요가 있다. 해석상 근로기준법 제23조를 적용하는 방안이 있지만, 그 방안이 완전한 대책이 될 수는 없기 때문이다.

3. 피해 근로자에 대한 구제절차

직장에서의 괴롭힘을 당한 피해 근로자를 보호하고 구제하기 위한 절차 규정이 필요하다. 구제절차는 사업장 내에서의 고충처리절차는 물론 사업장 외의 노동위원회, 법원 등을 통한 구제절차가 모두 갖추어져야 할 것이다. 그리고 프랑스 등의 경우처럼 피해 근로자가 스스로 소송 등의 절차를 개시하기 어려울 경우 그 근로자가 가입한 노동조합의 조력을 얻을 수 있도록 하는 것도 효과적일 것으로 생각한다. 우리 개정 근로기준법은 제76조의3 제3항 이하에서 배치전환 등 인사조치를 통한 격리 및 보호조치를 규정하고 있는 정도이다.

4. 사용자의 의무 규정

사업 또는 사업장에서 괴롭힘 행위가 발생하지 않도록 하기 위한 사용자의 예방 의무 외에 괴롭힘 행위가 발생한 경우 적절한 사후조치를 취할 의무를 사용자에게 부과하는 규정이 필요하다. 벨기에의 예에서 볼 수 있는 것과 같은 사용자에게 공정한 사건 조사 의무를 부과하고, 가해 근로자와 피해 근로자 사이의 갈등을 완화할 수 있도록 사업장 환경을 재정비하고, 배치전환을 실시하는 등 사용자가 취하여야 할 사후적 조치사항들에 대해 세밀하게 규정할 필요가 있다. 사용자의 의무사항으로 법률에 도입되어야 할 내용으로는 앞에서 이미 살펴본 바와 같이 직장에서의 괴롭힘 예방 교육 실시 의무, 단체협약·취업규칙·노사협의회 규정 정비 의무, 가해 근로자에 대한 징계 등 적절한 조치 의무, 피해 근로자 보호를 위한 조치 의무, 피해 근로자 해고 금지 의무 등이 고려될 수 있을 것이다.[98]

5. 노동조합 및 노사협의회의 의무 규정

노동조합 및 노사협의회가 직장에서의 괴롭힘 행위에 대해 적극적으로 개입하고 책임을 부담할 수 있도록 하는 규정의 정비도 필수적이다. 가해자 측과 피해자 측이 모두 조합원인 경우, 특히 다수의 조합원이 가해 근로자이고 소수나 한 명의 조합원이 피해자인 경우에 노동조합이 자발적이고 적극적으로 집단 괴롭힘 해결을 위한 활동에 착수할 것을 기대하기 어렵기 때문이다. 현행 노동조합 및 노동관계조정법 제9조의 차별대우 금지 규정만으로 노동조합의 그러한 활동을 강제할 수는 없다.

독일의 경영조직법에서 볼 수 있는 것과 같이 노동조합에도 사용자에게 부과된 의무에 상응하는 감독 및 사후조치 의무가 부과되어야 한다. 노사협의회에 대해서도 의결사항 및 보고사항에 직장에서의 괴롭힘에 대한 사항과 그 처리 결과 등이 포함되도록 하는 것을 검토해야 한다.

6. 처벌규정의 신설 여부

괴롭힘 행위를 한 가해 근로자에 대한 처벌 규정을 두는 것은 신중하

---

98) 제3장 제3절 Ⅰ. 이하 참조.

게 판단할 필요가 있다. 가해행위가 형법 제20조의 사회적으로 상당한 범위를 넘어서는 경우 형법 및 형사특별법상 기존 구성요건들의 적용을 통해 처벌이 가능하기 때문에, 위법성에 있어서 그에 미치지 못하는 행위에 대하여 특별법에 형벌 규정을 두어 처벌하는 것은 자칫 형법의 과잉 현상을 가져올 수 있다. 직장에서의 괴롭힘 행위를 규제하는 법률에는 국가형벌권 행사를 예정하는 벌칙 규정은 굳이 필요가 없다고 생각된다. 직장에서의 괴롭힘을 규율하는 법률의 입법 목적은 괴롭힘 행위를 한 근로자에 대한 처벌과 위하가 아니라 사업장 내에서 괴롭힘을 예방하고 방지하기 위한 적절한 조치를 해야 한다는 의무를 사용자에게 부과하고, 피해근로자에 대한 적극적인 보호장치를 마련하며, 사업장 구성원 사이의 갈등을 예방하고 해소하기 위한 것으로 보아야 한다. 그러한 관점에서 개정 근로기준법이 제76조의3 각 항에 위반하는 행위에 대하여 형벌규정 신설을 최대한 자제하고 같은 조 제6항의 불리한 처우 금지에 위반하는 경우에만 처벌규정을 둔 것은 바람직한 입법이라고 볼 수 있다.

7. 업무상 재해 인정 규정

직장에서의 괴롭힘으로 인한 상병을 업무상 재해로 인정하는 문제에 대해서는 현행법의 틀을 유지하면서도 해석을 통해 해결이 가능하다. 앞에서 검토한 대법원 판례의 태도를 보아도 직장에서의 괴롭힘으로 인한 상병이 업무상 재해로 인정될 가능성은 매우 크다. 따라서 별도의 추가적인 입법이 시급한 것은 아니다. 하지만 산업재해보상보험법의 개정을 통해 직장에서의 괴롭힘으로 인정할 수 있는 특별한 요건을 추가하고 그 요건에 해당하는 괴롭힘 행위를 당하여 상병이 발생한 경우 업무기인성이 있는 것으로 간주하는 규정을 추가하는 것은 단지 법원의 해석에 의존하는 것보다 피해자의 구제에 더욱 유리하다고 판단되므로 적극적으로 고려해 볼 수 있을 것이다. 그러한 관점에서 개정 산업재해보상보험법 제

37조 제1항 제2호 다목이 "근로기준법 제76조의2에 따른 직장 내 괴롭힘, 고객의 폭언 등 업무상 정신적 스트레스가 원인이 되어 발생한 질병"을 업무상 재해로 인정하도록 규정한 것은 타당한 입법이라고 생각한다. 다만 인과관계의 존재를 간주하는 정도에까지 이르지는 못하고 있다.

8. 집단 괴롭힘의 사회 전 영역으로의 확대

영국의 괴롭힘으로부터의 보호에 관한 법률과 평등법의 경우와 같이, 직장에서의 괴롭힘을 넘어서 개인에 대한 사회 전 영역에서의 괴롭힘 일반을 규율하는 입법이 필요한 것인지에 대한 논의도 필요할 것이다. 이 문제는 우리 사회에서 발생하는 집단 괴롭힘의 발생 빈도와 피해의 크기 등을 고려하여 결정할 문제이다.

제4절 우리나라의 입법 검토

Ⅰ. 2018년 12월 27일 개정 법률의 의미

2018년 9월 12일 국회 환경노동위원회에서 통과된 직장에서의 괴롭힘과 관련된 근로기준법 개정안, 산업재해보상보험법 개정안, 산업안전보건법 개정안 등 3개의 법률 개정안 중 근로기준법 개정안과 산업재해보상보험법 개정안은 정의 규정의 추상성을 둘러싼 논란 끝에 2018년 12월 21일 국회 법제사법위원회에서 의결되었다. 이 과정에서 근로기준법 개정안 제76조의2에서 "직장 내 괴롭힘"의 정의가 일부 수정되었다. 산업안전보건법 개정안은 환경노동위원회에 계류되어 있던 다른 산업안전보건법 개정안들과 함께 대안으로 상정되어 2018년 12월 27일에 환경노동위원회와 법제사법위원회를 통과한 뒤에 본회의에서 근로기준법 개정안, 산업재해보상보험법 개정안과 함께 의결되어 통과되었다.

이 개정법들은 직장에서의 괴롭힘을 규범적으로 정의하고, 직장에서의 괴롭힘과 관련한 신고, 사후조치 절차와 예방을 위한 조치, 업무상 재해 인정 문제들을 망라하여 개별 법률들을 개정하기로 여야가 함께 뜻을 모아 의결한 우리나라 최초의 법률 개정이라는 데에 큰 의미가 있다.

Ⅱ. 개정 근로기준법 검토

1. 직장에서의 괴롭힘에 대한 주체와 정의

현 행	개 정 안
〈신 설〉	제76조의2(직장 내 괴롭힘의 금지) 사용자 또는 근로자는 직장에서의 지위 또는 관계 등의 우위를 이용하여 업무상 적정범위를 넘어 다른 근로자에게 신체적·정신적 고통을 주거나 근무환경을 악화시키는 행위(이하 "직장 내 괴롭힘"이라 한다)를 하여서는 아니 된다.

⑴ 가해행위의 주체

개정 근로기준법 제76조의2는 "사용자 또는 근로자"를 가해행위의 주체로 명시하고 있다. 직장에서의 괴롭힘 규정을 근로기준법에 두는 것으로 결정했을 때 이미 괴롭힘 행위의 주체를 사용자 또는 근로자로 할 수밖에 없는 한계를 갖게 됐다고 볼 수도 있다. 물론 근로기준법의 많은 조항들이 사용자를 수범자로 한다. 그러나 근로기준법의 적용 대상이 반드시 사용자와 근로자로 한정되어야 하는 것은 아니다. 근로기준법 제11조 제1항은 "이 법은 상시 5명 이상의 근로자를 사용하는 모든 사업 또는 사업장에 적용한다."라고 하여 적용 대상을 사업 또는 사업장이라고 밝히고 있다. 따라서 사업 또는 사업장에서 행위를 하는 모든 사람을 괴롭힘 행위의 주체로 명시할 수 있는 여지가 있다. 개정 근로기준법이 사용자 또는 근로자로 괴롭힘 가해행위의 주체를 한정한 것은 개정안 제안자의 결단이라고 볼 수밖에 없다. 괴롭힘 행위가 거래 관계를 맺고 있는 제3의 기업의 사용자나 근로자, 고객 등에 의해서도 가해질 수 있고, 그들이 역시 괴롭힘 피해자가 될 수도 있다는 점을 고려하면 개정안 제안자가 근로기준법의 적용범위를 지나치게 좁게 이해하고 있었다고 평가할 수밖에 없다. 개선 입법이 필요한 부분이라고 판단된다.

(2) 직장에서의 괴롭힘의 정의

개정 근로기준법 제76조의2는 직장에서의 괴롭힘 행위를 사용자 또는 근로자가 "직장에서의 지위 또는 관계 등의 우위를 이용하여 업무상 적정범위를 넘어 다른 근로자에게 신체적·정신적 고통을 주거나 근무환경을 악화시키는 행위"라고 정의하고 있다. 이 조항은 정의 규정은 아니라, 직장에서의 괴롭힘 행위를 금지하는 규정인데 그 내용에 정의가 포함되어 있다. 이 정의가 제시하는 직장에서의 괴롭힘의 구성요건 중 핵심적인 것은 "직장에서의 지위 또는 관계 등의 우위", "업무상", "적정 범위를 넘어", "다른 근로자에게", "신체적·정신적 고통", "근무환경을 악화시키는" 등이다.

앞에서 직장에서의 괴롭힘 행위의 객관적 요건에 관하여 직장 관련성, 집단성, 일방성, 반복성, 지속성[99]에 대하여 설명했다. 개정 근로기준법 제76조의2에서 밝히고 있는 직장에서의 괴롭힘 개념의 구성요건 중에서 "직장에서의 지위 또는 관계 등의 우위"는 직장 관련성과 집단성을, "업무상"은 직장 관련성을, "다른 근로자에게"는 일방성을, "적정 범위를 넘어", "신체적·정신적 고통", "근무환경을 악화시키는" 등은 괴롭힘 행위의 정도와 범위, 특성을 징표한다. 개정 근로기준법이 규정한 개념에서는 앞에서 밝힌 직장에서의 괴롭힘 행위의 객관적 요건 중 반복성과 지속성이 포함되어 있지 않다는 것을 알 수 있다. 반복성과 지속성은 직장에서의

99) 제2장 제1절 II. 참조.

괴롭힘의 중요한 특성으로서 일반적으로 인정되고 있는 것이어서 상당한 비판이 제기될 수 있는 부분이다. 그러나 괴롭힘 행위의 반복성과 지속성을 명시적으로 규정할 경우 반복적이거나 지속적인 괴롭힘 행위라는 것이 입증되기 전까지는 반복될 가능성이 크거나 지속적일 가능성이 큰 행위를 규제할 수 없다는 문제가 발생할 수 있다. 개정 근로기준법이 반복성과 지속성을 직장에서의 괴롭힘의 개념을 규정할 때 명시하지 않은 것은 그와 같은 점에 대한 고려가 있었던 것이라고 이해해볼 수 있다. 반면 반복성과 지속성 개념이 명시되지 않을 경우 1회에 그친 분쟁과 다툼 등이 개정 근로기준법이 규율하고자 하는 직장에서의 괴롭힘의 영역에 포섭되어 버리는 문제가 발생할 수도 있다. 해석론을 정교하게 다듬고 사례가 축적되면 해결될 수 있는 문제라고 할 수도 있지만, 단순히 해당 요건들을 개념에서 제외하는 것이 해법이었는지에 대해서는 아쉬움이 남는다는 점을 지적하지 않을 수 없다.

직장에서의 "지위 또는 관계 등의 우위"는 괴롭힘 가해 행위자가 피해 근로자의 적절한 반항을 억제하거나 불가능하게 만드는 배경이 된다. 지위는 직장에서의 지휘·명령 체계에서 규정되는 권한이나 자격의 높고 낮음을 뜻한다. 관계는 조직체계상의 명시적인 높낮이가 아니라, 묵시적인 영향력의 크기에서 오는 불균형을 뜻한다. 실적이 우수하여 상사로부터 지지를 받는 동기나 후배 근로자, 근력과 담력 등 신체적 조건이 우세한 동료 근로자, 유튜브나 SNS에서 영향력이 있는 동기, 오랜 기간 지속되어 온 관계 속에서 정서적 우위를 점하게 된 동료 근로자, 동료들에게 인기가 있는 근로자 등이 그렇지 못한 다른 근로자들에 대하여 관계에 있어서 우위에 있을 수 있는 것으로 볼 수 있는 사례가 될 수 있다. 그러한 의미에서 개정 근로기준법이 "관계의 우위"를 선택한 것은 다소 개념이 모호하다는 문제가 있으나 그보다 적절한 대안을 찾는 것도 쉬운 일이 아니었을 것이라고 생각된다.

"업무상 적정 범위를 넘어"라는 것은, 괴롭힘 피해 근로자의 측면에서는 근로계약의 내용상 담당하도록 예정된 업무의 적정한 범위를 넘어서 다른 일을 하도록 강요받거나 근로계약의 내용이 아닌 다른 사항을 원인으로 괴롭힘을 당하는 것을 의미하고, 괴롭힘 가해 행위자의 측면에서는 자신이 정당하게 지시하거나 요구할 수 있는 적정한 범위를 넘어서 피해 근로자에게 특정 행위를 지시하거나 강요하는 것을 의미하는 것으로 양면으로 해석될 수 있다.

"신체적·정신적 고통"에서 정신적 고통은 정신질환을 유발할 수 있을 정도의 고통으로 병원 진료를 통해 질환 발생 여부를 입증할 수 있는 정도의 고통과 정신질환으로 판명될 정도는 아니라 하더라도 심리적으로 위축되거나 두려움을 느껴서 그러한 위축감이나 두려움이 피해 근로자의 일상의 행동양식의 변화를 초래하게 되는 고통을 모두 포함하는 의미라고 보아야 한다. 정신적 고통의 의미는 향후 판례의 축적을 통해 내용이 충분히 구체화될 수 있을 것이라고 기대된다.

개정 근로기준법이 제76조의2 위반에 대하여 형벌을 규정하지 않은 것은 타당한 결단이다. 직장에서의 괴롭힘은 행위와 행위자의 특성상 가해 행위자가 자신의 행위가 금지되는 직장에서의 괴롭힘 행위라는 것을 사전적으로 인식하지 못하는 경우가 많다. 법률이 위반행위에 대한 형벌을 규정하는 가장 큰 목적인 사전예방효과 내지 위하(威嚇) 효과를 기대할 수 없다는 의미이다. 손해배상 등 사후적인 회복조치와 재발 방지 조치를 촉구하는 것이 형벌보다 효과적이라고 생각한다.

2. 직장에서의 괴롭힘에 대한 조치사항과 절차

현 행	개 정 안
〈신 설〉	제76조의3(직장 내 괴롭힘 발생 시 조치) ① 누구든

	지 직장 내 괴롭힘 발생 사실을 알게 된 경우 그 사실을 사용자에게 신고할 수 있다. ② 사용자는 제1항에 따른 신고를 접수하거나 직장 내 괴롭힘 발생 사실을 인지한 경우에는 지체 없이 그 사실 확인을 위한 조사를 실시하여야 한다. ③ 사용자는 제2항에 따른 조사 기간 동안 직장 내 괴롭힘과 관련하여 피해를 입은 근로자 또는 피해를 입었다고 주장하는 근로자(이하 "피해근로자등"이라 한다)를 보호하기 위하여 필요한 경우 해당 피해근로자등에 대하여 근무장소의 변경, 유급휴가 명령 등 적절한 조치를 하여야 한다. 이 경우 사용자는 피해근로자등의 의사에 반하는 조치를 하여서는 아니 된다. ④ 사용자는 제2항에 따른 조사 결과 직장 내 괴롭힘 발생 사실이 확인된 때에는 피해근로자가 요청하면 근무장소의 변경, 배치전환, 유급휴가의 명령 등 적절한 조치를 하여야 한다. ⑤ 사용자는 제2항에 따른 조사 결과 직장 내 괴롭힘 발생 사실이 확인된 때에는 지체 없이 행위자에 대하여 징계, 근무장소의 변경 등 필요한 조치를 하여야 한다. 이 경우 사용자는 징계 등의 조치를 하기 전에 그 조치에 대하여 피해근로자의 의견을 들어야 한다. ⑥ 사용자는 직장 내 괴롭힘 발생 사실을 신고한 근로자 및 피해근로자등에게 해고나 그 밖의 불리한 처우를 하여서는 아니 된다.

(1) 직장에서의 괴롭힘 발생시 신고 의무

개정 근로기준법 제76조의3 제1항은 “누구든지 직장 내 괴롭힘 발생 사실을 알게 된 경우 그 사실을 사용자에게 신고할 수 있다.”라고 하여 직장에서의 괴롭힘 피해 근로자뿐만 아니라 괴롭힘이 발생하고 있다는 사실을 알게 된 모든 사람이 괴롭힘 가해행위가 발생한 사업장의 사용자에게 신고할 수 있다고 규정하고 있다. 여기에서의 모든 사람에는 해당 사업장에 재직하고 있는 사람은 물론, 그 사업장과 거래 관계에 있는 다른 사업장 구성원들이 포함된다.

여기에서 문제 될 수 있는 것은 해당 사업장의 구성원인 사용자와 근로자 이외의 제3자도 직장에서 발생하는 괴롭힘 사실을 인지할 경우 신고할 수 있는지 여부이다. 근로기준법의 수범자는 원칙적으로 사용자이며, 적용 범위는 사업 또는 사업장이라는 점에서 원칙적으로는 사업의 구성원이 아닌 제3자에게 근로기준법의 내용이 적용된다고 보기는 어렵다. 그러나 이 규정이 “신고할 수 있다.”라고 규정된 임의규정인 점, 법문의 표현이 “누구든지”라고 명시하고 있는 점 등을 고려해보면 문리해석상 근로자와 사용자 아닌 제3자의 신고를 배제할 이유는 없다고 생각된다.

직장에서 괴롭힘 행위가 발생하고 있다는 사실에 대한 사용자의 인지 가능성과 조치 가능성을 높이고 괴롭힘 피해 근로자에 대한 신속한 구제 조치를 가능하게 할 수 있다는 점에서 개정 근로기준법이 신고 의무를 규정하는 방식을 택한 것은 긍정적으로 평가할 수 있는 부분이 있다. 그러나 신고 대상이 “사용자”로 한정되어 있다는 것은 문제가 있다. 사용자는 피해 근로자의 보호와 원상회복을 위한 조치를 할 수 있는 가장 최적의 지위를 가지고 있는 주체이다. 하지만 동시에 가장 강력한 괴롭힘 가해 행위자가 될 수도 있다. 사용자가 괴롭힘 가해 행위자이거나 가해 행위자를 지지하는 태도를 보이고 있을 경우 사용자에 대한 신고는 아무런 의미가 없는 무의미한 조치가 될 수 있다.

개정 근로기준법 제76조의3 제1항을 개정하여 "사용자 또는 행정관청(또는 고용노동부 장관)"에게 신고할 수 있도록 하는 것을 제안한다. 법규상 규정이 없어도 근로감독관 등에게 신고할 수는 있겠지만 근로감독관이 부당해고나 부당징계, 임금체불 등 전형적인 사건으로 보기 어려울 수도 있는 직장에서의 괴롭힘 문제 해결을 위해 적극적으로 개별 사업 또는 사업장에서 발생한 사건에 적극적으로 개입할 것을 기대하기는 어렵다. 따라서 신고 대상에 행정관청이나 고용노동부 장관을 포함시키는 것은 근로감독관 등이 직장에서의 괴롭힘 행위에 개입하여 신속한 문제 해결을 도모할 수 있도록 촉진하는 효과를 기대할 수 있을 것이다. 사용자에 대해서도 적극적인 개입을 촉구하는 효과를 거둘 수 있다. 행정관청 등에 함께 신고한 경우, 사용자가 행정관청의 개입 가능성을 의식하고 더욱 신속하게 해당 문제를 해결하기 위해 노력할 수 있기 때문이다.

제3자나 근로자의 허위신고에 대한 금지규정이 필요하다는 문제제기도 가능할 것이다. 하지만 사용자는 신고가 접수된 이후 지체 없이 그 사실 확인을 위한 조사에 나서야 하므로 근로자들 사이의 괴롭힘 발생 신고가 허위신고인 경우라 하더라도 크게 문제가 되지는 않으리라 생각한다. 다만 사용자로서는 사업장 질서와 문화를 유지하기 위하여 취업규칙이나 단체협약을 개정하여 허위신고 행위를 징계사유의 하나로 추가하는 방안을 검토해볼 필요는 있다.

⑵ 사용자의 사실 확인 조사의무

개정 근로기준법 제76조의3 제2항은 사용자의 사실 확인 조사의무를 규정한다. 사실 확인 조사의무는 신고 사항이 사실인지 여부를 확인하고 구체적인 사실관계를 조사하여 가해자와 피해 근로자의 인적 사항, 괴롭힘 피해의 정도와 가해행위가 계속된 기간, 괴롭힘 피해 근로자를 보호하고 원상회복을 지원할 수 있는 가장 효과적인 방안, 가해자에 대한 처리 방안 등에 관하여 확인하는 것을 의미한다.

(3) 사용자의 피해 근로자 보호 조치 의무

사용자는 위의 사실 확인 조사가 이루어지는 동안에도 피해 근로자가 괴롭힘 피해를 받던 상황에 그대로 방치되지 않고 추가 피해를 당하지 않도록 보호해야 한다. 개정 근로기준법 제76조의3 제3항과 제4항은 사용자가 괴롭힘 피해 근로자를 보호하기 위하여 취할 수 있는 조치를 예시하고 있다. 먼저 조사 기간 동안에는 직장에서의 괴롭힘으로 인하여 피해를 당한 근로자 또는 피해를 당했다고 주장하는 근로자를 보호하기 위하여 필요한 경우 해당 피해 근로자 등에 대하여 근무장소의 변경, 유급휴가 명령 등 적절한 조치를 하도록 하고 있다. 근무장소의 변경, 유급휴가 명령 등은 괴롭힘 피해 근로자를 가해자로부터 격리하여 조사가 완료될 때까지 보호하기 위한 임시적인 조치라고 할 수 있다. 괴롭힘 행위의 지속을 차단하기 위한 격리조치인 동시에 피해 근로자에 대한 보호조치로서의 의미를 가질 수 있다. 아직 조사가 진행 중이고 사실 확인이 완료되지 않은 상태이므로 확정적인 배치전환은 명시적으로 규정되어 있지 않으나, 사용자와 피해 근로자 또는 피해를 당했다고 주장하는 근로자와의 합의에 따라 사용자가 피해 근로자를 배치전환 하는 것도 가능하다. 이 경우 사용자는 피해 근로자 등의 의사에 반하는 조치를 해서는 안 된다.

다음으로 사용자의 사실 확인 조사 결과 직장에서의 괴롭힘이 발생한 사실이 확인된 때에는, 사용자는 피해 근로자가 요청하면 근무장소의 변경, 배치전환, 유급휴가의 명령 등 피해 근로자에 대한 적절한 조치를 하여야 한다. 이는 괴롭힘 행위의 재발을 방지하기 위한 격리조치인 동시에 피해 근로자에 대한 보호조치로서의 두 가지 의미를 동시에 가지는 조치이다.

⑷ 사용자의 가해 근로자 조치 의무

개정 근로기준법 제76조의3 제5항은 가해 행위자에 대하여 사용자가 취해야 하는 조치를 규정하고 있다. 사용자는 조사 결과 직장에서의 괴롭힘이 발생했다는 사실이 확인된 때에는 지체 없이 행위자에 대하여 징계, 근무장소의 변경 등 필요한 조치를 하여야 한다. 개정 근로기준법 제76조의3 제5항 제2문은 사용자가 징계 등의 조치를 하기 전에 그 조치에 대하여 피해 근로자의 의견을 들어야 한다고 규정한다. 사용자가 가해 행위자에 대하여 조치를 함에 있어서 피해 근로자의 의견을 듣도록 규정한 것은 흥미롭다. 특정 근로자에 대하여 근무 장소를 변경하거나 징계 처분을 내리면서 그 징계의 종류 결정하는 것은 그 처분에 정당한 사유가 있는 한 사용자의 전적인 권한이기 때문이다. 하지만 사용자가 신중한 결정을 할 수 있도록 하고 그러한 조치로 인해 사용자가 예상하지 못한 피해가 피해 근로자에게 가해지는 것을 막기 위해 피해 근로자의 의견을 듣도록 한 것으로 보인다.

사용자의 조치사항으로 비록 직장에서의 괴롭힘 예방 교육 의무화, 괴롭힘 발생 방지 및 피해 회복을 위한 상담 기회 제공 등의 내용을 규정하지 않은 것은 아쉬운 부분으로 지적될 수도 있다. 하지만, 성희롱 예방교육 실시의무가 근로기준법에 규정되어 있지 않은 것과 마찬가지로 직장에서의 괴롭힘 발생 예방과 관련된 사항이 모두 근로조건에 관한 기본법률인 근로기준법에 규정되어야 하는 것은 아니다. 사용자가 예방에 관한 조치를 하도록 의무를 부과하고 있는 개정 근로기준법 제93조 제11호의 필요적 기재사항 규정, 개정 산업안전보건법 제4조 제1항 제3호 등을 통해 사업 또는 사업장 내에서 노사가 함께 협의해서 합리적인 직장에서의 괴롭힘 예방 수단을 만들어가는 것이 바람직하다. 또한, 개별 사업장별로 상담의(醫)를 배치하거나 상담기관 지정 등을 통해 상담기회를 제공하도록 하는 것은 막대한 비용이 추가로 소요되기 때문에 즉시 시행하기 곤란하다. 이러한 이유로 구체적인 예방 조치사항이나 사용자의 의무를 명시하는 방법을 택하지 않고, 개별 사업 또는 사업장별로 자율적으로 이 문제를 결정해 나가도록 한 것으로 이해된다.

⑸ 불이익 취급 금지 의무

개정 근로기준법 제76조의3 제6항은 "사용자는 직장 내 괴롭힘 발생 사실을 신고한 근로자 및 피해 근로자에게 해고나 그 밖의 불리한 처우를 하여서는 아니 된다."라고 하여 사용자가 직장에서의 괴롭힘 발생을 신고한 근로자나 피해 근로자를 해고하거나 불리한 처우를 할 수 없도록 금지하고 있다. 사용자가 같은 조 제6항에 위반하여 신고한 근로자나 피해 근로자에 대하여 불리한 처우를 하거나 해고한 경우에는 3년 이하의 징역 또는 3천만 원 이하의 벌금에 처하도록 벌칙 규정이 부가되었다.

괴롭힘 발생 사실을 신고한 근로자나 피해 근로자에게 사용자가 불리한 처우를 하지 못하도록 한 이 규정의 취지는 타당하다. 그러나 피해 근로자에 대한 확실한 보호를 위해서는 불리한 처우 금지에 그치는 것이 아니라 해고 시기 제한 규정을 도입하는 것이 바람직하다는 점을 앞에서 지적했다.[100] 개정이 필요한 부분이라고 생각된다.

3. 취업규칙 필요적 기재사항 추가

현 행	개 정 안
제93조(취업규칙의 작성·신고) 상시 10명 이상의 근로자를 사용하는 사용자는 다음 각 호의 사항에 관한 취업규칙을 작성하여 고용노동부장관에게 신고하여야 한다. 이를 변경	제93조(취업규칙의 작성·신고) -- ------------------- ------------------- ------------------- -------------------

100) 자세한 내용은 제3장 제3절 Ⅰ. 1. (3) ⑤ 참조.

하는 경우에도 또한, 같다.	---------.
1. ~ 10. (생 략)	1. ~ 10. (현행과 같음)
<신 설>	11. 직장 내 괴롭힘의 예방 및 발생 시 조치 등에 관한 사항
11.·12. (생 략)	12.·13. (현행 제11호 및 제12호와 같음)

개정 근로기준법 제93조 제11호가 "직장 내 괴롭힘의 예방 및 발생 시 조치 등에 관한 사항"을 취업규칙의 필요적 기재사항으로 추가하는 내용을 담은 것도 매우 중요한 입법적 결단이었다고 평가하고자 한다. 법체계적으로 판단하면, 만약 직장에서의 괴롭힘 행위와 관련된 사항을 근로기준법에 규정한다면 취업규칙 필요적 기재사항에 예방과 조치에 대한 사항을 규정하도록 하는 것이 최대한의 입법이었을 것이라고 생각한다.

취업규칙으로 규정하도록 하는 것은 법률로 직접 근로자에게 의무를 부과하고 이를 강제하는 것보다 더욱 구체적 타당성이 높은 제도가 형성될 수 있도록 하는 수단인 동시에 노사의 자율적 해결능력을 제고하도록 촉구하는 것이라는 점에서 장점이 있다. 취업규칙은 그 규칙이 적용되는 사업 또는 사업장에서 소속 근로자들이 준수하여야 하는 질서규범으로서의 역할을 한다. 취업규칙에 직장에서의 괴롭힘 금지와 대응 조치에 관한 사항을 포함시키도록 하는 것은, 해당 사업장의 인적 구성, 사업의 특성, 관행 등이 반영된 고유하고 실효성 있는 제도를 구축하도록 할 수 있는 효율적인 방법이다. 또한, 특정 직장에서의 고유한 괴롭힘 방지 장치가 발전할 수 있는 계기가 될 것이다. 앞에서 설명한 바와 마찬가지로 프랑스 노동법전 L. 1321-2조 제2호도 취업규칙의 필요적 기재사항 중의 하나로 직장에서의 괴롭힘 금지에 관한 사항을 포함하도록 규정하고 있

는 것과 유사한 입법이다.[101)]

직장에서의 괴롭힘의 정의와 신고 사용자의 예방 조치, 원상회복 조치 등과 관련된 사항들은 직장에서의 괴롭힘을 규율하는 별도의 특별법에 포함되는 것이 합리적이다. 그러한 관점에서 직장에서의 괴롭힘 문제에 대한 규범적 대응의 수단이 근로기준법 개정이었는지에 대해서는 아쉬움을 가질 수밖에 없다.

4. 개정 근로기준법에 대한 평가

개정 근로기준법은 사업 또는 사업장에서 발생하는 괴롭힘에 대응하기 위한 다양한 사항을 담고 있다는 점에서 긍정적으로 평가할 수 있다. 하지만 다만 직장에서의 괴롭힘 문제에 대한 규범적 개입 수단으로는 직장에서의 괴롭힘에 대한 단행 법률을 제정하는 방식이 합리적이라고 생각한다. 이 사항을 근로기준법에 규정할 경우 보호 대상이 근로기준법상 근로자에 한정되어, 사내하도급 근로자, 위탁업무를 수행하는 1인 자영업자, 도급성 프로젝트 업무를 수행하는 1인 자영업자, 특수형태근로종사자 등 근로기준법상 근로자에 포함되기 어려운 사람들이 일터에서 당하는 괴롭힘을 규율할 수 없게 된다.[102)] 그뿐만 아니라 보호 의무 수범자가 근로기준법상 사용자에 집중되어 사용자가 제어할 수 없는 제3자에 의한 괴롭힘, 같은 사용자로부터 위탁받은 업무를 수행하는 근로자 아닌 자영업자 사이의 괴롭힘 등에 대응할 수 없다. 따라서 별도의 단행 법률을 통해 직장에서의 괴롭힘 문제를 규율하는 것이 보호 범위의 적정화와

---

101) www.legifrance.gouv.fr/affichCode.do?cidTexte=LEGITEXT000006072050&dateTexte=2008 0501; 이준희, 「직장 내 집단 괴롭힘(mobbing)에 대한 연구」(고려대학교 석사학위 논문), 2009, 122쪽; 조임영, '직장내 괴롭힘과 프랑스 노동법', 「노동법논총(제25호)」, 2012, 24쪽.

102) 파견근로자의 경우 근로기준법에 규정되어 있어도 파견사업주와의 근로자파견계약 관계에 기초해서 파견사업주의 의무가 사용사업주의 의무로 병존적으로 이전하게 된다는 이론구성이 가능하다.

보호 방법의 다양화를 위해 바람직했을 것이라고 생각된다.

Ⅲ. 개정 산업재해보상보험법 검토

1. 직장에서의 괴롭힘으로 인한 업무상 재해 인정

현 행	개 정 안
第37조(업무상의 재해의 인정 기준) ① 근로자가 다음 각 호의 어느 하나에 해당하는 사유로 부상·질병 또는 장해가 발생하거나 사망하면 업무상의 재해로 본다. 다만, 업무와 재해 사이에 상당인과관계(相當因果關係)가 없는 경우에는 그러하지 아니하다.	第37조(업무상의 재해의 인정 기준) ① --.
1. (생 략)	1. (현행과 같음)
2. 업무상 질병	2. -----------
가. 나. (생 략)	가. 나. (현행과 같음)
<신 설>	다. 「근로기준법」 제76조의2에 따른 직장 내 괴롭힘, 고객의 폭언 등 업무상 정신적 스트레스가 원인이 되어 발생한 질병
다. (생 략)	라. (현행 다목과 같음)
②·③ (생 략)	②·③ (현행과 같음)

개정 산업재해보상보험법 제37조 제1항 제2호 다목은 “근로기준법 제76조의2에 따른 직장 내 괴롭힘, 고객의 폭언 등 업무상 정신적 스트레스가 원인이 되어 발생한 질병”을 업무상 재해로 인정하도록 규정하고 있

다. 직장에서의 괴롭힘으로 인해 발생한 정신질환이나 기타 스트레스성 질환들을 업무상 재해로 볼 수 있는지에 대한 분쟁이 빈번하게 발생하는 것을 고려하면 바람직한 입법이라고 생각된다. 다만 근로기준법 제76조의2에 규정된 직장에서의 괴롭힘의 의미가 판례와 학설을 통해 구체화되지 않으면 업무상 재해로 인정될 수 있는 질병인지 여부에 대한 판단 기준도 구체화되기 어렵다. 또 상당인과관계의 입증이 여전히 피해 근로자의 책임으로 남아있다는 점도 개선의 여지가 있다고 지적하지 않을 수 없다. 고객의 폭언 등으로 인한 스트레스가 원인이 되어 발생한 질병도 업무상 재해로 볼 수 있도록 한 점도 눈여겨볼 필요가 있다. 개정 산업재해보상보험법은 공포 후 6개월이 경과한 날부터 시행한다.

Ⅳ. 개정 산업안전보건법 검토

1. 사용자의 직장에서의 괴롭힘 예방 및 조치

현　행	개 정 안
제4조(정부의 책무) ① 정부는 제1조의 목적을 달성하기 위하여 다음 각 호의 사항을 성실히 이행할 책무를 진다.	제4조(정부의 책무) ① ------ ---.
1. ~ 2. (생　략)	1. ~ 2. (현행과 같음)
<신　설>	3. 「근로기준법」제76조의2에 따른 직장 내 괴롭힘 예방을 위한 조치기준 마련, 지도 및 지원
4. ~ 9. (생　략)	4. ~ 9. (생　략)
② (생　략)	② (생　략)

2018년 12월 27일 국회 본회의를 통과한 개정 산업안전보건법 제4조 제1항 제3호는 정부에 근로기준법 제76조의2에 따른 직장 내 괴롭힘 예방을 위한 조치기준 마련, 지도 및 지원을 성실히 하도록 책무를 부여하고 있다. 이 규정에 근거하여 정부는 직장에서의 괴롭힘을 예방하고 적절한 대응 방법을 제시하기 위한 가이드라인을 발간하거나, 각종 교육자료를 개발하여 근로자와 기업에 제공할 의무를 부담하게 된다. 구체적인 시기와 방법은 정부의 재량에 따라 선택할 수 있다. 이 규정을 근거로 정부가 시행령을 개정하여 직장에서의 괴롭힘 예방 교육 실시 의무를 사용자에게 부과할 수 있을 것인지가 논란이 될 수 있다. 그러나 위임입법의 한계를 고려하면 시행령을 통한 그와 같은 새로운 의무의 창설은 허용되지 않는다고 해석되어야 할 것이다. 전부 개정의 방식으로 통과된 개정 산업안전보건법은 공포된 이후 1년이 경과한 날로부터 시행된다.

사항색인

이준희 (李準熙)

건국대학교 사범대학 부속 고등학교 졸업
고려대학교 법과대학 졸업
고려대학교 대학원 법학과 졸업(법학박사)
한국경영자총협회 법제1팀장, 법제2팀장
경총 노동경제연구원 노동법제연구실 연구위원
현재, 경총 노동경제연구원 노동법제연구실 수석위원

저 서

노동쟁송실무 Ⅰ, Ⅱ
복수노조와 단체교섭 Q&A
교대제와 노동법 Q&A
직무 성과급제 도입 운영과 근로기준법
인사평가의 공정성에 관한 판례 분석
단체교섭법론

직장에서의 괴롭힘 : 법적 쟁점과 과제

2019년 1월 2일 초 판 제1쇄 인쇄
2019년 1월 10일 초 판 제1쇄 발행

저 자 이준희
발행인 이명재 · 이종은
발행처 신 조 사
서울특별시 마포구 독막로 295 삼부골든타워 212호
전화 (02) 713-0402 FAX (02) 713-0403
등록 1994. 7. 4. 제17-179호(倫)
E-mail: sinjosa@sinjosa.co.kr http: //www.sinjosa.co.kr

저자와 협의하여 인지첩부를 생략함

정가 24,000원 ISBN 979-11-86377-32-1